Les Années Staline

De Mark Grosset
Khaldei, un photoreporter en Union soviétique,
 Paris, Éditions du Chêne, 2004

De Nicolas Werth
Être communiste en URSS sous Staline, Paris,
 Gallimard, coll. Archives, 1981
*La Vie quotidienne des paysans soviétiques
 de la révolution à la collectivisation*, Paris,
 Hachette, 1984
Les Procès de Moscou, Paris-Bruxelles,
 Éd. Complexe, 1987 (rééd. 2006)
*Histoire de l'Union soviétique. De l'empire russe
 à la CEI, 1900-1991*, Paris, PUF, 1991 (5e édition,
 2001)
*Rapports secrets soviétiques. La société russe
 dans les documents confidentiels, 1921-1991*
 (en collaboration avec Gaël Moullec), Paris,
 Gallimard, 1995
La Russie en révolution, Paris, Gallimard, coll.
 Découvertes, 1997
Le Livre noir du communisme (en collaboration
 avec Stéphane Courtois & *al.*) Paris, Laffont, 1997
*L'Île aux cannibales. 1933 : une déportation-
 abandon en Sibérie*, Paris, Perrin, 2006
La Terreur et le désarroi. Staline et son système,
 Paris, Perrin, 2007

© Éditions du Chêne, Hachette-Livre, 2007

Mark Grosset

texte de
Nicolas Werth

Les Années Staline

chêne

Sommaire

- 6   « Vous, les photographes, vous êtes des gens dangereux »
- 7   Préface
- 11   Avant-propos

Les années 1930 : « À toute vapeur vers la modernité » — 12

- 14   Le parti de Staline
- 23   Le projet stalinien : construire le socialisme
- 34   Le séisme de la collectivisation forcée
- 48   La grande offensive de l'industrialisation
- 72   Une urbanisation sous haute pression
- 80   Temps de pénuries, temps des utopies
- 100   Une société mobilisée, une propagande omniprésente
- 108   La face noire du stalinisme : Terreur et Goulag

La Grande Guerre patriotique — 120

- 124   1941, les revers de l'Armée rouge
- 138   Le sursaut de la nation soviétique
- 140   L'enfer de Leningrad
- 144   Les défaites de l'été 1942
- 150   Stalingrad et Koursk : la guerre bascule
- 160   Réflexions sur un revirement
- 164   La barbarie nazie
- 168   Résistance et collaboration
- 172   1944, l'année des dix victoires
- 178   Berlin, la dernière bataille

Les années d'après-guerre — 188

- 190   Le retour des vainqueurs
- 198   La victoire désenchantée
- 202   1946-1947, deux années terribles
- 204   La reconstruction en marche
- 218   Une remise au pas idéologique
- 220   Apogée et crise du Goulag
- 236   Le culte d'un dictateur
- 244   Le dernier complot

Vivre sans Staline — 251

- 252   Les photographes
- 254   Crédits photographiques
- 254   Bibliographie

« Vous, les photographes, vous êtes des gens dangereux ! »

Peu après le succès de la Révolution et l'avènement du régime soviétique, Lénine charge le photographe Piotr Osup de faire de lui un portrait officiel, dans son bureau du Kremlin. Cela se fait encore avec des plaques de verre ; on est économe des clichés. Chacun est préparé avec soin par l'opérateur qui invite son sujet à prendre la pose. La série réalisée ce jour-là ne compte que six ou sept clichés. Mais lorsqu'au lendemain des prises de vues, Piotr Osup présente les tirages à Lénine, celui-ci en remarque un : il ne se rappelle pas l'avoir posé et n'aime pas son attitude. « Vous, les photographes, vous êtes des gens dangereux ! » lance-t-il. Cette exclamation de méfiance en dit long. Devenu maître de la Russie, l'artisan de la révolution d'Octobre est conscient de l'importance de la photographie, mais il entend bien en faire un outil efficace de propagande révolutionnaire.

L'art photographique du début du XXe siècle se partage en trois courants : le pictorialisme, le constructivisme et, bien sûr, le reportage. Celui-ci se veut alors un simple enregistrement de la réalité, mais les deux autres courants ont une ambition artistique. Comme son nom l'indique, le pictorialisme entend porter le travail du photographe au niveau de l'art du peintre. Quant au constructivisme dont le nom même est celui d'un mouvement artistique moderniste, il conçoit la photographie comme une recherche à la fois documentaire et esthétique.

Pendant son exil à Paris, Lénine a connu l'effervescence artistique des premières années du XXe siècle ; il envisage la photographie comme un art, même s'il a la ferme intention d'en faire un art utile à la révolution. La notion de propagande, aujourd'hui suspecte de mauvaises intentions et en tous cas synonyme de tromperie, a un sens tout à fait positif dans le discours soviétique des débuts. Comme n'importe quel artiste révolutionnaire, le photographe a pour tâche de saisir et de donner à voir la réalité telle qu'elle est ; et sa liberté d'artiste ne peut que s'exercer dans une réalité où le beau révolutionnaire affronte pour en triompher la laideur réactionnaire. Aussi bien, dans l'ordre politique qu'il fonde, Lénine encourage-t-il la protection des photographes en général et la défense de leurs droits d'auteur en particulier. Sa foi révolutionnaire l'assure que ces artistes nouveaux qu'il installe ainsi au cœur de la société soviétique ne pourront qu'illustrer aux yeux de tous les progrès du monde harmonieux qui se construit sous la juste impulsion du Parti. Les photographes de presse vont pouvoir illustrer en toute liberté les progrès sociaux induits par l'action des soviets en matière d'industrie, d'éducation, de santé et, dans une moindre mesure, d'agriculture. Mais, comme le suggère l'exclamation qui lui a échappé devant Piotr Osup, « les lendemains qui chantent » sont aux yeux de Lénine la meilleure garantie de la liberté des photographes soviétiques. C'est, hélas, la seule.

En arrivant au pouvoir en 1929, Staline prolonge bien Lénine pendant quelques années : il encourage lui aussi la photo de presse et se montre libéral avec les photographes constructivistes. Mais à l'approche de la Seconde Guerre mondiale, sa tolérance prend fin. En 1937-1938, il siffle la fin de la récréation constructiviste et bannit le pictorialisme décadent...

Projet de texte de Mark Grosset pour *Les Années Staline* (dicté le 13 août 2006)

Préface

Ces lignes interrompues sont les dernières que Mark Grosset a écrites sur un sujet qui était sa passion depuis près de vingt ans. Il savait que la maladie ne lui permettrait pas de terminer la tâche. Cependant, derrière l'anecdote qui ouvre la relation du pouvoir et de l'image, l'évocation de Lénine laisse transparaître la belle fébrilité d'une révolution dans sa jeunesse. Elle révèle aussi la confiance que fait le théoricien à la photographie, le crédit qu'il accorde aux photographes et le statut d'artistes qu'il leur reconnaît, toutes convictions partagées par Mark pendant sa carrière d'homme d'images.

Mark Grosset a cependant pu achever son travail de co-auteur du présent livre dans lequel la photographie produit un discours parallèle à celui de l'historien. Comment pourrait-il en être autrement pour cette période singulière des années Staline où les arts et les techniques de la communication ont été rapidement et systématiquement confisqués au profit d'une seule ligne voire d'un seul homme ? Cette quadrature impossible est précisément ce qui fait la substance du travail qu'il a mené dans un projet partagé avec Nicolas Werth.

Le fils de Raymond Grosset et de Barbara Byrne a grandi dans l'univers de l'agence Rapho, au milieu des images que les photographes venaient montrer aux bureaux de la rue d'Alger comme à l'appartement de la rue du Mont-Thabor. Robert Doisneau, Willy Ronis, Émile Savitry, Édouard Boubat, Serge de Sazo, Janine Niepce et Sabine Weiss n'ont pas compté pour rien dans l'éducation du garçon.

En 1986, Mark intègre Rapho, et en 1991, lorsque son père quitte l'agence, il en assure la direction avec l'une de ses sœurs.

Rien ne prédisposait le jeune directeur de Rapho à se spécialiser dans la photographie russe qu'il découvre en 1988 à la faveur d'une exposition. Présentée par Marie-Françoise George dans son Comptoir de la photographie, « Un regard sur la photographie soviétique contemporaine » étonne son public par la production d'artistes émancipés du discours officiel. Malgré la perestroïka, la Russie soviétique reste un autre monde. L'intérêt professionnel suscité par la découverte d'une vision différente et d'auteurs neufs se double bientôt d'une sympathie pour ces Russes venus se frotter au public occidental au prix de sérieux sacrifices financiers. Son premier voyage à Moscou, en 1989, enchante Mark Grosset par l'accueil chaleureux que font les photographes à ce Français venu regarder leur travail. Guidées par le photographe Sergei Gitman, les visites se succèdent chez de jeunes artistes logeant souvent en appartements communautaires, confrontés à la difficulté de se procurer des pellicules et le papier nécessaire à leurs tirages. Nombre d'entre eux verront leurs œuvres diffusées par Rapho, parmi lesquels Alexandre Lapine, Igor Moukhine, Lialia Kouznetsova, Valery Tchekoldine et Boris Mikhailov, aujourd'hui valeur sûre du marché de l'art.

C'est à la faveur de ce premier voyage que Mark Grosset, cherchant en Russie les homologues des photographes humanistes de Rapho, découvre le terrain inconnu de la photographie historique. La rencontre en 1991 avec Andrei Baskakov, le très actif président de l'Union russe des photographes d'art, forte de 1 700 adhérents, sera déterminante. Le rachat de l'agence familiale par le groupe Lagardère offre à Mark Grosset une nouvelle liberté. Titulaire d'un visa d'un an renouvelable obtenu grâce à l'Union russe des photographes d'art, il commence à parler honorablement le russe et passe désormais deux semaines sur huit à Moscou. Chez l'ami de France, c'est aussi l'homme de presse qui intéresse les photographes de l'Union, curieux qu'ils sont des pratiques du business, du copyright dont il explique inlassablement les rouages lors de réunions informelles.

Ouvert aux photographes contemporains, Mark Grosset axe son travail de recherche sur la photographie russe de l'ère soviétique, auprès des ayants droit d'artistes pour la plupart disparus, auprès de l'Union russe des photographes d'art, et par ses recherches obstinées de livres et de revues soviétiques au marché aux puces de Moscou. Les conversations avec le photojournaliste presque centenaire Mark Markov-Grinberg, découvert à la faveur de sa première exposition montée en 1995 par l'Union russe des photographes d'art, la rencontre d'Evgueni Khaldei au festival Visa pour l'image de Perpignan la même année compteront parmi les heures les plus lumineuses de ces deux décennies. En 2002, il met en place Mark Grosset Photographies, une société qui lui permettra de faire connaître et de diffuser en Occident les œuvres de ceux qu'il appelle « ses Russes », dans la presse et l'édition mais aussi auprès des collectionneurs. Son travail contribue à faire connaître des œuvres, parfois inédites, de photographes au talent inégalement reconnu. S'agirait-il de faire un choix d'esthète, la tâche serait déjà grande. Or, les fonds détenus dans les familles ou dans les locaux de l'Union des photographes se présentent en piles de boîtes dans lesquelles s'entassent les pochettes – titrées en cyrillique – des négatifs de petits formats qu'une volonté de tri ou l'autocensure a découpé de leur bande originale. C'est de cette mine que, sans lassitude, Mark Grosset extrait les clichés dont les tirages d'art, exécutés en Russie d'après des négatifs originaux qui ne voyagent pas, seront proposés au marché occidental par le partenariat de deux entités, Fotosoyuz qu'il fonde en 2004 à Moscou avec Andrei Baskakov, et Mark Grosset Photographies à Paris.

Ces recherches ont fait de l'ancien directeur d'agence un historien de la photographie russe, rejoignant le tout petit nombre de spécialistes en la matière, parmi lesquels on compte Olga Sviblova, Andrei Baskakov, Valery Stigneev à Moscou, Howard Schickler aux États-Unis. Et c'est bien l'historien qui en 2003 présente à la Maison européenne de la photographie les images pour la plupart inédites de six grands noms de la photographie : Maxime Dmitriev, photographe social de la période tsariste, Alexandre Grinberg le pictorialiste, Boris Ignatovitch, le constructiviste, et trois grands du photojournalisme, Arkadi Shaikhet, Evgueni Khaldei et Mark Markov-Grinberg.

Publié en 2004 aux éditions du Chêne, *Khaldei, un reporter en Union soviétique* inaugurait une collection dans laquelle alterneraient monographies et ouvrages thématiques. Le projet conçu avec l'historien Nicolas Werth constitue aujourd'hui la seconde étape. Il implique plus de trente photographes. La quête obstinée de Mark Grosset laisse l'ébauche solide d'une approche de leurs œuvres. La majeure partie de cette sélection d'images provient du patrimoine des grands classiques géré par l'Union des photographes ou du catalogue de Mark Grosset Photographies (www.mark-grosset-photographies.com) en tête desquels on trouve Arkadi Shaikhet, Boris Ignatovich, Evgueni Khaldei, Mark Markov-Grinberg. Les photographies anonymes, notamment des collections des Archives d'État du film et images documentaires de Krasnagorsk et du Musée populaire de la République de Carélie représentent un cinquième du corps d'illustration, complété, pour les chapitres consacrés au Goulag, de nombreux dessins et photographies fournis par l'association Memorial, avec laquelle Nicolas Werth collabore depuis une quinzaine d'années.

Prise au tournant des années 1930, la photographie russe évolue, comme ses homologues occidentales, dans l'éternelle querelle des anciens et des modernes. Les courants pictorialistes apparus en Europe à la fin du XIXe siècle conservent leurs défenseurs face aux attaques, voire à l'intolérance des constructivistes rassemblés derrière Alexandre Rodchenko et le groupe Octobre. À la facture contemplative et décorative d'une photographie proche de la peinture s'opposait le choix de sujets jadis jugés triviaux et surtout une remise en cause des points de vue où dominent les plongées et les contre-plongées de l'art neuf qu'est le cinéma.

Mais à la différence des divergences de chapelles sans véritable enjeu qui peuvent en Occident séparer pictorialisme et nouvelle vision, la controverse se déroule en Russie dans le contexte puissant de la Révolution à laquelle les artistes adhèrent, inspirés par l'élan proclamé du progrès social et de l'appropriation par les masses de l'outil industriel et agricole. La lutte contre les ennemis du peuple et pour un avenir radieux priment, et l'œuvre de Maxime Dmitriev, considéré comme le premier photographe social de l'ancien régime sombre dans l'oubli dès les premières années de la Révolution. Justement comparée à celles qui en Amérique animent ses contemporains Jacob Riis et Lewis Hine, la démarche humaniste de Dmitriev appartient au passé dont les artistes des temps nouveaux font table rase, conscient de ce que le peuple en marche attend de leur contribution.

L'histoire de l'art montre que les courants sont changeants et leurs triomphes éphémères. Signataire en 1921 du manifeste « À bas l'art, vive la technique », Rodchenko sera stigmatisé sept ans plus tard dans la revue *Sovetskoïe foto* qui l'accuse de formalisme. La liberté de détruire et de créer, celle d'adhérer ou de renier qui existent dans les quinze premières années de l'ère soviétique n'ont plus cours sous Staline qui interdit par le même décret de 1933 le pictorialisme et le constructivisme, équitablement taxés de filiation bourgeoise.

Le coup de sifflet de Staline qu'évoque Mark Grosset fait aussi taire les querelles entre artistes. Désormais vouée à la seule propagande, la photographie endosse l'aspect du reportage promu outil révolutionnaire sans produire les « chroniques largement informatives » attendues par Lénine quand, en 1919, il la plaçait avec le cinéma sous le contrôle du Commissariat du peuple à l'instruction.

Courant entre les pages de ce livre, les images exhumées des collections et le texte mis à jour de l'Histoire font éclater la dissonance entre la propagande et la comptabilité objective de la misère, du déficit social et du nombre des victimes. La vie que Staline a proclamée « meilleure et plus gaie » doit transparaître à travers l'appareil entier d'une production artistique sommée d'illustrer l'utopie du paradis socialiste. Féru de littérature, cinéphile et mélomane, Staline n'est l'ennemi ni de l'art ni des artistes, pourvu que, au lieu de remettre en question les codes de représentation, la création se plie au réalisme socialiste et à la ligne du Parti. Sans l'opportunité d'émigrer, la seule voie pour échapper au bannissement, aux camps de travail ou à la mort est de composer avec le régime, de survivre mentalement en donnant le meilleur de ses capacités.

En marge des grandes purges auxquelles intellectuels et artistes, condamnés sans état d'âme par l'ancien séminariste de Tiflis, paient leur tribut, le Père des peuples a ses faiblesses : il épargne les écrivains contestataires Pasternak et Boulgakov, déteste la huitième symphonie de Chostakovitch mais lui commande la partition des films édifiés à sa gloire. Contrairement à Lénine qui tient la photographie en assez haute estime pour se prêter comme modèle à des maîtres aussi divers que Moisei Nappelbaum, Victor Bulla, Piotr Osup ou Pavel Jukov, Staline n'attend de l'image fixe qu'un service efficace supposé conforme à la conscience patriotique de ceux qui la font. Quand l'Allemagne nazie concentre son image sur les noms d'Heinrich Hoffmann et de Leni Riefensthal et persécute un génie comme Erich Salomon, l'Union soviétique interdit aux photographes d'exposer, les contraint à l'autocensure, mais les laisse en nombre produire le matériau dont elle nourrit sa propagande.

Mis à l'index pour formalisme anti-populaire quand ils se posent en dogmes, le pictorialisme et le constructivisme ont tout loisir de se convertir aux vues du Parti, le premier pour peindre une fresque continue de l'ère nouvelle, le second pour contribuer à son édification. Les deux visions autrefois antagonistes peuvent se croiser dans une même image, comme cela apparaît avec le choix de Mark Grosset : dans une pleine lumière d'été, aux rênes d'un attelage invisible, la kolkhozienne radieuse d'Arkadi Shishkin entraîne un convoi de chariots dans le même élan qu'Arkadi Shaikhet fait défiler en plongée une longue chenille de tracteurs vers l'horizon. La collectivisation agricole inspire encore des accents pictorialistes, comme le groupe de femmes de Mark Markov-Grinberg qui fourches en l'air font une pause avec un jeune enfant, comme les paysannes aux champs s'activant en figures chorégraphiques devant l'objectif de Gueorgui Petroussov. Un peu plus loin, Boris Ignatovitch développe le symbole tutélaire d'une cantine par la mise en perspective de robustes cuvettes émaillées et exalte la force métallique de l'outil et du moteur : la recherche formelle constructiviste se recentre sur l'allégorie, comme y sacrifient les reporters Shaikhet et Khaldei dans leur contribution à l'image d'une industrie en plein essor.

À l'échelon de l'image isolée, la photographie de la période stalinienne souffre moins que le photomontage, que Rodchenko, Stépanova et El Lissitzki avaient porté à son sommet dans les années 1920 et auquel le double impératif de la lisibilité et de l'orientation fait perdre une bonne part de son inventivité. Enrôlés dans la propagande comme ils sont impliqués dans le combat contre l'ennemi allemand, les photographes de la Grande Guerre patriotique produisent à leur tour quelques chefs-d'œuvre : la colonne de fantassins en quête d'un passage sur le Dniepr à Smolensk pour Mikhaïl Savin, l'assaut photographié par Shaikhet tissent avec les reportages de Mikhaïl Trakhman l'épopée qu'Evgueni Khaldei couronne d'un trophée au sommet du Reichstag. Si Vsevolod Tarasevitch parvient encore, au cœur de Leningrad assiégée, à exprimer la densité de la tragédie par la composition de ses cadrages, le style et la manière s'effacent devant les horreurs de la guerre. On le voit avec les images de suppliciés rapportées par Shaikhet ou fournies par l'association Kamennyi Pojas et plus encore avec les photographies anonymes venues de Memorial que personne ne songerait à ranger dans un courant. Le livre ressuscite ces années de guerre où le reportage pouvait osciller entre l'objectivité orientée et l'interprétation documentaire.

Projeté à Perpignan le 8 septembre 2006 avec l'hommage que a lui rendu Jean-François Leroy, le montage audiovisuel réalisé par Emmanuel Sautai pour annoncer *Les Années Staline* présentait au public de Visa pour l'image la gageure d'un ultime travail en même temps qu'il révélait la démarche singulière d'un homme qui n'aimait pas raisonner ses passions.

Hervé Le Goff

Préface

Avant-propos

Rarement, dans le cours de l'histoire, un pays et une société connurent un bouleversement aussi radical et des épreuves aussi terribles que celles que traversèrent l'URSS et son peuple durant les « années Staline ». Pays rural où, à la fin des années 1920, quatre habitants sur cinq vivaient à la campagne, l'Union soviétique était devenue, dix ans plus tard, une grande puissance industrielle et militaire capable de tenir tête à l'Allemagne nazie. Au terme d'un affrontement titanesque, véritable guerre à mort qui coûta la vie à plus de vingt millions de Soviétiques, les troupes de l'Armée rouge victorieuse occupaient, en 1945, non seulement la capitale du IIIe Reich mais aussi la moitié de l'Europe. Sur la scène internationale, le prestige de l'URSS, un pays qui, encore peu de temps auparavant, figurait au ban des nations, était à son zénith.

Pour les peuples du monde, un homme incarnait l'extraordinaire montée en puissance de l'Union soviétique : Iossif Vissarionovitch Staline. Rarement dirigeant politique suscita autant de haine ou d'adoration. Dès les années 1930, Staline était devenu un symbole honni pour tous ceux qui combattaient le communisme, qu'ils fussent ses concurrents les plus proches – les fascistes et les nazis – ou, au contraire, qu'ils eussent perçu dans « l'homme d'acier » l'incarnation d'un nouvel antihumanisme. Mais Staline fit aussi l'objet d'un formidable culte, d'une passion à la fois révolutionnaire et messianique qui dépassaient les frontières du pays qu'il dirigeait d'une main de fer. Le soixante-dixième anniversaire du « Père des peuples », en 1949, fut l'occasion de la plus spectaculaire manifestation d'adoration qu'un être humain ait jamais suscitée. « Car la vie et les hommes ont élu Staline / Pour figurer sur terre leur espoir sans bornes », écrivait le poète français Paul Eluard. Si l'adoration était réservée aux « croyants » communistes, l'admiration pour le « maréchal Staline » était largement partagée parmi les non-communistes ; elle reposait sur la reconnaissance au vainqueur de Stalingrad, qui avait grandement contribué à la victoire des Alliés sur la barbarie nazie.

Remarquable stratège et tacticien politique, Staline sut parfaitement mettre en adéquation ses moyens et ses objectifs : s'imposer, après la disparition de Lénine en 1924, comme le guide tout-puissant du Parti communiste au pouvoir ; faire entrer la société soviétique, au prix de terribles sacrifices, dans l'ère industrielle ; construire ce qu'il considérait être le « socialisme » ; accroître la puissance industrielle et militaire de l'URSS ; étendre, après 1945, la sphère d'influence soviétique à la moitié de l'Europe. Pour transformer de fond en comble le pays qu'il dirigea durant un quart de siècle, de la fin des années 1920 à sa mort, en mars 1953, et faire sortir l'URSS de son « arriération » (un héritage du régime tsariste, affirmaient les communistes), Staline mit en œuvre une politique brutale et volontariste d'industrialisation accélérée, engagea une formidable épreuve de force contre le monde paysan, profondément réfractaire à la collectivisation des campagnes imposée par le régime stalinien, n'hésita pas à mobiliser en permanence la société soviétique, appelée à construire, dans l'héroïsme et les sacrifices, un monde nouveau, le « socialisme ». Les métaphores guerrières envahirent l'imaginaire quotidien. Il n'était question que de « forteresses industrielles à conquérir », de « batailles sur le front des collectes de céréales », de « liquidation des koulaks [paysans riches] en tant que classe », de « lutte sur le front de la liquidation de l'analphabétisme », de « cinquième colonne d'espions et d'ennemis du peuple à la solde de l'étranger ».

La société soviétique paya un tribut particulièrement lourd au modèle stalinien de transformation du pays : entre 1930 et 1953, plus d'un million de Soviétiques furent condamnés à mort comme « contre-révolutionnaires » par une juridiction d'exception dépendant de la police politique ; six millions moururent de faim à la suite d'une terrible famine (1932-1933) provoquée par les prélèvements prédateurs des organismes de collecte d'État sur la production des fermes collectives dans lesquelles avaient été poussés, sous la contrainte, les paysans. En outre, au cours des « années Staline », sept millions de Soviétiques appartenant à une « classe hostile » ou à une minorité nationale stigmatisée furent déportés dans des « villages spéciaux de peuplement » situés dans les régions les plus inhospitalières du pays. Enfin, plus de vingt millions de Soviétiques connurent les camps de travail du plus grand système concentrationnaire du XXe siècle, le Goulag. Telle fut la « face sombre » – et cachée – de ces années.

Mais elles furent aussi le temps des utopies et de l'adhésion, le plus souvent sincère, d'une partie considérable de la société soviétique au projet stalinien et, plus encore, à Staline lui-même, surtout après la victoire de l'URSS dans la « Grande Guerre patriotique » de 1941-1945. Un nombre important de Soviétiques, notamment les plus jeunes, ceux qui grandirent dans les années 1930-1940, crurent en la vision utopique d'un monde nouveau en train d'être édifié, d'une nature et d'une société profondément transformées par l'industrialisation et la technologie moderne, transformation baptisée « construction du socialisme ». Cette croyance sinon en un « avenir radieux », du moins en l'idée que le pays était sur le chemin du progrès et de la modernité, permit de supporter bien des privations et des difficultés de la vie quotidienne. Les immenses bouleversements socio-économiques des années 1930 assurèrent, en outre, à des millions de citoyens soviétiques, une promotion sociale, soit par le biais de l'adhésion au Parti, soit par celui de l'éducation et de la formation professionnelle. Ces perspectives de promotion et d'intégration jouèrent sans doute un rôle plus important que la propagande officielle, omniprésente, et l'encadrement idéologique des « masses », sous les formes les plus diverses, depuis l'embrigadement des jeunes dans les rangs des pionniers, puis des komsomols (jeunesses communistes) jusqu'aux innombrables parades, meetings et autres manifestations de masse censées démontrer l'adhésion enthousiaste du peuple soviétique au régime.

Page de gauche
Livraison de grains, 1938.

Les années 1930 :
« À toute vapeur vers la modernité »

Le parti de Staline

En théorie, le Parti communiste soviétique n'avait pas de chef. Il était dirigé par un organe collectif, le Comité central, élu par le Congrès du parti réunissant les délégués désignés par les militants. Le Comité central déléguait ses pouvoirs à trois organes exécutifs restreints, trois « bureaux », le Politburo (ou bureau politique), l'Orgburo (ou bureau d'organisation) et le Secrétariat du Comité central. Depuis 1922, Staline était secrétaire général du Comité central. C'est à partir de ce poste qu'il va conquérir une position prédominante au sein de la direction du Parti, avant de détourner à son profit exclusif les rouages des instances collégiales de direction et devenir, en violation de tous les statuts du Parti, le Guide (*Vojd*) pour les masses et, pour les dirigeants communistes, le Patron (*Khoziain*), un chef à la fois brutal, rusé et dur à la tâche.

L'irrésistible ascension de Iossif Vissarionovitch Djougachvili, dit Staline, commence bien avant la disparition de Lénine. Dès 1912, désigné, par cooptation, au Comité central du Parti bolchevique, Staline est déjà l'un des dix principaux dirigeants du parti clandestin. À la suite du coup d'État bolchevique du 25 octobre 1917, il est nommé, dans le nouveau gouvernement, au poste de commissaire du peuple aux Nationalités. Loin de se cantonner à ce seul secteur, Staline dirige aussi l'immense appareil bureaucratique de l'Inspection ouvrière et paysanne, chargée de contrôler la bonne marche des institutions de l'État soviétique à ses débuts. En 1919, Staline figure parmi les cinq membres titulaires du Politburo, organisme restreint chargé de coordonner l'action du Comité central. Contrairement à la légende que tenta d'accréditer par la suite son principal rival politique, Léon Trotski, Staline n'est pas, du vivant de Lénine, quelque obscur homme d'appareil (*apparatchik*), mais bien l'un des plus proches collaborateurs directs du fondateur du système soviétique et parmi les plus appréciés de Lénine pour son soutien sans faille, son sens de la discipline, sa fermeté de caractère, son absence totale de scrupules et de pitié dans l'action. En avril 1922, Staline est promu au poste, en apparence technique, de secrétaire général du Comité central. Cette fonction, qu'il va occuper plus de trente ans, jusqu'à sa mort, se révèle stratégique : elle lui permet, en effet, d'avoir la haute main sur toutes les mutations et les promotions des hauts fonctionnaires du Parti.

Staline et Viatcheslav Molotov en route pour le 5ᵉ Congrès des soviets, mai 1929.
À cette date, comme en témoigne leur correspondance, récemment publiée, Molotov apparaît déjà comme « l'homme de confiance » de Staline. Une fois défaite l'opposition dite « de droite », emmenée par Boukharine et Rykov, Staline proposera en 1930 à son compère Molotov de prendre la tête du gouvernement soviétique, lui-même gardant la tête du Parti. « Tu remplaces Rykov au poste de président du Conseil des commissaires du peuple. Avec cette combinaison, nous aurons une unité parfaite entre le sommet du Parti et celui de l'État, ce qui décuplera nos forces. »

Double page précédente
Labours dans une ferme d'État, région de Samara, 1929.

Page de droite
Staline se rend au 5ᵉ Congrès des soviets, Moscou, mai 1929.
Après la XVIᵉ Conférence du Parti, en avril 1929, le 5ᵉ Congrès des soviets, en mai, marque une étape décisive dans la victoire du courant stalinien face à la dernière opposition interne à Staline au sein de la direction du Parti, emmenée par Nikolaï Boukharine et Alekseï Rykov.
Le 5ᵉ Congrès des soviets adopte notamment une variante, encore plus ambitieuse que la précédente, du Iᵉʳ Plan quinquennal.

Les années 1930 : « À toute vapeur vers la modernité »

Staline et Boukharine, 1929.
Entre Boukharine, « le théoricien le plus éminent du Parti, mais aussi le favori de l'ensemble du Parti » selon Lénine, et Staline, dont le principal combat politique fut de tenter de prouver qu'il était le « meilleur disciple de Lénine », les rapports sont particulièrement complexes et tendus. Malgré son opposition à Staline, Boukharine éprouve une véritable fascination pour celui qui, reconnaît-il, est parvenu à « incarner le Parti » auprès du peuple soviétique.

À l'automne 1922, cependant, l'ascension de Staline semble menacée. Un conflit majeur a, en effet, éclaté entre Lénine et Staline sur la question du cadre fédéral dans lequel doit se construire l'URSS. Dans le *Testament* qu'il rédige fin 1922-début 1923, Lénine, déjà gravement malade, porte une appréciation très sévère sur celui qu'il a qualifié, dix ans auparavant, de « merveilleux Géorgien » : « Staline a concentré un pouvoir illimité, dont il n'est pas sûr qu'il puisse se servir avec assez de circonspection ». Suit ce jugement sans appel : « Staline est trop brutal. Je propose aux camarades d'étudier un moyen de démettre Staline de son poste ».

Même si ce texte de Lénine n'est pas rendu public à l'époque et n'est divulgué que parmi un cercle restreint de hauts dirigeants, Staline est dès lors confronté à un handicap majeur, qui va influer durablement sur son mode de relations avec les autres responsables bolcheviques de sa génération. Staline n'aura de cesse de prouver qu'il n'a pas « trahi le léninisme » – c'est pour cette raison qu'il voue une haine sans fond à Trotski, qui a développé le thème de la « Révolution trahie ». Staline consacre une grande énergie à se reconstruire une parfaite légitimité politique, faisant réécrire l'histoire du bolchevisme, rédigeant sa propre hagiographie et construisant un système centré autour de sa personne. Jusqu'à la fin des années 1930, jusqu'à ce que la « vieille garde léniniste », composée des dirigeants historiques du bolchevisme, ait été éliminée à l'issue de purges sanglantes initiées par Staline, celui-ci reste un dirigeant sur la défensive, qui teste sans relâche, sur chacun de ses collaborateurs, le degré de dévouement à sa personne. Il « tient » ses plus proches collaborateurs en instrumentalisant leur moindre « faille biographique » (une adhésion passée à un parti non bolchevique, un écart par rapport à la « ligne » du Parti, des relations familiales ou amicales avec des « ennemis de la Révolution », etc.), persécute tous ceux qui ont pu garder en mémoire le dernier conflit entre le « maître » et le disciple.

Dans les luttes de succession qui s'ouvrent dès la disparition de Lénine en janvier 1924, Staline montre infiniment plus de volonté et de sens tactique que ses adversaires. Il sait manœuvrer habilement entre les courants, s'alliant d'abord avec Grigori Zinoviev et Lev Kamenev pour isoler son adversaire politique le plus dangereux, Trotski. Une fois ce dernier affaibli, il renverse ses alliances et se rapproche de Boukharine, Tomski et Rykov, trois figures importantes du Parti, pour écarter Zinoviev et Kamenev de la direction. Désormais assez puissant, il se retourne enfin contre ses alliés de la veille : Boukharine est exclu du Politburo fin 1929, Tomski et Rykov en 1930.

Au-delà de ces manœuvres politiques brillamment conduites, la force de Staline est de parvenir à capter l'héritage léniniste en se posant comme l'exégète autorisé de la pensée du maître. Quelques mois après la disparition de Lénine, Staline édite un opuscule, qu'il intitule *Les Bases du léninisme*. Diffusé à des centaines de milliers d'exemplaires, l'opuscule accrédite, auprès de la nouvelle génération de militants recrutés en masse après la mort de Lénine, l'idée que Staline est bien le « meilleur disciple de Lénine ».

Au même moment, Staline développe la théorie du « socialisme dans un seul pays », s'opposant aux chimères de la « révolution mondiale » prônée par Trotski et ses partisans. L'idée de la « construction du socialisme dans un seul pays », outre qu'elle donne une nouvelle espérance et un objectif concret à tous ceux qui doutent de la « révolution mondiale », a l'immense avantage de mobiliser la fibre nationale, voire nationaliste – un ressort essentiel auquel Staline aura, par la suite, largement recours.

Une des autres forces de la position stalinienne réside sans doute aussi dans sa grande simplicité, son extrême schématisme et son « marxisme primaire » qui la rendent accessible à une grande majorité de militants communistes peu éduqués et peu formés politiquement. Staline parvient à présenter le débat politique comme une lutte entre une « ligne générale » incarnée, au centre, par lui-même, et des « déviations » de « gauche » (incarnée par Trotski) ou de « droite » (Boukharine, Rykov,

Staline à la chasse, août 1933. Chaque été, Staline part pour plusieurs mois dans sa résidence de Sotchi, sur la mer Noire. Il se livre, dans les environs de la ville située au pied du Caucase, à l'une de ses activités favorites, la chasse. Cette activité ne le tient pas pour autant éloigné des affaires politiques, comme en témoigne l'abondante correspondance qu'il adresse à ses plus proches collaborateurs restés à Moscou. En réalité, Staline reste aux commandes, ayant instauré un véritable « mode de gouvernement à distance ». Chacune de ses lettres, acheminées par une ligne télégraphique gouvernementale spéciale est un véritable « programme d'action ».

En bas
Staline entouré de proches collaborateurs avec leur épouse. On reconnaît, en partant du haut et de gauche à droite, Stanislas Redens, dirigeant de la police politique et beau-frère de Staline, Lazar Kaganovitch, Molotov, ?, Vlas Tchoubar, Andreï Andreïev, l'épouse de Kliment Vorochilov et Vorochilov, Pavel Allilouïev (autre beau-frère de Staline). Immédiatement sous Staline, Sergo Ordjonikidze, appuyé sur Lavrenti Beria (à gauche) et Anastas Mikoïan (à droite). Mis à part Redens, Beria et Allilouïev, tous les autres personnages font partie du Politburo, la plus haute instance du Parti.

Le parti de Staline

Les principaux dirigeants du Parti au premier rang des délégués du XVIIe Congrès du Parti. À la droite de Staline, Kliment Vorochilov, commissaire du peuple à la Défense, et à sa gauche, Viatcheslav Molotov, président du Conseil des commissaires du peuple, et Mikhaïl Kalinine, président du Comité central exécutif des soviets de l'URSS et, à ce titre, chef formel de l'État soviétique.

Tomski) menaçant l'unité du Parti. Un parti profondément renouvelé, dans les années 1920 et 1930, par l'afflux massif d'éléments populaires et plébéiens, qui se reconnaissent dans une large mesure en Staline, originaire comme eux du petit peuple – à la différence de la plupart des chefs historiques du bolchevisme, lettrés marxistes issus de la petite noblesse, de la bourgeoisie russe ou de l'intelligentsia déclassée d'origine juive.

La victoire politique de Staline s'explique aussi – et peut-être avant tout – par sa capacité à contrôler, avec un groupe soudé de fidèles au nombre desquels figurent Viatcheslav Molotov, Lazar Kaganovitch, Sergo Ordjonikidze, Sergueï Kirov, Anastas Mikoïan, Kliment Vorochilov, Valerian Kouibychev et quelques autres, les appareils du Parti, à partir de postes-clés tels le Secrétariat du Comité central et l'Orgburo, chargés de la nomination des cadres ou encore la Commission de contrôle du Parti, appelée à « purger » le Parti de tous ses éléments « idéologiquement corrompus ».

Une étape décisive dans la main-mise du groupe stalinien sur la direction du Parti est franchie en 1929-1930, lorsque les derniers opposants à Staline, Boukharine et Rykov en tête, sont chassés des instances dirigeantes du Parti. Rapidement, Staline instaure une dictature personnelle. Les congrès, annuels, du Parti s'espacent et se tiennent désormais une fois tous les quatre ou cinq ans ; le Politburo se réunit de moins en moins souvent en séance plénière. Les décisions les plus importantes, engageant l'avenir du pays, sont prises au cours de réunions informelles regroupant, dans le bureau de Staline, ses plus proches collaborateurs.

Lorsqu'il s'absente de Moscou (généralement deux à trois mois d'été passés à Sotchi, station balnéaire

Staline à la tribune du XVIIe Congrès, en janvier 1934.
Chargé de dresser le bilan du Ier Plan quinquennal (1929-1933) et d'approuver les objectifs du IIe Plan, le XVIIe Congrès du Parti, qualifié par Sergueï Kirov de « congrès des vainqueurs », marque le triomphe définitif de Staline. Ce congrès donne le spectacle du ralliement sans conditions de tous les anciens opposants vaincus (Boukharine, Rykov, Tomski, Zinoviev, Kamenev) qui unanimement portent au pinacle Staline, proclamé « le plus grand homme de tous les temps et de tous les peuples ».

au bord de la mer Noire), Staline gouverne à distance, par dépêches ou télégrammes, véritables programmes d'action aussitôt mis à exécution par ses fidèles lieutenants. Le « style de commandement » de Staline associe refus de toute délégation de pouvoir et interventionnisme tatillon sur toutes les affaires jugées d'importance. De ce point de vue, la dictature personnelle de Staline apparaît aux antipodes de la dictature hitlérienne fondée sur le « principe charismatique » du Führer et sur un style de commandement « néo-féodal » qui laissait une grande marge de manœuvre aux chefs nazis dans leurs fiefs régionaux. En quelques années, Staline devient, pour tous les communistes, l'incarnation de l'histoire en marche. Il ne peut plus faire l'objet d'aucune remise en cause. Peu de temps avant son arrestation, en février 1937, Nikolaï Boukharine, le dirigeant bolchevique déchu que Lénine avait qualifié dans son *Testament* de « théoricien le plus éminent du Parti », expliqua avec lucidité les raisons pour lesquelles le Parti était devenu le parti de Staline : « Ce n'est pas à lui que nous faisons confiance, c'est à l'homme auquel le Parti fait confiance. Je ne sais pas comment c'est arrivé, mais c'est ainsi. Staline est devenu le symbole du Parti [...]. C'est peut-être notre faute, mais c'est ainsi, et c'est pourquoi nous entrons tous, les uns derrière les autres, dans sa gueule grande ouverte, en sachant tous qu'il va nous dévorer. Et lui le sait parfaitement, et il n'a plus qu'à attendre le moment qui lui conviendra pour le faire. »

Andreï Jdanov, Kliment Vorochilov et Staline, au 8ᵉ Congrès des soviets, 1936.

Le projet stalinien : construire le socialisme

Le premier objectif fixé par Staline et son groupe, à la fin des années 1920, est de faire de l'URSS une grande puissance industrielle et militaire. Le régime soviétique n'existe alors que depuis douze ans. À bien des égards, le pays où les bolcheviks ont pris le pouvoir en octobre 1917 vient tout juste de rattraper le niveau de développement économique et social atteint par la Russie tsariste en 1913, avant le cataclysme de la Grande Guerre, des révolutions de 1917 et des guerres civiles qui ravagèrent le pays quatre années durant, de 1918 jusqu'à la fin de 1921. À la fin des années 1920, plus de 80 % de la population soviétique vit encore de l'agriculture, et on ne compte guère plus de trois millions d'ouvriers dans l'industrie – une proportion négligeable pour une population totale évaluée à quelque cent cinquante millions d'habitants. Le régime de la « dictature du prolétariat » prôné par le Parti communiste au pouvoir paraît bien fragile dans un pays majoritairement rural ! En 1917, les bolcheviks avaient su habilement s'allier la masse de la paysannerie en lui promettant le partage des terres des grands propriétaires. Rapidement, toutefois, les relations entre les bolcheviks et les paysans s'étaient tendues dès lors que les premiers eurent recours aux réquisitions forcées au cours de la guerre civile qui éclata, dès 1918, entre partisans et adversaires du nouveau régime. Ces tensions s'exacerbèrent encore quand Lénine tenta, en 1919-1920, de « forcer le cours de l'histoire » en supprimant le commerce privé et en prônant le passage à des formes collectives d'exploitation agricole. La résistance acharnée de la paysannerie contraignit, début 1921, le régime bolchevique dirigé par Lénine à reculer et à proclamer la NEP (Nouvelle Politique économique). L'impôt remplaça les réquisitions ; les paysans furent autorisés à vendre librement leurs produits ; les tentatives de collectiviser autoritairement les exploitations paysannes furent arrêtées. La Révolution ne mit pas fin au conflit qui, de tout temps, avait opposé en Russie deux civilisations et deux cultures radicalement différentes, celle de la ville et celle de la campagne. Étrangère aux villes, réfractaire aux réformes, tapie dans les espaces immenses et isolés du « pays profond », une civilisation paysanne originale s'était développée en Russie. Grâce à leur isolement, les campagnes, véritable *terra incognita* aux yeux du pouvoir central, qu'il fût tsariste ou bolchevique, avaient su

L'électricité arrive au village, 1925.
« Le communisme, c'est l'électrification plus le pouvoir des soviets », disait Lénine. Dans les années 1920, l'électrification des villages progresse, mais lentement. À la fin de la décennie, à peine un tiers des villages est branché au réseau électrique.

Page de gauche
Le semeur, 1924.
Prise dans le village de Kharino, province de Viatka, cette photographie illustre la pérennité d'une Russie paysanne traditionnelle, sortie renforcée des années de révolution. Chaussures et panier circulaire en écorce de bouleau témoignent de la force d'une civilisation matérielle originale restée à l'écart de la « modernité » urbaine.

Maternité dans les champs, Kolomenskoïe, région de Moscou, 1927. La photo est soigneusement posée. La paysanne a troqué ses bottines, que l'on voit à droite dans l'herbe, pour des chaussures de ville.

Des messagers paysans (*khodoki*) attendent de déposer leur requête, dans l'antichambre de la présidence du Comité exécutif central des soviets, Moscou, 1927.
Des dizaines de milliers de paysans, souvent mandatés par leur commune, se rendent chaque année à Moscou, « chez Kalinine », pour déposer une requête, individuelle ou collective, une doléance ou une pétition. Cette démarche s'enracine dans une tradition qui reflète une approche particulière au pouvoir, les « petites gens » s'adressant au tsar pour réparer l'injustice dont ils sont victimes de la part de ses représentants. Mikhaïl Kalinine, l'un des rares dirigeants bolcheviques d'origine paysanne, est considéré comme le seul « authentique défenseur de la cause paysanne » au sein d'un parti qui, pense-t-on, privilégie les ouvriers. Personnage effacé, Kalinine, malgré son poste de chef formel de l'État soviétique, ne fait pas le poids face à Staline, le « patron » du Parti. Il ne s'oppose jamais à aucune des décisions du secrétaire général.

préserver leur vie propre. Le village ignorait tout du monde extérieur, sinon qu'il lui était hostile. Les paysans avaient gardé leur propre institution, la commune (qui redistribuait périodiquement les lopins entre les familles, au prorata des « bouches à nourrir »), leur propre idée des rapports sociaux, leur propre façon de raisonner et de s'informer, de comprendre et de pratiquer le christianisme, leur propre vision du monde et de la morale.
Cette civilisation paysanne ressortit intacte, et même consolidée, de l'épreuve de la Révolution. Le partage des grands domaines donna aux paysans en moyenne deux hectares de terre cultivable par famille. Quantité dérisoire, mais qui permit à de nombreuses exploitations d'atteindre le seuil de survie. La disparition des grands propriétaires et l'affaiblissement considérable de la petite couche des paysans aisés (koulaks) contraints de rétrocéder une partie de leur terre au cours de la grande redistribution, animée par un fort esprit d'égalitarisme, que mirent en œuvre, au lendemain de la Révolution, les communes paysannes, entraînèrent un nivellement de la société paysanne, mais aussi une chute notable de la productivité du travail.
Avant 1914, les grands domaines dotés d'une technologie moderne et les paysans aisés commercialisaient une part considérable de leur production, ce qui permettait à la Russie d'exporter massivement céréales et produits de l'élevage sur le marché mondial.

L'écrivain populiste Semion Podiachev entouré de ses amis, village de Podiachevo, province de Voronej, 1928. Une autre image de la Russie paysanne traditionnelle exécrée par le pouvoir communiste. La plupart des « intellectuels de village » populistes, qui, en 1917, ont choisi de suivre les principaux concurrents des bolcheviks, les socialistes-révolutionnaires, ont pris le chemin de l'émigration. Il reste cependant, notamment dans les provinces rurales de la Volga, bastion traditionnel du mouvement populiste, puis socialiste-révolutionnaire, quelques irréductibles. Ceux-ci seront rapidement balayés au moment de la collectivisation des campagnes. Catalogués comme « koulakisants » ou « éléments antisoviétiques », ils seront déportés ou enfermés dans des camps de travail.

Famille ouzbek, Ouzbékistan, 1929.

Page de droite
Femme ouzbek avec ses enfants, Tachkent, Ouzbékistan, 1928.
À partir de la seconde moitié des années 1920, le pouvoir central soviétique entreprend une lutte active contre ce qu'il appelle « les survivances du féodalisme et du tribalisme », particulièrement fortes en Asie centrale. Toute une série de décrets relèvent l'âge minimum du mariage et exigent le consentement mutuel des époux, interdisent le *kalym* (achat de la fiancée), le mariage par rapt et la polygamie. Sans grand succès, toutefois. À la veille du « Grand Tournant », l'Asie centrale soviétique demeure une « terre de traditions », où tout reste à faire pour faire triompher la « révolution culturelle » que les bolcheviks appellent de leurs vœux.

Les années 1930 : « À toute vapeur vers la modernité »

Dans les années 1920, la paysannerie nivelée (plus de 90 % des exploitants possèdent moins de trois vaches et mettent en valeur des lopins inférieurs à cinq hectares par famille) consomme 85 % de ce qu'elle produit. Il ne reste pas grand-chose pour la consommation des villes, sans parler d'exportation. En outre, les paysans ne sont guère intéressés à vendre leurs surplus aux organismes étatiques d'achat des produits agricoles. Les prix payés par l'État sont très bas, bien inférieurs aux prix du marché libre. Les pénuries permanentes de marchandises et de produits manufacturés n'incitent guère, par ailleurs, les paysans à vendre. Dans cette situation, ceux-ci se contentent de produire en fonction de leurs propres besoins, bien conscients du fait qu'il ne faut surtout pas montrer aux autorités ne serait-ce qu'un début d'aisance, qui aurait vite fait de leur valoir la redoutable accusation d'appartenance à la couche des koulaks, soumis à une imposition très élevée et stigmatisés par le régime soviétique comme des « exploiteurs ». Pour Staline, le régime soviétique est ainsi à la merci d'une paysannerie de « petits propriétaires » ressentie comme une force sociale « rétrograde » et « arriérée », qui risque à tout moment de prendre en otage les villes et la classe ouvrière, bastions du pouvoir communiste. C'est à cause de la structure socio-économique du secteur agricole, dominé par des dizaines de millions de petits producteurs privés que l'industrie, argumente Staline, peine à se développer. Dans un environnement international hostile et un état de sous-développement chronique, les capitaux nécessaires à l'industrialisation ne peuvent donc être obtenus que par des prélèvements massifs, à des prix dérisoires, de la production agricole. Pour que cette « accumulation socialiste primitive », par pompage des ressources agricoles du secteur privé vers le secteur industriel d'État, puisse se réaliser, il faut au préalable casser les mécanismes du marché qui fonctionnent tant bien que mal sous la NEP. Il faut surtout que les paysans soient regroupés, de gré ou de force, dans des exploitations collectives, kolkhozes (fermes à statut coopératif) ou sovkhozes (fermes d'État), fortement mécanisées – ou, plus exactement, « tractorisées ». Pour Staline, ces exploitations collectives seront des « forteresses du socialisme » dans les campagnes arriérées.

La collectivisation doit permettre à l'État de disposer d'un approvisionnement régulier et quasiment gratuit en céréales et produits de l'élevage pour nourrir les villes et financer, par des exportations massives, l'industrialisation du pays. Elle doit aussi faciliter l'imposition d'un système de contrôle administratif et politique sur la paysannerie, afin de la contraindre d'adopter enfin les « nouvelles valeurs du socialisme ».

En réalité, la collectivisation n'est que le premier des deux volets du projet stalinien, celui qui doit assurer le succès du second – l'industrialisation accélérée

Entrepôts, Astrakhan, 1929.
Le marché lucratif du caviar, production traditionnelle de la région d'Astrakhan, est encore, à la fin des années 1920, largement aux mains de commerçants privés. Les pêcheries et le commerce du caviar passent sous le contrôle de l'État au moment de la grande offensive « anticapitaliste » des années 1929-1930.

Page de gauche
Tonneaux de poisson et de caviar, Astrakhan, 1929.

Le projet stalinien : construire le socialisme

Caravane de chameaux
dans le Pamir, 1927.
Les échanges, y compris transfrontaliers,
sont dans les années 1920 aux mains
de marchands ou de chefs de clan
traditionnels.

du pays. Les dirigeants soviétiques, Staline en tête, sont persuadés qu'il faut reprendre la marche en avant vers le socialisme, interrompue en 1921 par la « retraite » de la NEP, et que, dans le monde incertain et menaçant des années 1930, le temps leur est compté pour faire de l'URSS une grande puissance industrielle et militaire. « La Russie a toujours été battue dans l'histoire à cause de son retard, explique Staline dans un discours célèbre (4 février 1931). Nous retardons de cinquante à cent ans sur les pays avancés. Nous devons parcourir cette distance en dix ans. Ou nous le ferons ou nous serons broyés. » Cet objectif suppose une formidable mobilisation de toutes les énergies. Dans l'URSS stalinienne des années 1930, l'horizon quotidien est celui d'une mobilisation permanente, d'une course effrénée aux records de production, d'une tension de la société tout entière appelée à se surpasser et à atteindre l'idéal de « l'homme nouveau », ce héros d'une époque à nulle autre pareille, celle du socialisme enfin réalisé dans un seul pays, l'Union des républiques socialistes soviétiques.

Labours traditionnels, Turkménistan, 1930.

« Le premier tracteur », 1927.
À la fin des années 1920, l'URSS, qui ne produit pas, achète en devises et au prix fort quelques centaines de tracteurs américains Fordson.

Page de droite
Tracteurs au labour, sovkhoze « Les Héros du socialisme », région de Samara, 1929.

Le séisme de la collectivisation forcée

Les événements de l'hiver 1929-1930 secouent le pays – la Russie profonde des campagnes – incomparablement plus que les dix jours d'octobre 1917 qui, selon la célèbre formule de John Reed, avaient « ébranlé le monde ». Pour le paysan russe, le monde bascule en l'espace de quelques semaines dans l'absurde, la confusion et le chaos. Il est brutalement arraché à ses modes de vie et de travail séculaires. On lui prend sa terre, ses bêtes, ses biens, on ruine l'exploitation qu'il a eu tant de mal à reconstruire après les épreuves de la Révolution et de la guerre civile. On arrête et on déporte les paysans les plus prospères et les plus travailleurs. On promeut les pauvres et les fainéants, on fait venir des étrangers de la ville pour commander tout le monde. Le paysan tente de résister – en vain. Il ne lui reste plus alors, en signe d'ultime protestation, qu'à abattre son cheptel et dévorer, au cours d'agapes monstrueuses, ce qu'il ne veut pas livrer à l'État. On lui explique – comble de l'absurde – qu'on l'exproprie afin de le sauver de la pauvreté, de l'arriération et de l'idiotie de la vie rurale. Après une période douloureuse mais brève, il pourra enfin savourer les avantages d'une existence d'agriculteur prospère et cultivé dans une société industrielle moderne.

La collectivisation détruit la civilisation rurale traditionnelle. En fait d'agriculteur « prospère et cultivé », elle engendre un spécimen social d'une espèce inconnue jusque-là, un être désabusé, apathique, clochardisé, le « kolkhozien ».

C'est à l'occasion du douzième anniversaire de la Grande Révolution socialiste d'Octobre, qu'est officiellement lancée la collectivisation des campagnes. Ce jour-là, le 7 novembre 1929, toute la presse soviétique publie l'article de Staline « Le Grand Tournant ». La thèse, qui va se révéler totalement infondée, défendue par Staline dans cet article est que non seulement les paysans pauvres, mais encore les paysans moyens, qui forment l'immense masse de la paysannerie russe, sont désormais prêts à adhérer aux kolkhozes. Seule une minorité de paysans aisés, les koulaks, affirme Staline, s'oppose à la collectivisation. Les koulaks doivent, par conséquent, être « liquidés en tant que classe » ou, selon une expression inventée pour l'occasion, « dékoulakisés ».

Dans les semaines qui suivent, deux commissions rattachées à la plus haute instance dirigeante du Parti, le Politburo, préparent les modalités de la collectivisation et de la « dékoulakisation ». Il est arbitrairement décidé que les grandes régions productrices de céréales (Ukraine, Caucase du Nord, régions de la Volga) devront être « entièrement collectivisées » en un an, les autres en deux ans. Trois catégories, tout aussi arbitraires, de koulaks sont définies : les « koulaks de première catégorie », désignés comme « engagés dans des activités contre-révolutionnaires », doivent être arrêtés et dirigés vers des camps de travail ; les « koulaks de deuxième catégorie » désignés comme des « archi-exploiteurs » doivent être déportés, avec leur famille, vers des régions inhospitalières du pays (Sibérie, Grand Nord, Kazakhstan, Oural). Les « koulaks de troisième catégorie », qualifiés de « loyaux envers le régime », doivent être réinstallés, dans les limites de leur région, sur des « sols néces-

À la cantine du sovkhoze, région du Kouban, 1937.
Seuls les sovkhozes (fermes d'État) les mieux dotés par l'État, soit à cause de leur importance économique, soit parce qu'ils doivent servir de « modèle » pour les besoins de la propagande, disposent de cantines, à l'instar des grandes usines. Au premier plan, le haut-parleur diffusant les programmes de radio, l'un des attributs incontournables de la cantine, paysanne comme ouvrière.

Des paysans souscrivent à l'emprunt obligatoire d'État, début des années 1930.
Les kolkhoziens, comme les ouvriers, sont fermement incités à souscrire des emprunts d'État, rémunérés à des taux très faibles étant donné la forte inflation. Ces souscriptions obligatoires, qui font l'objet d'une vaste propagande, sont unanimement considérées comme un impôt déguisé.

sitant une bonification ». L'ensemble des koulaks doivent naturellement être expropriés et leurs biens transférés aux kolkhozes nouvellement créés.

Pour mener à bien collectivisation et dékoulakisation, les autorités mobilisent des dizaines de milliers d'ouvriers et de communistes des villes, envoyés, par « brigades », dans les chefs-lieux de district, rejoindre « l'état-major de collectivisation » qui regroupe déjà les dirigeants locaux du Parti, le commandant de la garnison locale, les responsables de la police régulière et de la police politique. Cet « état-major » doit impérativement remplir le plan de collectivisation qui lui a été assigné : à telle date, tel pourcentage d'exploitations collectivisées.

Les « brigades de collectivisation » se rendent ensuite dans les villages, convoquent une réunion de tous les exploitants et tâchent, alternant promesses – irréalistes –, menaces et pressions de toutes sortes (arrestation des « meneurs », coupure de l'approvisionnement en produits manufacturés, etc.), de pousser les paysans à adhérer à un kolkhoze. Si quelques paysans se résignent à signer leur adhésion, c'est le village tout entier qui est déclaré « collectivisé à 100 % ». La « dékoulakisation » doit convaincre les récalcitrants de la détermination des autorités et de l'inutilité de toute résistance. Fondée sur des critères totalement arbitraires, la « dékoulakisation », menée par les

Le « charroi rouge », 1928. Photographie célèbre de propagande, glorifiant le paysan venant livrer sa récolte aux organismes de collecte d'État. Ces livraisons sont rapidement surnommées, aussi bien par les paysans que par les autorités, les « charrois rouges ». C'est précisément la « crise des collectes » de l'hiver 1927-1928 qui précipite la collectivisation forcée des campagnes. Staline prend prétexte du refus de la masse des paysans de vendre leur production à l'État (les prix payés par l'État étant très inférieurs aux prix du marché libre) pour mettre un terme à la NEP et lancer la collectivisation.

activistes locaux du Parti et des fonctionnaires de la police politique parfois « conseillés », sur le terrain, par des « paysans pauvres », tourne souvent au règlement de comptes et au pillage des biens des paysans arrêtés. Néanmoins, la solidarité de la communauté paysanne reprend vite le dessus face aux « collectivisateurs » venus de la ville. Les rapports quotidiens de la Guépéou (police politique) sur la situation dans les campagnes, récemment déclassifiées, permettent aujourd'hui de saisir l'ampleur de la résistance paysanne à la collectivisation, totalement passée sous silence par l'histoire soviétique officielle. Pour la seule année 1930, la Guépéou comptabilise près de quatorze mille « troubles paysans », dont environ quatre cents révoltes armées. Les troubles culminent en février-mars (avec plus de sept mille manifestations recensées, dont une centaine d'insurrections de grande ampleur). Si le refus d'entrer au kolkhoze est la première cause des désordres paysans, de nombreuses émeutes sont provoquées par l'acharnement des « brigades de collectivisation » à fermer les églises et à confisquer les cloches, par le vandalisme athée des jeunes communistes venus des villes, par la propagation de rumeurs apocalyptiques sur le retour du « second servage ». Pour la paysannerie, la collectivisation est ressentie comme une véritable guerre déclarée par l'État communiste contre le mode de vie et la culture paysanne traditionnelle.

La résistance massive et inattendue de la paysannerie à la collectivisation contraint le pouvoir à modifier momentanément ses plans. Dans un long article, publié dans tous les journaux soviétiques le 2 mars 1930 sous le titre « Le Vertige du succès », Staline condamne « les nombreuses entorses au principe du volontariat dans l'adhésion des paysans aux kolkhozes », imputant les « excès » de la collectivisation et de la dékoulakisation aux responsables locaux « ivres de succès ». L'impact de l'article – dans lequel Staline ne remet aucunement en cause la justesse de la collectivisation – est immédiat : des millions de paysans quittent aussitôt les kolkhozes, qui n'existent encore, pour la plupart, que sur le papier. Le pourcentage de foyers collectivisés, artificiellement gonflé par les autorités locales (celles-ci prétendent que 59 % du nombre total des foyers paysans – soit soixante-quinze millions de personnes – ont adhéré à un kolkhoze au 1er mars 1930) se dégonfle rapidement. En juillet 1930, à peine 20 % des foyers paysans sont effectivement collectivisés.

« Charrois rouges », années 1930. « La campagne de collecte est la pierre de touche de notre force ou de notre faiblesse, de la force ou de la faiblesse de nos ennemis ! » n'hésite pas à affirmer Staline. Chaque année, une épreuve de force s'engage entre l'État et la paysannerie pour le contrôle de la production. Par le système des kolkhozes et des sovkhozes, l'État dispose désormais d'une puissante infrastructure pour prélever, à des prix dérisoires, la production agricole ; la seule arme des paysans est de travailler le moins possible sur les terres collectivisées qui ne leur appartiennent plus. Chaque campagne de collecte s'accompagne d'une intense propagande politique. « La colonne d'agitation des charrois rouges renforce la conscience des travailleurs des districts céréaliers », peut-on lire sur la banderole accrochée aux sacs de grains.

Les résistances paysannes sont cependant peu à peu laminées à la fois par des pressions fiscales (ceux qui refusent de rejoindre les kolkhozes sont tellement imposés qu'ils sont contraints de vendre leurs biens), économiques (on attribue aux kolkhozes tous les pâturages, bois et communaux indispensables à l'exploitation paysanne) et, plus encore, par une répression impitoyable contre les « fortes têtes » et les « meneurs ». En 1930, plusieurs dizaines de milliers de paysans insurgés sont condamnés à mort par des tribunaux d'exception ; près de trois cent mille koulaks sont envoyés en camp de travail et sept cent mille autres déportés, avec les membres de leur famille, vers des « villages spéciaux » au fin fond de la Sibérie, de l'Oural, du Grand Nord ou du Kazakhstan. Les déportations massives se poursuivent, sur une plus grande échelle encore, en 1931. Au total, en deux ans (1930-1931), près de deux millions de paysans qui refusent la collectivisation sont déportés. À la suite de ces pressions, les paysans rejoignent peu à peu les kolkhozes. Au début de l'année 1932, trois foyers paysans sur quatre font partie d'une ferme collective. Le pays paie au prix fort cette « transformation socialiste de l'agriculture » : en quatre ans (1928-1932), le cheptel soviétique est réduit de moitié ! Les quelques dizaines de milliers de tracteurs livrés, à grand renfort de publicité, aux kolkhozes et aux sovkhozes, ne peuvent évidemment compenser la perte de millions de chevaux et de bœufs, abattus par les paysans qui refusent de « collectiviser » leurs bêtes. La productivité agricole diminue, de même que les récoltes, les kolkhoziens travaillant négligemment sur une terre qui ne leur appartient plus.

L'achèvement de la campagne de « liquidation des koulaks en tant que classe », officiellement proclamée en 1932, ne met pas fin, pour autant, au climat de violence. Dans les campagnes collectivisées, le rôle du kolkhoze ou du sovkhoze est

Le séisme de la collectivisation forcée

 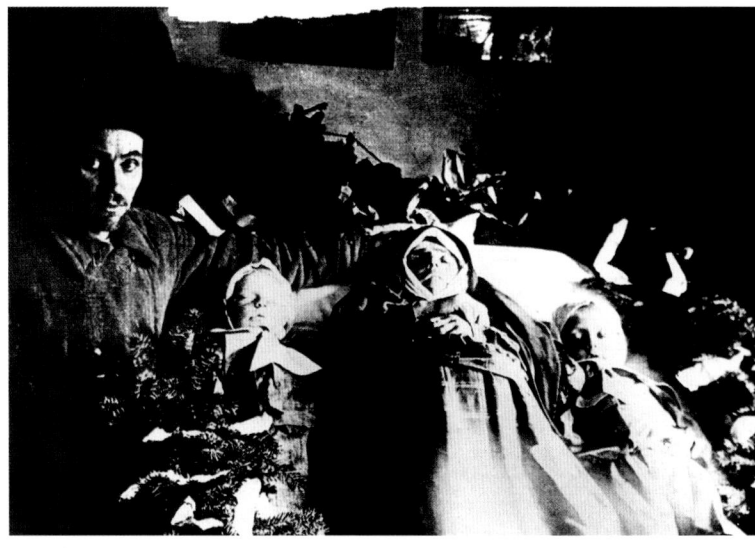

Découverte d'une fosse à grains cachée dans un village, Ukraine, automne 1932.
Pour échapper à la famine, les kolkhoziens essaient de soustraire une petite partie des grains récoltés aux livraisons obligatoires dues par le kolkhoze. Les « brigades de collecte » ont pour tâche de découvrir fosses à grains et « greniers noirs » cachés dans les villages et dans leurs alentours. Le kolkhozien chez qui du grain a été découvert est condamné à une peine de camp pouvant aller jusqu'à dix ans.

La famille d'un « activiste » paysan tuée par des « koulaks », Ukraine, 1930.
La « dékoulakisation » est l'occasion de nombreux règlements de comptes : paysans « aisés » dénoncés par des paysans pauvres, biens appartenant aux familles expropriées et dékoulakisées pillés et partagés entre les activistes des brigades de collectivisation. La presse et la propagande font grand cas des violences exercées par les koulaks à l'encontre des paysans soutenant le régime. Tout meurtre ou « passage à tabac » d'activistes est qualifié de « terrorisme koulak », signe de la « résistance désespérée des débris des classes moribondes ». Les statistiques récemment déclassifiées de la police politique font état, pour les années 1930-1931, de quelque 1 700 victimes du « terrorisme koulak ». Un chiffre dérisoire face à la répression massive exercée contre les koulaks.
En 1930-1931, plus de 20 000 koulaks sont condamnés à mort par une juridiction d'exception et exécutés ; plus de 300 000 envoyés en camp de travail et près de 2 millions déportés.

Famille de paysans dékoulakisés près de leur ancienne maison confisquée, Ukraine, 1930.
L'une des très rares photos de la tragédie de la « dékoulakisation », c'est-à-dire de la spoliation totale de 6 à 7 millions de paysans, accompagnée de la déportation de 2 millions d'entre eux. Les chefs de famille – et les hommes en âge de travailler – sont souvent arrêtés les premiers ; le reste de la famille est déporté dans un second temps. Pour échapper à l'arrestation, de nombreux chefs de famille partent en ville. L'état de la *khata* (maison en torchis, avec un toit de chaume), habitation paysanne traditionnelle en Ukraine, en dit long sur la prétendue « richesse » des koulaks, qualifiés par Staline de « capitalistes ruraux exploiteurs ».

stratégique : il doit assurer à l'État des livraisons fixes – et quasiment gratuites – de produits agricoles par une ponction de plus en plus forte sur la récolte « collective ». Chaque automne, la campagne de collecte se transforme en une véritable épreuve de force entre l'État et une paysannerie qui use de tous les stratagèmes pour conserver pour elle une part de la récolte. Plus la région est fertile, et plus elle est ponctionnée. Le plan de collecte de 1932, particulièrement ambitieux (le gouvernement souhaite exporter toujours davantage de céréales pour importer plus de biens d'équipements afin de « boucler » le Ier Plan quinquennal dans l'industrie), alors que la récolte s'annonce fort médiocre, suscite des tensions particulièrement fortes et est à l'origine d'une terrible famine. Dès que l'on commence à engranger la récolte, les kolkhoziens tentent de mettre de côté des grains pour passer l'hiver. Les autorités crient à la « dilapidation de la propriété socialiste ». Staline en personne rédige le décret du 7 août 1932, qui prévoit la peine de mort ou une peine de dix ans de camp pour tout vol, aussi insignifiant soit-il, de la « propriété socialiste ». Cette loi est aussitôt surnommée, par le peuple, la « loi des cinq épis », la plupart des personnes condamnées l'ayant été pour avoir dérobé quelques épis dans les champs kolkhoziens. L'essentiel de la violence exercée sur le « front des collectes de céréales » s'exerce cependant en dehors de tout cadre légal. Pour contraindre les kolkhozes à remplir le plan de collecte, briser les résistances de la paysannerie, tout un appareil répressif para-militaire est mobilisé, composé d'une foule de « plénipotentiaires » au mandat incertain, de fonctionnaires de la police politique, d'activistes du Parti rassemblés dans des « brigades de collecte ». Faisant régner un climat de terreur, celles-ci n'hésitent pas à réquisitionner les dernières réserves des kolkhozes, y compris les grains versés aux kolkhoziens pour leur travail et les semences pour l'année suivante. Les districts céréaliers qui n'ont pas rempli le plan sont « punis » par un ensemble de mesures de rétorsion

Rassemblement de « charrois rouges », région de Tcheliabinsk, fin 1929. Les mécanismes du marché, qui fonctionnaient tant bien que mal sous la NEP, ayant été brisés au cours de l'année 1929, les paysans n'ont d'autre solution que de livrer leur récolte aux organismes de collecte d'État. Les autorités locales tentent de donner un semblant de solennité et d'enthousiasme aux longues files de « charrois rouges » qui transportent les sacs de grains en ville, scellant ainsi « l'union du paysan travailleur et de l'ouvrier » tant vantée par la propagande.

Le séisme de la collectivisation forcée

Éleveuse de porcs d'un kolkhoze primée, 1933.
Pour tenter de stimuler l'intérêt au travail collectif, les autorités introduisent, dès le début des années 1930, tout un système de primes et de petits privilèges, matériels et honorifiques, destinés à récompenser les meilleurs travailleurs, ceux qui dépassent les normes. En 1935, environ un kolkhozien sur deux cents reçoit une distinction honorifique ; dans l'industrie, la proportion d'ouvriers distingués est plus élevée – environ un sur cinquante.

Dans une cantine de sovkhoze, début des années 1930.

économique (retrait de tous les produits des magasins d'État, arrêt total du commerce, imposition exceptionnelle) et un déchaînement d'arrestations. Cependant, l'arme la plus redoutable pour briser ce que Staline qualifie de « guerre de sape menée par les paysans contre le pouvoir soviétique » est l'arme de la faim : en 1932-1933, environ six millions de paysans, auxquels l'État a pris leurs dernières réserves, meurent de faim, en Ukraine principalement, mais aussi dans le Caucase du Nord, dans les régions de la Volga et au Kazakhstan. Dans les processus qui aboutissent à cette dernière grande famine européenne, totalement passée sous silence en URSS et inaperçue en Occident, la responsabilité du gouvernement soviétique, et de Staline en particulier, est écrasante. Dès l'été 1932, en effet, des rapports concordants, à divers niveaux et de diverses sources, ont tenté à maintes reprises d'alerter les dirigeants du risque, puis de la réalité de la famine si les plans de collecte n'étaient pas fortement diminués. Non seulement aucune aide substantielle n'est débloquée pour les quelque vingt-cinq à trente millions de paysans frappés par la famine mais, dans les régions les plus touchées, les autorités, sur ordre du Politburo, la plus haute instance du Parti, suspendent la vente des billets de train et mettent en place des barrages de police pour empêcher les paysans fuyant la famine de quitter leur village et de répandre la nouvelle, « inconcevable » alors que Staline vient de proclamer l'avènement du socialisme en URSS.

Après cette tragédie, que les historiens qualifient soit de « crime de masse », soit de « génocide », le régime autorise les kolkhoziens à conserver un petit lopin individuel (inférieur à un demi-hectare) et un micro-élevage (une vache, un porc et quelques volailles). Cette concession est trop modeste pour satisfaire le paysan spolié, mais suffisante pour pourvoir à ses besoins essentiels. À la fin des années 1930, les lopins individuels qui représentent 4 % de la surface agricole ensemencée fournissent

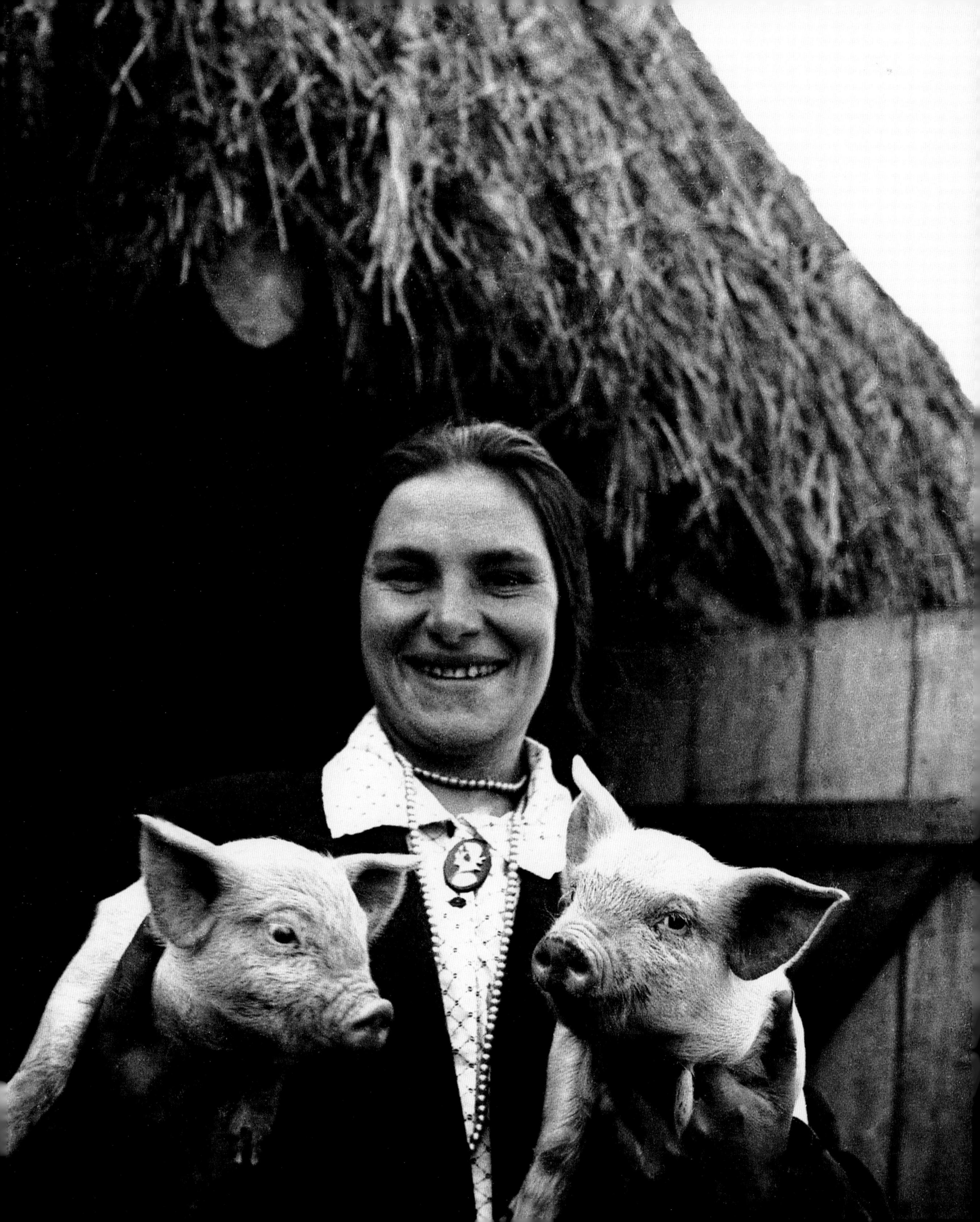

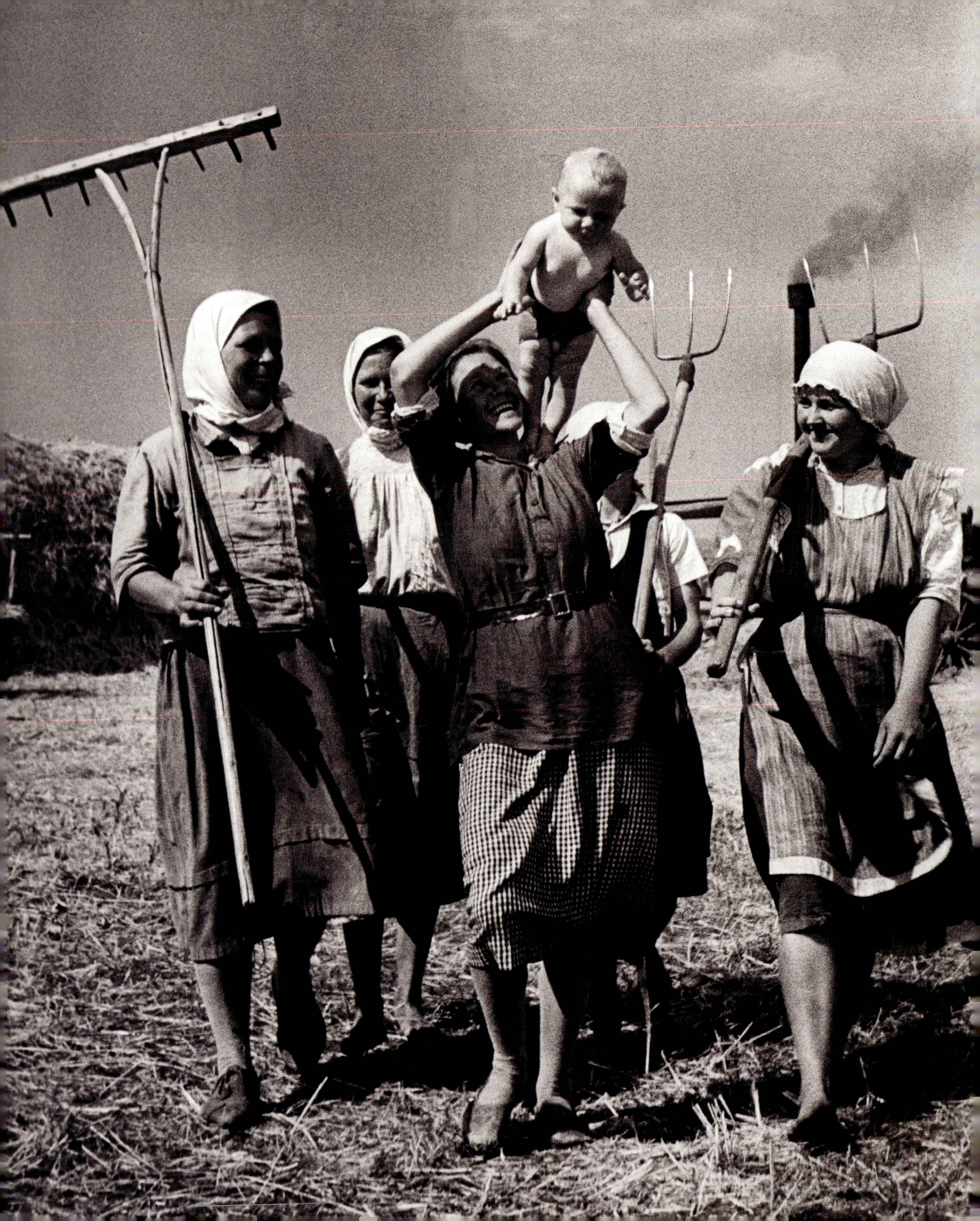

45 % de la production agricole totale ! La famille kolkhozienne tire de son lopin la moitié de ses revenus, la quasi-totalité de ses denrées alimentaires d'origine animale, l'essentiel de ses légumes, 80 % de ses revenus en argent (par la vente de quelques « surplus » sur le marché libre). S'il sauve le paysan d'une nouvelle famine, le lopin individuel mine en profondeur le système kolkhozien. Assuré du minimum, le paysan néglige le travail collectif, qui ne lui rapporte presque rien. Pour son travail dans les champs du kolkhoze, le paysan est payé, au prorata du nombre de jours travaillés dans l'année, sur le revenu résiduel du kolkhoze, une fois la récolte engrangée, et la part de l'État prélevée. Or les prix payés par l'État sont ridiculement bas : ils restent les mêmes entre 1930 et… 1953, alors que les prix des produits manufacturés sont, durant la même période, multipliés par vingt. En moyenne, un kolkhozien reçoit, à la fin des années 1930, pour son travail de l'année dans les champs « collectifs », entre cent et trois cents kilos de céréales, avec en prime – quand la récolte a été bonne – quelques dizaines de roubles en liquide, de quoi s'acheter quelques mètres de tissu, un peu de tabac et quelques bouteilles de vodka. Pour ses autres dépenses, au demeurant modestes, le paysan doit compter sur les revenus de ses ventes sur le marché libre, dit « marché kolkhozien », qui constitue le principal pôle commercial des petites villes et agglomérations soviétiques, dans un système où les besoins élémentaires des consommateurs ne peuvent guère être satisfaits par le réseau clairsemé des magasins d'État, toujours mal achalandés.

Le kolkhozien se sent doublement brimé, en tant que producteur ayant perdu toute indépendance économique et en tant que citoyen de deuxième classe, soumis à des mesures discriminatoires. Assujetti à de multiples corvées d'État – construction de routes, abattage de bois, etc. –, le kolkhozien n'est plus autorisé, depuis 1933, à quitter le kolkhoze, pour travailler en ville par exemple, sans un contrat de son futur employeur, dûment ratifié par l'administration. Juridiquement, le kolkhozien, privé de passeport intérieur, est attaché au kolkhoze comme le serf l'a été à la terre du seigneur. Cette dépendance s'étend à tous les membres de sa famille : ainsi, lorsque la fille d'un kolkhozien épouse un citadin, elle doit obtenir un « droit de départ » (une « lettre d'émancipation » disent les paysans) de l'administration du kolkhoze. Malgré ces restrictions, des millions de paysans, les plus entreprenants ou les plus menacés parce qu'ils ont manifesté leur opposition au moment de la collectivisation, quittent leur village sans autorisation.

Ci-dessus
« Un travail de choc pour une récolte bolchevique », affiche de 1934.

Ci-contre et pages 44 à 47
Travaux des champs, 1933-1936.
Malgré la mécanisation vantée par la propagande, les outils traditionnels en bois demeurent largement utilisés par les kolkhoziens.

Maternité heureuse, 1935.
L'une des plus célèbres photographies de propagande en cette année 1935 au cours de laquelle est lancé le fameux slogan, tiré d'un discours de Staline :
« La vie est devenue plus facile, la vie est devenue plus gaie ! »

Le séisme de la collectivisation forcée

Ils se mettent ainsi dans une situation illégale, ce qui les rend particulièrement vulnérables. Se déplaçant sans cesse d'un travail à un autre pour échapper aux contrôles de la milice, beaucoup d'entre eux finissent par être arrêtés pour vagabondage ou pour quelque menu délit, et prennent le chemin des camps. Quant à ceux qui restent au village, ils s'installent, résignés, sur ce petit lopin qui leur assure un minimum vital, dans la séculaire méfiance du paysan russe envers le monde extérieur, la ville, les citadins, l'État exécré, ses fonctionnaires, ses juges et ses policiers.

Si, pour une majorité de paysans, la collectivisation ressemble fort à un « second servage », pour Staline et son groupe de fidèles aux commandes du Parti, la collectivisation achevée en 1935 (à cette date, 98 % des foyers paysans ont été collectivisés) représente une formidable victoire. « Sur le front des collectes, écrit en septembre 1935 Lazar Kaganovitch, le commissaire du peuple aux Transports à Sergo Ordjonikidze, commissaire du peuple à l'Industrie lourde, nous avons définitivement gagné la guerre. La victoire est à nous, une victoire fantastique, totale, la victoire du stalinisme. » Dix ans plus tard, dans un entretien avec Winston Churchill, Staline compare l'épreuve de force de son régime avec la paysannerie à une véritable guerre, « aussi dure, sinon plus, que celle que nous avons livrée contre les Allemands ». Les deux guerres se sont achevées sur une victoire. Sur le « front de la collectivisation », l'État a réussi, en quelques années, une formidable opération d'extorsion de la production agricole pour les besoins de « l'accumulation socialiste primitive » indispensable à une industrialisation accélérée du pays. Mais cette « victoire » n'est qu'une victoire à la Pyrrhus. À la violence exercée contre eux, les paysans répondent en travaillant le moins possible sur une terre qui ne leur appartient

Moldavie, été 1940.
Au lendemain de la soviétisation de cette région jusque-là rattachée à la Roumanie, une brigade d'agit-prop encourage les moissonneurs.

plus. L'État se trouve ainsi contraint de prendre la responsabilité directe d'un éventail croissant d'activités dont les paysans se sont, de tout temps, et dans tous les pays, fort bien acquittés eux-mêmes : labours, semailles, moisson, battage... Privés de tous droits, de toute autonomie, de toute initiative, les kolkhozes sont condamnés à la stagnation. Et l'agriculture soviétique à une crise structurelle, dont elle ne se remettra jamais.

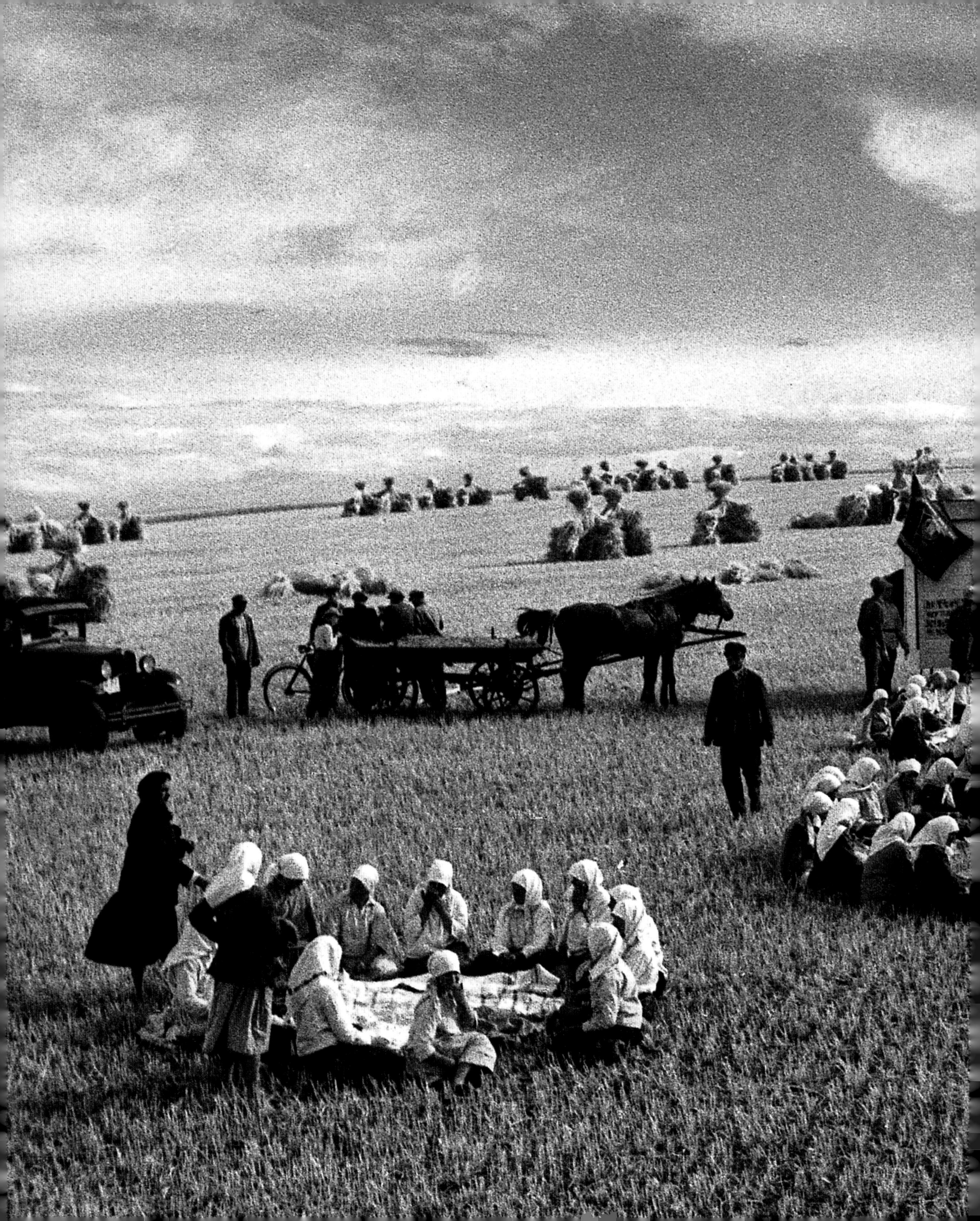

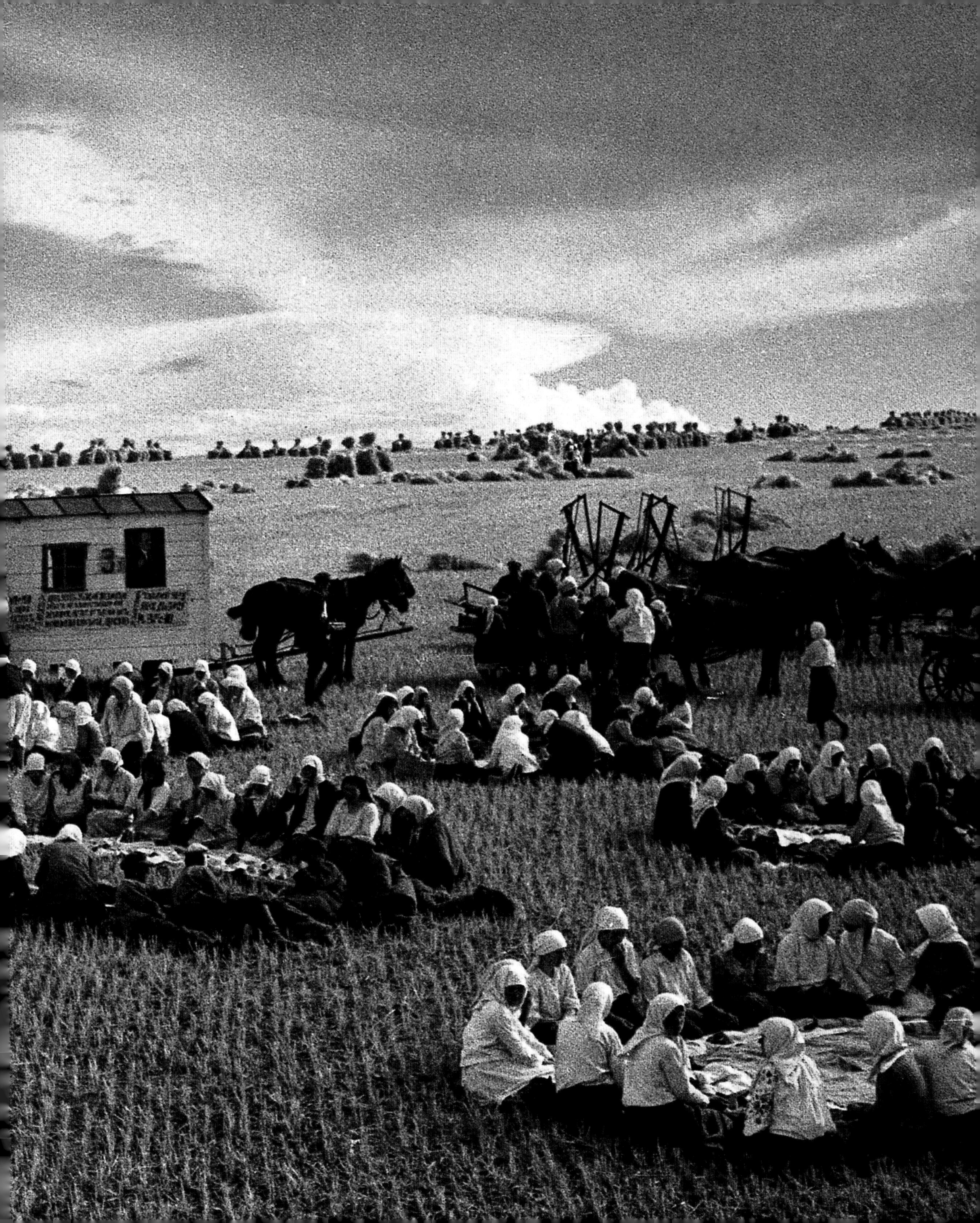

La grande offensive de l'industrialisation

Au cours des années 1930, le régime stalinien met en place un modèle de développement industriel, dont bien des traits perdurent jusqu'à la chute de l'URSS. Pour tenter de « rattraper en dix ans un retard séculaire », faire de l'URSS une grande puissance industrielle et militaire, Staline donne la priorité absolue à l'industrie lourde, à la création d'infrastructures et à la production de biens d'équipement aux dépens des industries légères produisant pour la consommation courante des Soviétiques. Ce développement industriel volontariste doit être encadré par une planification centralisée, qui prend la forme de plans quinquennaux. Les objectifs du Ier Plan quinquennal, lancé en 1929, sont particulièrement ambitieux, voire irréalistes. La production de charbon doit être multipliée par cinq, celle de fonte par six, de pétrole par sept, de tracteurs par dix ! La mise en œuvre de milliers d'usines et de chantiers se fait dans un climat permanent de crise, d'urgence, de mobilisation générale. Les objectifs deviennent des « défis » que les entreprises doivent relever, en présentant des « contre-plans », toujours plus ambitieux, fondés sur une « émulation socialiste » entre « brigades d'ouvriers de choc ». En réalité, tous ces objectifs sont, le plus souvent, sans rapport avec les possibilités réelles, et n'ont pour seul résultat que de désorganiser la production. Des milliers de chantiers sont mis en route, mais restent inachevés, faute de matières premières, de matériaux et d'équipement. En 1931, 40 % des investissements industriels sont gelés en programmes inachevés. La gestion des entreprises est progressivement prise en charge par des organismes administratifs qui tâchent d'assurer une répartition centralisée des matières premières et de la main-d'œuvre nécessaires à l'industrie, en fonction d'« ordres de priorité ». Ce système de priorités s'applique à un certain nombre de grands projets et de grandes entreprises, dites « de choc », données en exemple de la modernisation accélérée du pays. Parmi ces chantiers modèles figurent notamment les usines de tracteurs de Kharkov et de Tcheliabinsk, les usines automobiles de Moscou et de Nijni-Novgorod (bientôt rebaptisée Gorki), le barrage hydroélectrique du Dniepr (Dnieprostroï), la ligne de chemin de fer du Turksib, qui doit relier la Sibérie occidentale à l'Asie centrale, et l'immense combinat sidérurgique Oural-Kouzbass, projet-phare du Ier Plan quinquennal. Ce projet reprend une idée fort ancienne, caressée déjà par les hommes politiques et les entrepreneurs russes à la fin du XIXe siècle – celle d'allier l'exploitation du minerai de fer de l'Oural du Sud et du charbon de la Sibérie occidentale, deux gisements d'une immense richesse, mais distants de près de deux mille kilomètres, pour créer un vaste complexe sidérurgique à l'est, qui compléterait le complexe occidental, centré sur le Donbass ukrainien. En quatre ans, un nouveau pôle sidérurgique surgit *ex nihilo* en Sibérie occidentale, autour des villes industrielles nouvelles de Kouznetsk, Kemerovo et Stalinsk. À la fin des années 1930, le Kouzbass produit près du quart de la fonte et de l'acier soviétiques. Cette translation vers l'est d'une partie des usines stratégiques, notamment pour la production militaire, prendra toute son importance quelques années plus tard, après que les troupes allemandes auront occupé la majeure partie des régions industrielles occidentales de l'URSS.

La réalisation des grands projets industriels prioritaires des deux premiers plans quinquennaux (1928-1932, 1933-1937) nécessite un important transfert de technologies et de savoir-faire occidentaux. De nombreux ingénieurs et spécialistes américains, allemands, britanniques, autrichiens (et français, dans une moindre mesure) sont invités, à

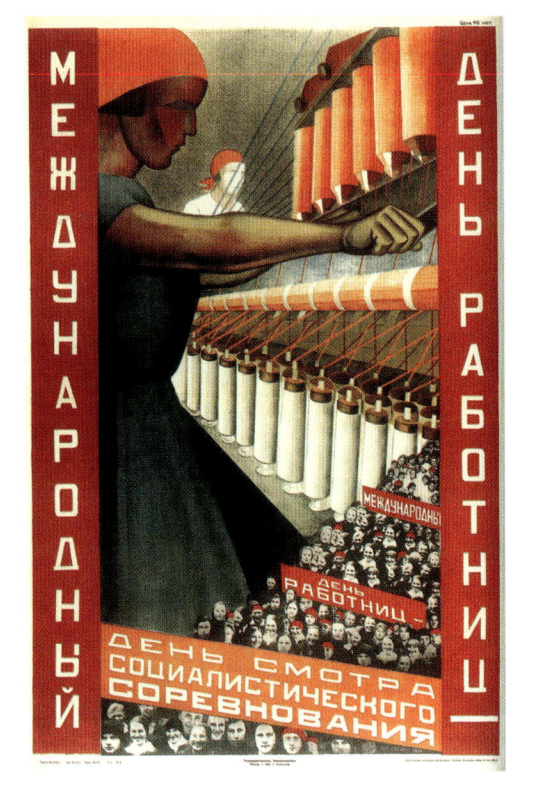

« Vive la Journée internationale des travailleurs », affiche de 1930.

Ouvrier qualifié dans une usine textile, Ivanovo, 1929.
Parallèlement à l'éclosion d'une « nouvelle classe ouvrière », composée pour l'essentiel de paysans, subsiste, notamment dans la métallurgie, les constructions mécaniques et le textile, un noyau dur d'ouvriers de souche, bien qualifiés.

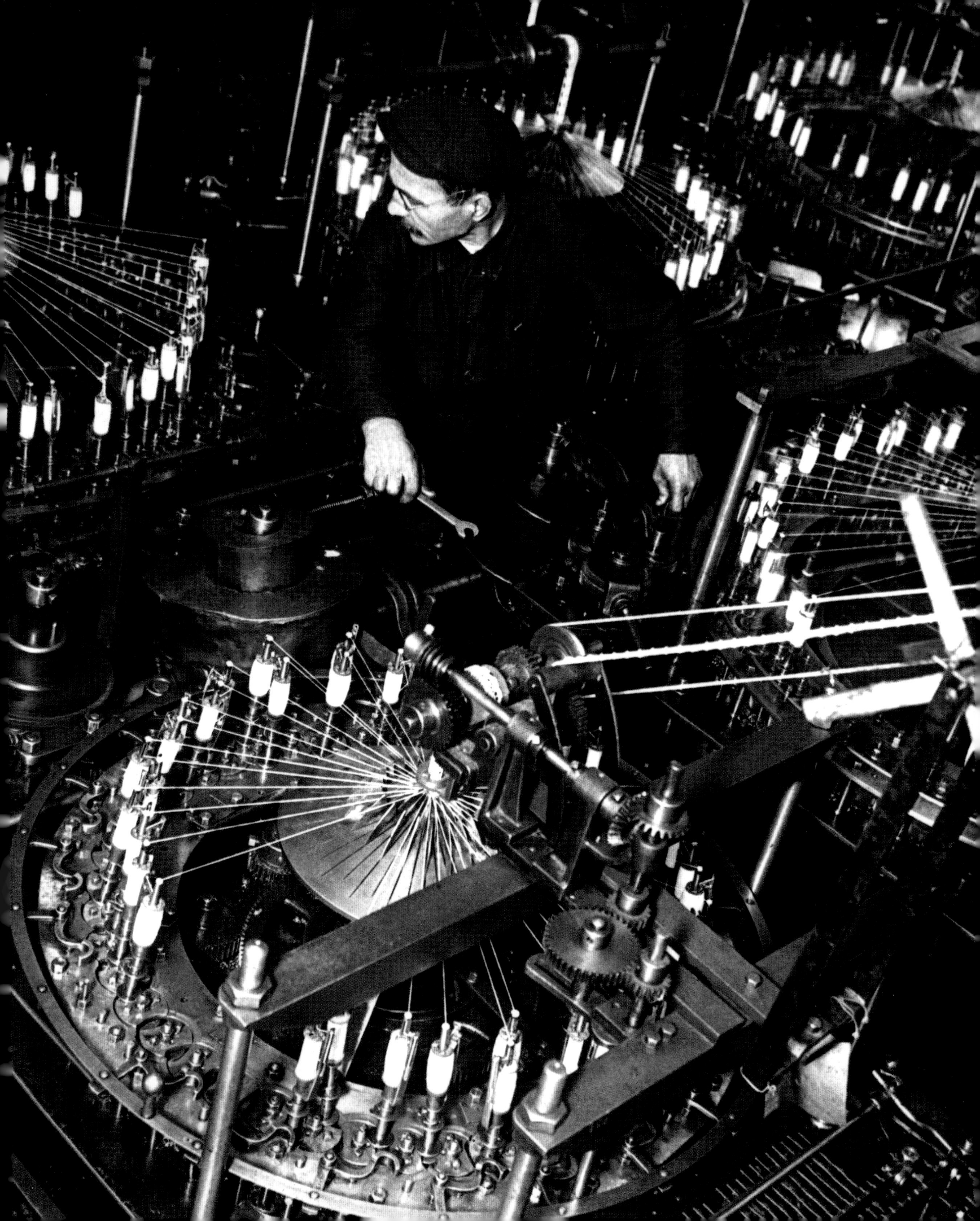

Des paysans viennent chercher du travail dans la capitale, gare de Kazan, Moscou, 1930. La collectivisation forcée des campagnes et le lancement de l'industrialisation accélérée amplifient l'exode rural. Traditionnellement, de nombreux paysans partent en ville durant la morte-saison, dans l'espoir d'y trouver un travail saisonnier. À partir de 1929-1930, l'exode explose. Au cours du Ier Plan quinquennal (1929-1933) près de 18 millions de paysans s'installent en ville. Les hommes viennent d'abord prospecter, le plus souvent en *artel* (corps de métier) puis, après avoir trouvé du travail, font venir leur famille.

Page de droite
Construction en 1934 d'un réservoir à gaz à Stalino, dans le Donbass (bassin minier d'Ukraine). On peut lire sur le réservoir cette exhortation de Staline : « Liquidons le retard de notre métallurgie lourde. »

grands frais, à diriger usines et chantiers. Grâce à des exportations massives de céréales, de bois et d'or (extrait presque exclusivement grâce au travail forcé de centaines de milliers de koulaks), l'URSS est en mesure d'acheter les équipements industriels qu'elle ne produit pas au début des années 1930 : excavateurs, grues mobiles, bulldozers, décapeuses mécaniques, vibrateurs à béton, mais aussi usines clés en main. Au moment de se lancer dans l'industrialisation accélérée prévue par le Ier Plan quinquennal, le pays ne disposait que de 170 excavateurs, de 300 décapeuses, de 130 grues mobiles ! Ces quelques chiffres donnent une idée du formidable retard technique qu'accusait le pays dans un certain nombre de domaines.

En réalité, l'industrialisation accélérée repose avant tout sur l'abondance inépuisable de la main-d'œuvre, principalement paysanne, une réalité qui frappe tous les ingénieurs occidentaux présents sur les lieux. Tous décrivent les grands chantiers staliniens comme des chantiers pharaoniques, où s'activent de véritables fourmilières humaines, composées principalement de paysans venus des campagnes environnantes, fuyant la collectivisation forcée et la dékoulakisation. Les machines sont non seulement rares, mais les « nouveaux ouvriers » ne savent pas s'en servir. Sur le chantier de construction du barrage hydro-électrique du Dniepr, en 1929, la moitié des grues est employée à relever l'autre moitié que les ouvriers ont mal chargée et renversée ! Aussi a-t-on souvent recours, pour le levage, à des dispositifs simples, qui peuvent être fabriqués sur place. La plupart des hauts-fourneaux sont montés à l'aide de mâts, de treuils et de palans. Pour le terrassement, camions et tracteurs ne jouent qu'un rôle secondaire ; l'essentiel est assuré par des *artels* (brigade paysanne traditionnelle) de terrassiers, venus avec leur cheval et leur *grabarka* (chariot). La brouette, le pic et la pelle restent les principaux outils de ces immenses chantiers ; dans la langue populaire, une expression résume bien le souvenir laissé par la principale activité à laquelle s'adonne le travailleur du Ier Plan quinquennal : *Ryt' kotlovany*, creuser des trous !

Les immenses besoins de main-d'œuvre ébranlent la cohésion, déjà fragile, du monde ouvrier. Au cours des années 1930, le nombre des ouvriers, dans l'industrie et la construction, est multiplié par trois, passant de trois millions et demi à près de onze millions. Le chômage ouvrier, important sous la NEP, ayant été résorbé en deux ans, l'immense majorité des nouvelles recrues ouvrières sont des paysans fuyant la collectivisation. Toutefois, le tableau d'ensemble doit être nuancé selon les régions et les branches industrielles. Ainsi, les « forteresses ouvrières » traditionnelles, telles la métallurgie de Leningrad ou des vieux centres industriels de l'Oural, les usines textiles d'Ivanovo, le « Manchester russe », les constructions mécaniques de Moscou ou de Nijni-Novgorod, gardent un important noyau prolétaire de souche, les nouveaux embauchés étant, pour l'essentiel, des enfants d'ouvriers passés par les écoles professionnelles locales. La situation est très différente dans les charbonnages du Donbass, en Ukraine, qui ont toujours recruté fortement en milieu rural et, *a fortiori*, sur

Les années 1930 : « À toute vapeur vers la modernité »

La grande offensive de l'industrialisation

À gauche
Usine électro-métallurgique de Tcheliabinsk, 1935.
La construction de l'usine démarra officiellement en novembre 1929 et celle-ci commença à fonctionner en juillet 1931.

À droite
Brigade d'ouvriers métallurgistes à Leningrad, 1929.
On peut lire sur le drapeau : « Brigade primée pour ses efforts assidus à remplir le Plan quinquennal ». Pour stimuler la productivité, les autorités et la direction des entreprises organisent des « compétitions » et des « défis socialistes » entre les divers ateliers et usines. Outre des récompenses honorifiques, les équipes victorieuses reçoivent des stimulants matériels (meilleures cartes de rationnement, bons de vacances).

les grands sites de construction des nouveaux combinats métallurgiques, tels Magnitogorsk ou Kouznetsk, où la quasi-totalité de la main-d'œuvre est paysanne. L'afflux massif d'une main-d'œuvre peu qualifiée fragmente encore davantage la classe ouvrière. Les « prolétaires de souche », métallurgistes qualifiés de Leningrad ou de Nijni-Novgorod, porteurs des « traditions révolutionnaires » à l'honneur au pays de la « dictature du prolétariat » n'ont pas grand-chose en commun avec les masses paysannes déracinées, sans qualification, souvent en situation illégale (ayant quitté, sans autorisation, leur kolkhoze) qui cherchent à s'embaucher sur les grands chantiers de la « construction du socialisme ». La difficile adaptation de ces nouveaux prolétaires entraînera une série de problèmes qui, tout autant que les plans irréalistes et les ruptures d'approvisionnement, contribuent à la désorganisation de la production industrielle au cours des années du Ier Plan quinquennal et à la chute brutale (- 40 %) de la productivité du travail : absentéisme, instabilité du personnel (les « nouveaux ouvriers » changent en moyenne de lieu de travail tous les quatre mois), production défectueuse, hooliganisme et bris de machines ou multiplication des accidents du travail. Pour discipliner cette « nouvelle » classe ouvrière, le gouvernement soviétique adopte une politique que l'on pourrait qualifier d'« ouvriérisme anti-ouvrier », fondée à la fois sur la mise au pas, d'une extrême dureté, des masses prolétaires indisciplinées, et sur la promotion, largement popularisée par la propagande, d'une « élite ouvrière ». Dans un contexte économique tendu, marqué par une forte baisse du pouvoir d'achat, cette politique accélère le déclassement d'un monde ouvrier atomisé. Les syndicats, purgés de leurs militants ouvriers les plus revendicatifs, sont appelés à encourager l'effort productiviste imposé aux ouvriers ; leur rôle se limite désormais à la gestion de la sécurité sociale et surtout à la mise en œuvre des consignes de productivité et de discipline. Pour lutter contre la très grande mobilité des ouvriers, le gouvernement institue un livret de travail que tout travailleur est tenu de remettre à son employeur et sur lequel sont notés ses emplois successifs. L'absentéisme, les retards et l'indiscipline au travail – véritable obsession des autorités économiques et politiques – sont de plus en plus sévèrement sanctionnés. Une loi de novembre 1932 prévoit ainsi, en cas d'absentéisme répété, le licenciement immédiat, le retrait des cartes de rationnement (pour l'ouvrier licencié et les membres de sa famille) et l'expulsion des contrevenants de leur logement (fourni généralement par l'entreprise). Cette loi est suivie, quelques années plus tard (fin 1938), par des dispositions encore plus dures : tout retard au travail excédant vingt minutes est assimilé à une absence injustifiée, passible de licenciement immédiat et de la perte de tous les avantages sociaux. En 1940, des sanctions pénales (jusqu'à six mois de travaux d'intérêt collectif, avec retenue de salaire de 25 à 50 %) viennent durcir encore le dispositif de lutte contre l'absentéisme et le changement fréquent de lieu de travail.

Pour promouvoir la productivité, une nouvelle politique de salaire aux pièces (forme la plus primaire, selon Karl Marx, de l'exploitation capitaliste !) fondée sur le rendement et sur une intensification des cadences, est instaurée. Une grande publicité est faite à ceux qui « battent les records » ou « pulvérisent les cadences » : ces *oudarniki* (« ouvriers de choc ») reçoivent des primes et bénéficient de divers privilèges (accès à une meilleure catégorie de ravitaillement, bons de séjour dans des maisons de repos).

À partir de 1935, le régime encourage un mouvement, encore plus radical, censé « révolutionner le travail » – le stakhanovisme.

Mines de Tcheliabinsk, Oural, 1931. Les traditionnels *grabarki* (chariots) paysans attelés, utilisés pour tous les travaux de terrassement et de remblaiement, le sont aussi pour transporter le charbon de la mine jusqu'à la gare de chemin de fer.

Ci-dessus et page de droite
Fondations de la future centrale thermique, Tcheliabinsk, Oural, 1928. L'industrialisation accélérée décidée par le groupe stalinien repose d'abord et avant tout sur l'abondance inépuisable de la main-d'œuvre paysanne.

Pour tous les travaux d'excavation et de terrassement, les machines ne jouent qu'un rôle minime ; l'essentiel est assuré par des *artels* (brigades paysannes traditionnelles) de terrassiers venus avec leur cheval et leur *grabarka* (chariot).

Excavateur américain, Magnitogorsk, 1930.
Pour mener à bien le grand projet du combinat métallurgique de Magnitogorsk, chantier-phare du Iᵉʳ Plan quinquennal, l'URSS importe, à partir de 1930, de la technologie américaine et allemande. Des centaines d'ingénieurs et de techniciens étrangers, payés en devises, sont appelés pour superviser la bonne marche du matériel importé.

Les années 1930 : « À toute vapeur vers la modernité »

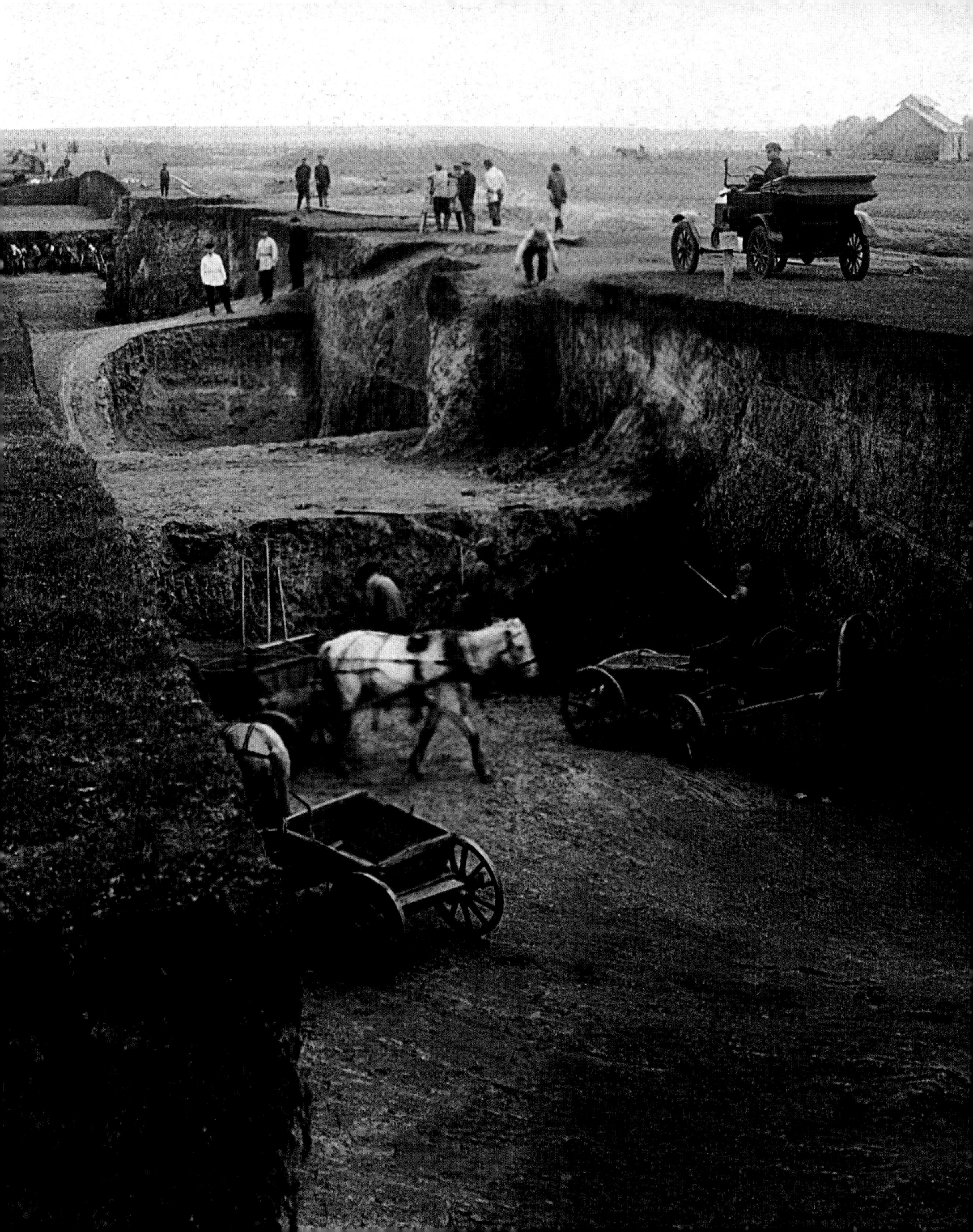

Extraits du célèbre magazine mensuel illustré, *SSSR na stroïke* (L'URSS en construction). Publié entre 1930 et 1941 (puis en 1949), L'URSS en construction, traduit en anglais, français et allemand, constitue un formidable outil de
propagande censé « illustrer l'héroïsme du peuple soviétique et les victoires du socialisme sur tous les fronts ».
Chaque livraison était consacrée – pour plus d'efficacité – à une réalisation-phare ou à une thématique précise, présentée sous la forme d'un roman-photo ou de photomontages. Les plus grands journalistes et photographes, dont Max Alpert, El Lissitski, Alexandre Rodchenko, Arkadi Shaikhet ou Gueorgui Petroussov collaborèrent régulièrement à ce magazine.
Le numéro de janvier 1932 ici présenté, dans sa version anglaise, est entièrement consacré au complexe métallurgique de Magnitogorsk, l'un des chantiers-phares du Ier Plan quinquennal.
On y raconte notamment l'édifiante histoire d'un jeune ouvrier du bâtiment analphabète, Kolmykov, qui, grâce à son goût pour l'étude et à sa « conscience de classe », gravit rapidement tous les échelons menant au statut envié de « promu » et de membre du Parti communiste.
En haut, le secrétaire de la cellule locale du Parti (au centre) vient rendre visite à Kolmykov (allongé sur le lit, dans la tente qui sert de logement aux constructeurs de Magnitogorsk). Il le convainc d'adhérer au Parti.
En bas, les « tableaux de compétition des brigades ». À gauche, pour le mois de septembre. La brigade de Shleinov, dans laquelle travaille Kolmykov, est à la traîne. Elle n'a réalisé que 87 % du plan mensuel. À droite, le mois suivant. Kolmykov, entré au Parti communiste, a pris la direction d'une brigade. Sa brigade a réalisé le plan à 122 % !

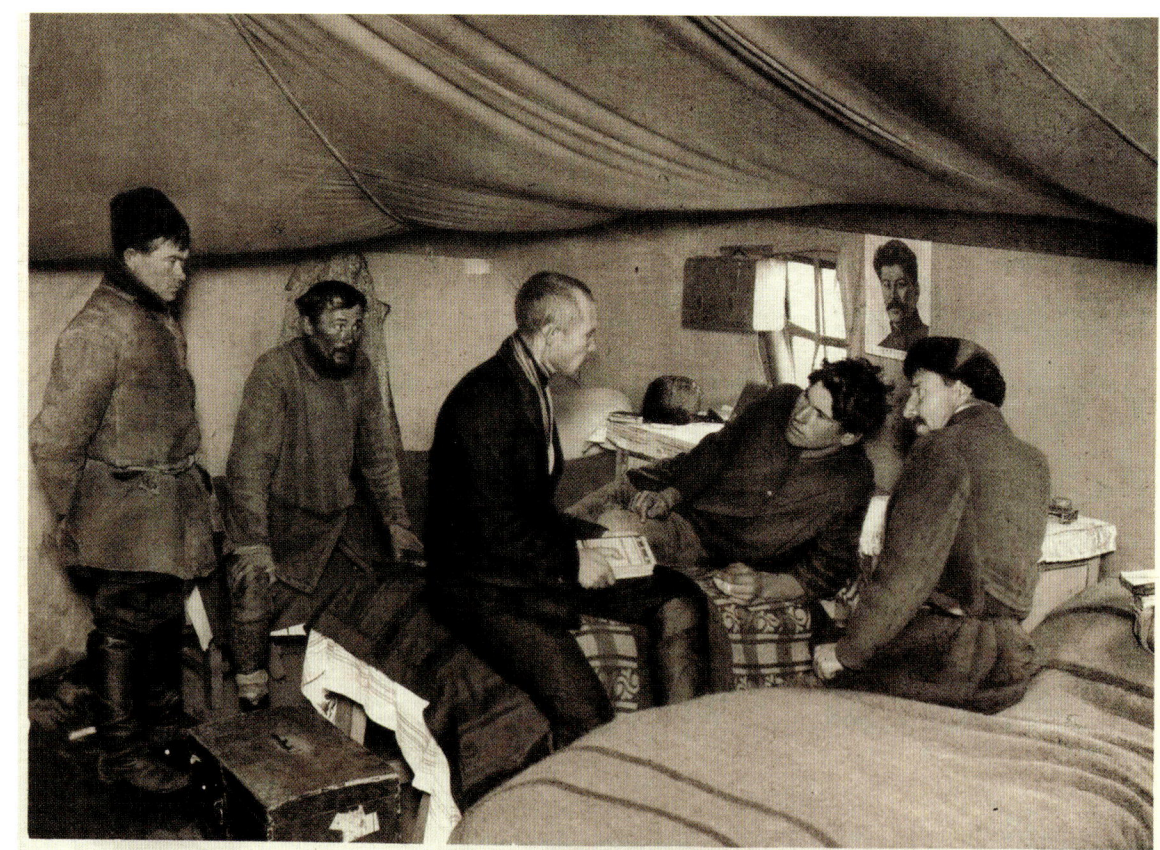

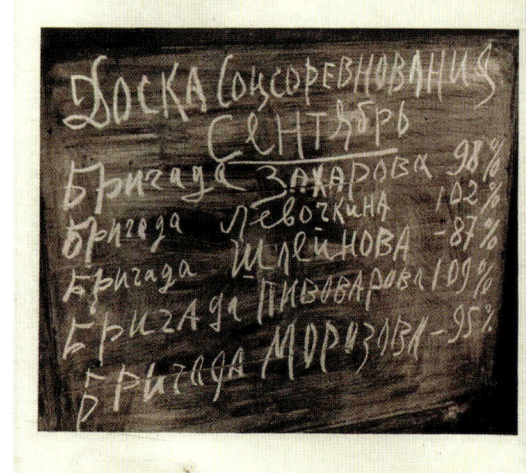

Les années 1930 : « À toute vapeur vers la modernité »

СТРАНА ЖДЁТ УГЛЯ!

Le numéro de février 1935 célèbre les mineurs et les ingénieurs du Kouzbass (Sibérie occidentale).
Conseil de direction : le camarade Ovsiannikov a réuni les jeunes ingénieurs des mines. Le commentaire précise : « Ces jeunes promus ont décidé de ne pas rester dans des bureaux et des administrations mais d'aller sur le terrain, dans les mines, là où se décide et se réalise le succès du Plan d'extraction du charbon ».

Double page suivante
Bandeau supérieur : les étapes de la production, de la mine au chargement sur des trains de marchandises.
Bandeau médian : les héros du charbon du Kouzbass.
Bandeau inférieur : vue générale de Kouznetsk.

La grande offensive de l'industrialisation

УГОЛЬ РАЗРАБАТЫВАЮТ ЭЛЕКТРОСВЕРЛАМИ, ...ОТБОЙНЫМИ МОЛОТКАМИ, ...ДОБЫВАЮТ ВРУБОВЫМИ МАШИНАМИ,

МАСТЕРА КУЗНЕЦКОГО УГЛЯ

...УНОСЯТ МОЩНЫЕ КОНВЕЙЕРЫ, ...ВЫВОЗЯТ ЭЛЕКТРОВОЗАМИ, ...И ГРУЗЯТ ИЗ БУНКЕРОВ В ВАГОНЫ

КУЗБАСС—НЕ ТОЛЬКО УГОЛЬ, КУЗБАСС—ЭТО МЕТАЛЛ

Ouvrier qualifié. Photographies de la série « L'Usine Dinamo de Moscou », 1930.

À ses débuts, le mouvement stakhanoviste (du nom du mineur Alekseï Stakhanov qui, le 31 août 1935, a extrait avec son équipe quatorze fois la norme grâce à une réorganisation radicale du processus de productité de la brigade qu'il dirige) correspond à une initiative ouvrière, venant d'une petite minorité d'ouvriers qualifiés, désireux d'augmenter leur pouvoir d'achat au moment où, le rationnement ayant été supprimé et des marchandises étant désormais disponibles, gagner davantage prend sens. L'énorme effort d'équipement accompli depuis la fin des années 1920 fournit les conditions matérielles de développement du mouvement stakhanoviste. Les nouveaux équipements restent souvent fortement sous-utilisés, ce qui laisse une large réserve de capacité de production inemployée. Ainsi, l'une des « trouvailles » de l'équipe de Stakhanov est de faire fonctionner les marteaux-piqueurs vingt-quatre heures sur vingt-quatre, alors qu'ils n'étaient auparavant utilisés qu'environ six heures par jour, pendant que les autres équipes de mineurs s'affairaient au boisage de la veine de charbon. Très rapidement, le mouvement est récupéré par les autorités, qui voient là l'occasion de promouvoir une nouvelle campagne productiviste. Deux mois après le record de Stakhanov, relayé par d'autres initiatives du même genre dans l'industrie automobile, le textile, mais aussi dans le milieu des tractoristes de kolkhoze, où s'illustre notamment une jeune femme, Pacha Angelina, donnée en exemple dans le pays tout entier, se tient à Moscou une Conférence des stakhanovistes, présidée par Staline en personne. Celui-ci souligne le caractère « profondément révolutionnaire d'un mouvement libéré du conservatisme des ingénieurs, des techniciens et des cadres » et encourage vivement la poursuite et l'amplification du mouvement. Le stakhanovisme devient prétexte à de nombreux abus : en effet, la manière la plus simple de « pulvériser les records » consiste à prolonger la journée de travail et à forcer encore les cadences imposées à l'ensemble des travailleurs.

Les premières automobiles de fabrication soviétique sortent de l'usine de Nijni-Novgorod, 1930.
Au début des années 1930, la production nationale d'automobiles atteint à peine quelques milliers d'unités par an.

Les années 1930 : « À toute vapeur vers la modernité »

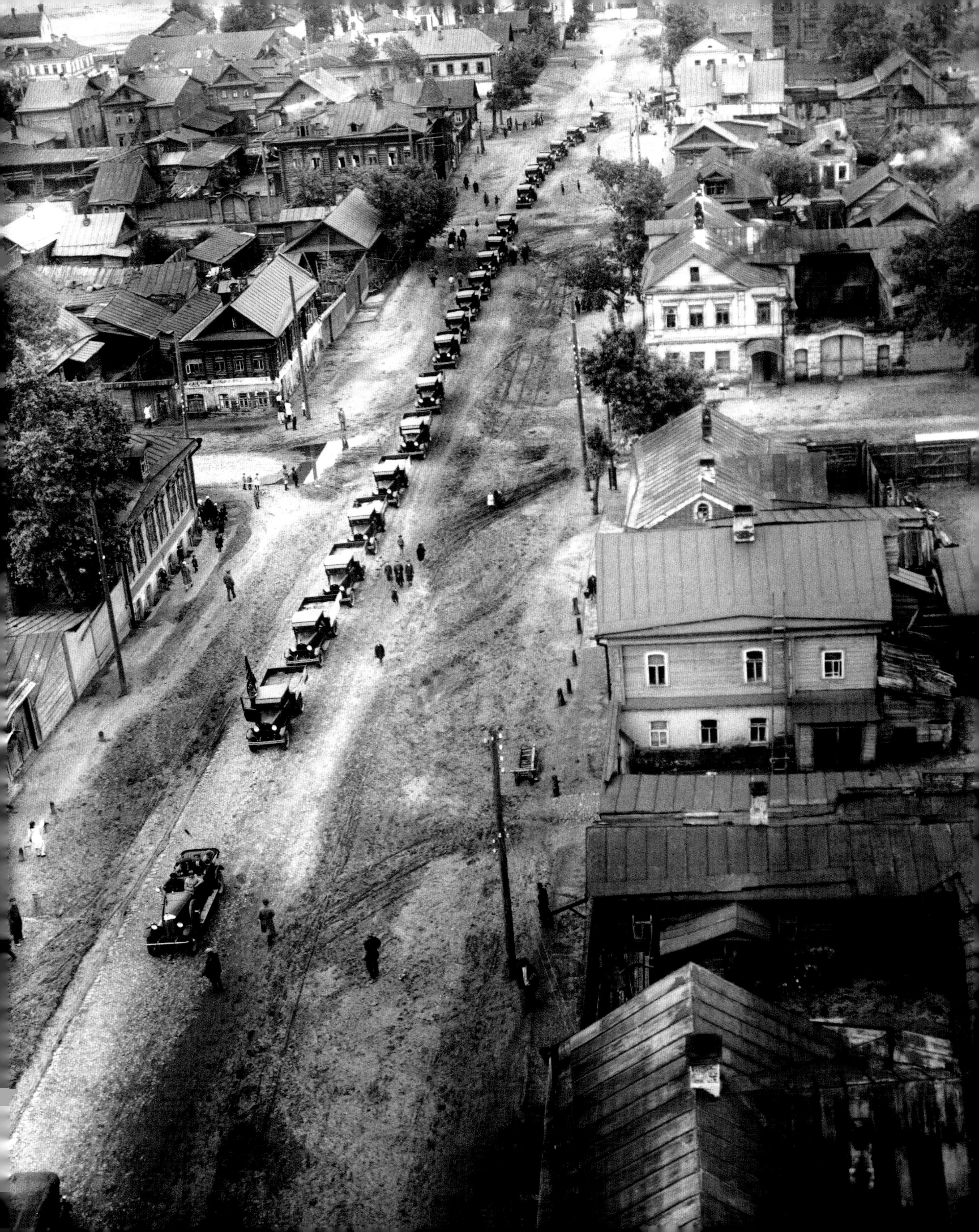

РЕЛЬСОВАЯ СМЫЧКА
СМЫЧКА ВЕЛИКОГО СТАЛЬНОГО ПУТИ
ОБЕСПЕЧИТ РАЗВИТИЕ ОТСТАЛОГО КАЗАКСТАНА

Le train, Orsk, Biélorussie, 1930.

Page de gauche

L'achèvement du chantier du Turksib, 28 avril 1930.
L'idée de relier, par chemin de fer, le Turkestan à la Sibérie date de la fin du xixe siècle. Les premiers travaux commencent en 1910, mais sont interrompus au moment de la Grande Guerre. Le projet du Turksib est relancé fin 1926. Les 1 462 kilomètres de la ligne reliant Semipalatinsk à Lougovaïa sont achevés en moins de quatre ans. Le 28 avril 1930, la jonction des deux tronçons ouest et est se fait dans la bourgade d'Ogyz-Korgan, au Kazakhstan, en présence de nombreuses personnalités. Lancé avant même le début du Ier Plan quinquennal, le Turksib devient, quelques mois après le « Grand Tournant », la première réalisation majeure du programme de modernisation du pays à être achevée.

En réalité, les « ouvriers de choc » et les stakhanovistes ne restent pas longtemps à l'usine. Ils sont les premiers à profiter de la politique de promotion ouvrière mise en place par le régime dans le but de renouveler l'encadrement et de promouvoir une nouvelle couche de dirigeants. Quelques chiffres donnent la mesure de cette politique largement popularisée par la propagande. Entre 1929 et 1932, plus de 150 000 ouvriers sont promus « sur le tas » à des postes de techniciens, cadres ou directeurs d'entreprise. À la fin du Ier Plan quinquennal, ces *praktiki* (« praticiens ») forment la moitié des « cadres dirigeants de l'industrie ». Il faut dire qu'entre-temps, plus de 100 000 cadres, techniciens, administrateurs ou ingénieurs, formés encore sous l'Ancien régime tsariste, et qui étaient restés aux commandes de nombre d'usines jusqu'à la fin des années 1920, ont été licenciés, et souvent arrêtés sous prétexte de « saboter les plans de production ». Entre 1929 et 1935, plus de 600 000 ouvriers, membres du Parti, quittent l'usine pour un travail d'employé, de fonctionnaire ou pour faire des études. Les étudiants des écoles d'ingénieurs, dont un grand nombre est issu de milieux ouvriers, forment le contingent le plus significatif des *vydvizhentsy*, des « promus ». Ils représentent la future « intelligentsia populaire » qui va, dans la seconde moitié des années 1930, assurer la relève des anciens « spécialistes bourgeois » et des représentants de la « vieille garde bolchevique », d'une quinzaine d'années à peine leurs aînés, éliminés par les purges.

En quelques années, la politique volontariste d'industrialisation accélérée lancée par Staline à la fin des années 1920 porte ses fruits. Bien qu'inférieure aux objectifs, la croissance industrielle, du moins dans un certain nombre de secteurs, est spectaculaire. En une décennie, la production d'acier passe de deux à dix millions de tonnes, celle d'électricité de trois à trente milliards de kw/h, de charbon de dix à soixante-douze millions de tonnes. De nouvelles technologies sont maîtrisées : aciers spéciaux, caoutchouc synthétique, machines-outils modernes, métropolitain (le métro de Moscou, inauguré en 1935, est l'une des réalisations-phares du IIe Plan quinquennal). La croissance très forte des biens d'équipement, des produits semi-finis de l'industrie lourde, des matières premières et des sources d'énergie se fait grâce à un immense effort d'investissement réalisé aux dépens d'une amélioration du niveau de vie de la population. La production des biens de consommation connaît un accroissement beaucoup plus faible, de l'ordre de 40 à 80 % pour l'ensemble de la décennie. Compte tenu qu'entre-temps, tout le secteur privé et artisanal, qui produisait l'essentiel des biens de consommation courante des Soviétiques dans les années 1920, a disparu, la production par habitant de vêtements, de chaussures, de produits ménagers courants est bien inférieure à la fin des années 1930 à ce qu'elle était dix ans auparavant. Pour le consommateur, la décennie de l'industrialisation est aussi celle des pénuries et de la hausse des prix. L'industrialisation accélérée se fait en effet sans tenir compte des coûts et s'accompagne d'une très forte inflation : au cours du Ier Plan quinquennal, les prix de détail des produits manufacturés (soumis de surcroît à un rationnement drastique) augmentent de 200 à 250 %, à un rythme bien plus élevé que les salaires. La chute de la production agricole consécutive à la collectivisation forcée des campagnes entraîne également une forte hausse des prix des produits alimentaires. En conséquence, le pouvoir d'achat des salariés baisse considérablement : moins 40 % environ au cours du Ier Plan quinquennal, moins 10 à 15 % encore au cours du deuxième. Les Soviétiques paient au prix fort l'industrialisation accélérée de leur pays.

La grande offensive de l'industrialisation

Les années 1930 : « À toute vapeur vers la modernité »

Ci-contre et page de gauche
Construction du canal reliant le Dniepr au Boug (Ukraine, Biélorussie occidentales), 1940.
La construction de ce canal en un temps record (quelques mois) doit montrer aux « peuples libérés de l'Ukraine et de la Biélorussie occidentales » (incorporées à l'Union soviétique à la suite du partage de la Pologne entre l'Allemagne nazie et l'URSS stalinienne, conformément au protocole secret du pacte germano-soviétique du 23 août 1939) la « supériorité » du socialisme sur le capitalisme. Des dizaines de milliers de paysans et de paysannes sont mobilisés, avec leur cheval et leur carriole, pour ce chantier, dans le cadre d'une « conscription obligatoire du travail » introduite par le nouveau régime soviétique dans ces territoires annexés.

Double page suivante
Ouverture du canal Dniepr-Boug, 1940.
On peut lire sur les banderoles,
à gauche : « La tâche fixée par Staline a été accomplie. La centrale hydroélectrique n° 10 est prête à être mise en exploitation ! » ;
à droite (partiellement lisible) :
« Vive l'enseignement invincible de Marx-Engels-Lénine ! »
Et, sous le portrait de Staline :
« Vive les peuples libérés de l'Ukraine et de la Biélorussie occidentales qui construisent leur vie au sein de la famille fraternelle des peuples de l'Union soviétique ! »

Сталинское задание выпол[нено]
Гидроузел № 10 готов к эксплу[атации]

ДА ЗДРАВСТВУЕТ ВЕЛИКОЕ НЕПО
АРКСА – ЭНГЕЛЬСА – ЛЕН
ДА ЗДРАВСТВУЕТ

ДА ЗДРАВСТВУЕТ ОСВОБОЖДЕННЫЕ НАРОДЫ
ЗАПАДНОЙ УКРАИНЫ и ЗАПАДНОЙ БЕЛОРУССИИ
СТРОЯЩИЕ СВОЮ ЖИЗНЬ в ВЕЛИКОЙ БРАТСКОЙ СЕМЬЕ
НАРОДОВ СОВЕТСКОГО СОЮЗА!

L'ouverture du grand canal du Fergana, baptisé « Canal Staline », décembre 1939. Le grand canal du Fergana, long de 270 kilomètres, est creusé en quatre mois, un temps record. Pour ce chantier pharaonique, pas moins de 160 000 kolkhoziens ouzbeks et tadjiks sont mobilisés dans le cadre d'un système de corvée due par les paysans depuis l'instauration du système kolkhozien. Le creusement de ce canal doit permettre d'assurer « l'indépendance cotonnière » de l'URSS grâce à l'irrigation des champs de coton de la vallée du Fergana à partir de l'eau puisée dans la rivière Syr-Daria, aux dépens de l'équilibre écologique de la région.

Les années 1930 : « À toute vapeur vers la modernité »

La grande offensive de l'industrialisation

В НОВЫХ

Для новых людей социалистического Кузбасса строятся эти новые города с большими светлыми домами, с широкими улицами, с электричеством, трамваем и автобусом, дворцами культуры и парками, школами и театрами.
Лихорадочно перестраиваются города Кузбасса — Сталинск, Прокопьевск, Кемерово, Ленинск.

Les années 1930 : « À toute vapeur vers la modernité »

Prokopievsk, ville socialiste modèle du Kouzbass (extraits de L'URSS en construction, 1935, n° 2).
« Pour les nouveaux travailleurs du Kouzbass socialiste, on construit des villes nouvelles, avec de grandes maisons lumineuses ayant l'électricité, de larges avenues sur lesquelles circulent tramways et autobus, des palais de la culture, des parcs, des écoles et des théâtres. »

1. Le soudeur qualifié Liakhov, en famille, dans son nouvel appartement.
2. Le vieux Prokopievsk.
3. Le camarade Roganov (membre des Jeunesses communistes, contremaître en chef, décoré de l'ordre de Lénine) chez lui.
4. Maison dans le quartier des meilleurs travailleurs de choc à Stalino.
5. Les nouveaux bains publics à Kemerovo.
6. Les nouvelles habitations ouvrières à Leninsk.
7. L'hôpital pour les ouvriers à Kemerovo.

La grande offensive de l'industrialisation

Une urbanisation sous haute pression

L'une des particularités les plus fortes des « années Staline » est l'extraordinaire accroissement de la population urbaine en URSS : entre les deux recensements de 1926 et de 1939, le nombre de citadins double, passant de vingt-six à cinquante-cinq millions de personnes, de 17 à 33 % de la population soviétique. Aucun grand pays n'a jusqu'alors connu, en un temps aussi court, pareille croissance urbaine. Cette croissance affecte toutes les villes, les « deux capitales », Moscou et Leningrad, dont la population double (pour atteindre trois millions et demi à Moscou et deux millions et demi à Leningrad), mais aussi nombre de villes moyennes, stimulées par une industrialisation galopante. On compte, en 1929, 31 villes de plus de 100 000 habitants ; dix ans plus tard, il y en a déjà 84. Des dizaines de villes-champignons sortent de terre, sur les fronts pionniers du plan quinquennal : Magnitogorsk (plus de 150 000 habitants en 1939), Kemerovo (30 000 habitants en 1929, 140 000 dix ans plus tard), Stalinsk (6 000 habitants en 1929, 170 000 en 1939) et bien d'autres encore. Un exode rural massif alimente, pour l'essentiel, cette formidable croissance. Pour les seules années du Ier Plan quinquennal, on estime à quelque dix-huit millions le nombre de paysans qui quittent leur village pour s'installer en ville. Ce faisant, ils contribuent encore davantage à la « ruralisation » des villes soviétiques. La « ruralité » de la ville russe a, de tout temps, frappé les étrangers visitant le pays. Dans son ouvrage *L'Empire des tsars et les Russes*, Anatole Leroy-Beaulieu avait, après bien d'autres, noté (à la fin du XIXe siècle) qu'à la différence des pays européens où les citadins cherchaient à construire de manière très dense afin de « former un monde entièrement distinct des campagnes, rempli d'hommes et des œuvres de l'homme, les villes russes s'étalent et se répandent dans les champs jusqu'à se confondre avec eux, laissant entre les maisons et les édifices publics de vastes espaces que la population ne peut remplir ni animer. Aussi, la plupart des villes russes ont-elles quelque chose de vide, de désert, d'incomplet ; elles sont souvent l'effet de leurs propres faubourgs ». L'afflux massif de millions de paysans vers les villes transforme une situation du logement déjà très précaire en une situation catastrophique : à Moscou, comme à Leningrad, la surface habitable disponible par habitant chute de 30 %, passant de 5,5 mètres carrés à la fin des années 1920 à moins de 4 mètres carrés dix ans plus tard ! La situation est encore plus critique dans les « villes nouvelles ». Malgré la croissance exceptionnelle de la population urbaine dans les années 1930, la construction de logements est encore plus négligée que la production des biens de consommation. Il faudra attendre les années Khrouchtchev (du milieu des années 1950 au milieu des années 1960) pour voir la situation du logement urbain s'améliorer un peu. Au cours des premières années du régime bolchevique, la plupart des immeubles d'habitation étaient devenus la propriété de l'État qui en avait confié la gestion aux soviets municipaux. Ceux-ci définissaient, en fonction du « stock » de logements qu'ils géraient, la surface moyenne attribuée à chaque famille ou à chaque individu. Les autorités municipales avaient le droit d'expulser des résidents et d'en installer d'autres dans des logements déjà occupés, mais où il restait des « mètres carrés en sus de la norme ». Cette pratique, appelée « consolidation » constitua l'un des pires cauchemars des familles « bourgeoises » propriétaires, avant 1917,

Tcheliabinsk, baraquement de mineurs, début des années 1930.

Page de droite
Magnitogorsk, intérieur de baraquement du « village spécial », Tsentral'nyi. Sur le site industriel de Magnitogorsk, travaillent à la fois une main-d'œuvre libre et une main-d'œuvre forcée, composée de « déplacés spéciaux », déportés, le plus souvent en famille, dans le cadre de la « dékoulakisation ». Les conditions de vie des déplacés spéciaux ne diffèrent guère toutefois de celles des ouvriers libres. Les uns comme les autres vivent dans des baraquements dortoirs (la « surface normée » allouée étant en général de 2 mètres carrés par personne). Les déplacés spéciaux reçoivent un salaire inférieur à celui des travailleurs libres ; assignés à résidence, ils doivent pointer régulièrement à l'administration.

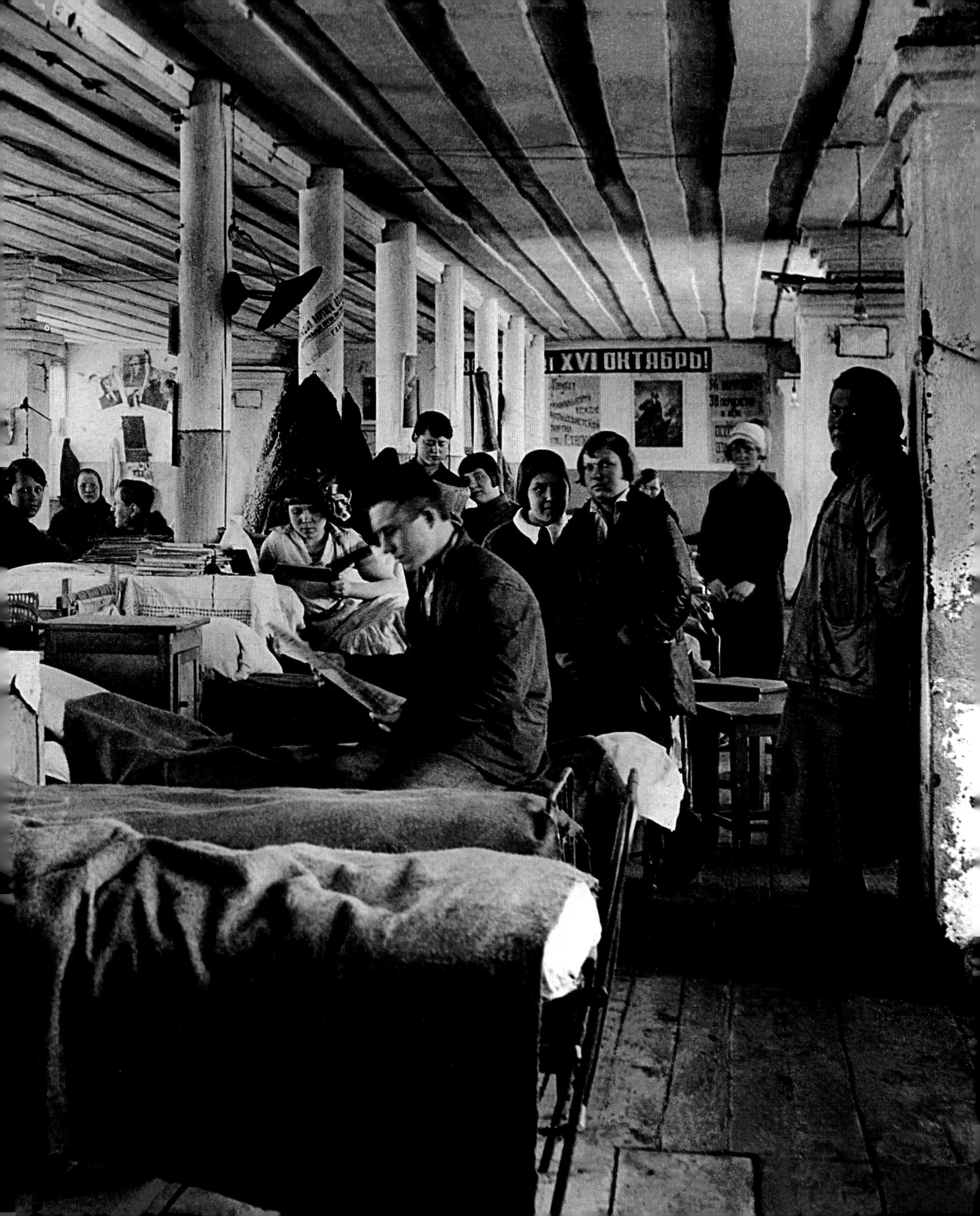
XVI ОКТЯБРЬ!

1 et **2.** Deux vues, en 1930 et 1936, de la place de la Passion (Strastnaïa Ploschad) rebaptisée en 1931 place Pouchkine.
Sur la première, on distingue les ruines d'une partie du monastère de la Passion qui vient d'être dynamité. Sur la deuxième, le monastère a entièrement disparu, l'avenue Tverskaïa, rebaptisée avenue Gorki, a été élargie.

3. Le parc Gorki à Moscou, 1928.
Le « parc de culture et de repos Gorki » introduit un nouveau concept de parc urbain : non seulement un lieu où les travailleurs se détendent, mais où, de surcroît, ils se cultivent. On y trouve des manèges, des roulottes foraines, des grandes roues, des pistes de danse, des cafés, mais aussi des kiosques à musique, des panneaux affichant les journaux du jour, des salles de lecture et des cinémas.

4. Tramway à Moscou, années 1930.
Dans les années 1930, le tramway est le mode de transport collectif de surface le plus utilisé à Moscou.

de leur logement, et restées en URSS après la Révolution. Ainsi, naquit l'un des phénomènes les plus prégnants de la vie soviétique : la *kommunalka* (appartement communautaire) dans lequel cohabitent plusieurs familles, en général une par pièce, la cuisine et les sanitaires étant partagés par tous. La vie dans les appartements communautaires est loin d'encourager la vie collective ; elle provoque plutôt l'effet inverse. Chaque famille surveille soigneusement ses biens, y compris ses casseroles, ses poêles et ses assiettes entreposées dans la cuisine, zone commune à tous les locataires. La vie dans le monde clos des *kommunalki* attise bien des jalousies et des convoitises : les surfaces attribuées aux familles sont rarement proportionnelles au nombre de personnes qui les composent ! Les frustrations engendrées par cette dure réalité sont souvent à l'origine de nombreux procès et de dénonciations dont l'objectif est de pouvoir augmenter sa surface habitable aux dépens de son voisin.

Si l'appartement communautaire est la règle dans les centres-villes anciens, dans les villes industrielles nouvelles, la plupart des habitants sont logés dans des baraquements ou des foyers pour travailleurs. Le logement y est, le plus souvent, pris en charge par les grandes entreprises d'État. C'est ainsi que la « ville-usine », dans laquelle l'entreprise monopoliste contrôle tous les services (logement, cantine, magasins, approvisionnement, maisons de vacances) et fournit tous les emplois, devient l'une des réalités majeures de la vie soviétique. Dans les villes nouvelles des années 1930-1940, seuls les hauts fonctionnaires du Parti, les cadres et les « spécialistes étrangers » vivent en appartement ; la quasi-totalité de la main-d'œuvre industrielle, mais aussi les employés, les instituteurs, le personnel de santé et les étudiants s'entassent dans d'immenses baraquements pouvant loger, à raison de 2 à 3 mètres carrés par personne, des centaines d'individus.

John Scott, ingénieur américain qui passa plusieurs années à Magnitogorsk, décrit ainsi l'un de ces baraquements typiques des années des premiers plans quinquennaux : « Une longue construction en bois, aux parois garnies de paille. Au printemps, la toile goudronnée qui fait office de toit laisse passer l'eau. Le baraquement fait en général une cinquantaine de mètres de long sur six de large. Dans ces 300 mètres carrés s'entassent cent à cent cinquante personnes. Les baraques sont en général divisées en trois ou quatre grandes pièces communes équipées de châlits, d'un poêle, d'une grande table au milieu. Les quelques rares fenêtres sont bouchées par de vieux journaux pour se protéger contre le froid. » Les « meilleurs » baraquements sont subdivisés en petites chambres de 6 mètres carrés, isolées par de minces cloisons de bois qui assurent au moins un semblant d'intimité permettant une vie de couple et de famille. En effet, dans les baraquements dits « communs », hommes et femmes sont séparés. Les villes nouvelles n'ont cependant pas l'exclusivité de ce type d'habitat. Même dans une grande usine moscovite aussi connue et célébrée par la propagande que *Serp i Molot* (la faucille et le marteau), 60 % des ouvriers, en 1937, vivent dans des dortoirs (hommes et femmes séparés), certes en dur et dotés d'électricité, mais sans eau courante ni chauffage central.

Les citadins doivent faire face à bien d'autres problèmes. Dans des villes qui se sont développées trop rapidement, les infrastructures et les commodités urbaines font souvent défaut : avec une population

Dynamitage de la cathédrale du Christ-Sauveur, 5 décembre 1931.
Temps fort de la violente campagne antireligieuse lancée deux ans plus tôt, le dynamitage de la grande cathédrale de Moscou est immortalisé par un film documentaire projeté dans toutes les salles de cinéma du pays. Édifiée en bordure de la Moskova, non loin du Kremlin, elle s'élevait à plus de 100 mètres de hauteur, dominant de ses coupoles dorées l'horizon de la ville. Colossale, elle incarnait avec éclat cette union indéfectible de l'autel et du trône, marque de l'autocratie tsariste des derniers Romanov. Sur l'emplacement de la cathédrale détruite, il fut prévu de construire un gigantesque palais des Soviets, monument emblématique du pouvoir soviétique. Les travaux commencèrent en 1939 mais furent interrompus durant la guerre. À la place, la municipalité de Moscou bâtit une immense piscine en plein air. Après la chute du communisme, la cathédrale fut reconstruite à l'identique.

En bas
Un groupe de dynamiteurs pose devant les ruines de l'église Saint-Georges, à Nijni-Novgorod, 1936.
Plusieurs centaines d'églises sont dynamitées dans les années 1930. La plupart des églises sont fermées, transformées en entrepôts, en garages, parfois en salles de réunion.
Sur les quelque 40 000 églises ouvertes au culte orthodoxe en 1913, moins d'un millier subsistent encore à la fin des années 1930.

Une urbanisation sous haute pression

approchant le demi-million, Stalingrad n'a toujours pas de système d'égouts en 1938. À Dniepropetrovsk, grande ville industrielle d'Ukraine où vivent près de quatre cent mille habitants, seules deux avenues du centre sont asphaltées ; la quasi-totalité des quartiers n'a pas l'eau courante ; l'eau est vendue à un rouble le seau dans les baraquements ; l'électricité est sévèrement rationnée alors que la ville est proche de l'un des plus grands barrages hydroélectriques de l'URSS. À Novossibirsk, la capitale de la Sibérie (un demi-million d'habitants), on ne compte, en 1935, que dix établissements de bains publics. À Magnitogorsk, ville de deux cent mille habitants, seule la rue principale, longue de quinze kilomètres, est asphaltée ; le réseau public de transports ne compte, en 1937, que cinq autobus desservant une seule ligne. Encore Magnitogorsk figure-t-elle comme l'une des « villes-vitrines » du pays, mieux approvisionnée que bien d'autres car classée parmi la vingtaine de villes soviétiques « à régime spécial », au même titre que Moscou, Leningrad, Kiev, Kharkov, Odessa, Minsk, Rostov-sur-le-Don, Vladivostok et quelques autres.

Pour résider dans ces villes à « régime spécial », il faut obtenir, depuis 1933, un passeport intérieur, mais aussi un « enregistrement » (*propiska*) auprès de la police de son lieu de domicile. Ces formalités contraignantes ont pour but de limiter l'exode rural, de mieux contrôler l'identité de la population urbaine (jusqu'alors, il n'existe aucun document standardisé attestant de l'identité d'un individu) et d'expulser des principaux centres urbains considérés comme des « vitrines du socialisme » les éléments indésirables (vagabonds, mendiants, criminels, mais aussi « gens du passé » – un terme qui désigne les élites sociales de l'ancien régime). Dans la seconde moitié des années 1930, la « passeportisation » de la population soviétique est progressivement étendue à l'ensemble des citadins, seuls les habitants des zones rurales étant dispensés de passeport et d'enregistrement – et pour cause : la plupart d'entre eux travaillent au kolkhoze qu'ils n'ont pas le droit de quitter sans une autorisation expresse de l'administration.

La « passeportisation » de l'ensemble de la population urbaine soviétique – une immense opération de contrôle bureaucratico-politique (près de cinquante millions de passeports sont distribués en quelques années) – crée une hiérarchie nouvelle des espaces et des statuts qui va devenir l'un des traits les plus caractéristiques de la vie soviétique. On peut distinguer des villes à « régime spécial », qui bénéficient d'un meilleur approvisionnement et d'un meilleur système de santé publique, mais où il est difficile, voire impossible, d'obtenir la *propiska*, sésame pour un logement et du travail ; des villes « ouvertes », où les conditions de vie et de travail sont plus difficiles, mais où l'on peut aussi plus facilement s'installer ; des villes « fermées », étroitement surveillées par l'armée et la police politique,

Les années 1930 : « À toute vapeur vers la modernité »

Percement du tunnel sous la place Rouge, Moscou, 1940.
« Par les rails bleus s'étend le métro comme l'un des chemins menant au communisme », écrit un poète dans les colonnes de *Vetcherniaïa Moskva* (Moscou Soir) en 1935. La construction du métro de Moscou est sans doute le plus prestigieux et le plus célébré des chantiers du stalinisme, le plus long aussi, puisqu'il débute en 1931 et se prolonge bien au-delà de la mort de Staline. Entre 60 000 et 100 000 ouvriers, venus de tout le pays, travaillent sur ce gigantesque chantier pour construire la première ligne qui doit désengorger la circulation dans les rues étroites de la vieille ville et relier le centre aux gares et aux parcs de la culture situés aux deux bouts de la ligne. Longue de 16 kilomètres, la première ligne, inaugurée en mai 1935, compte treize stations. Très profondes pour répondre à des considérations militaires (elles doivent servir d'abri en cas de guerre), ces stations, que l'on atteint par d'immenses escaliers mécaniques, sont conçues comme de véritables « palais souterrains » qui doivent éblouir tous ceux qui empruntent le métro. Efficace moyen de transport collectif (en 1940, un million de personnes y transitent chaque jour), le « plus beau métro du monde » est aussi une formidable vitrine du régime.

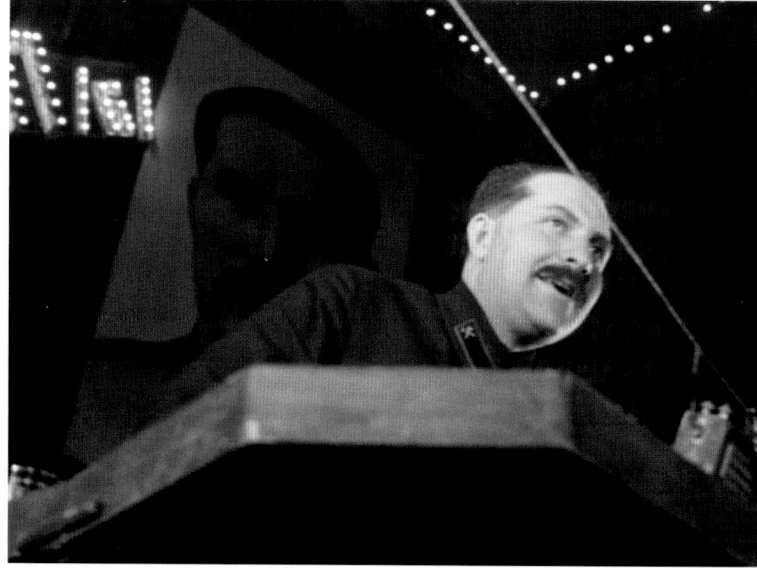

1. Sur le chantier du métro, 1938.

2. Lazar Kaganovitch, commissaire du peuple aux Transports et, à ce titre, principal responsable de la construction du métro de Moscou, à la tribune du meeting solennel à l'occasion de l'inauguration du métropolitain, en mai 1935.

3. Khrouchtchev (à gauche), Mikoïan, Boulganine et Kaganovitch à l'inauguration de la station Oxotnyi Riad, 1935.

4. Des femmes travaillent à la décoration d'une station de métro.

où les habitants travaillant pour la plupart dans le secteur militaire ou nucléaire sont soumis au « régime du secret », qui restreint notamment leur liberté de circulation à l'intérieur même de leur propre pays.

La volonté de hiérarchiser, contrôler et organiser des espaces urbains ou semi-urbains bouleversés par une croissance trop rapide, se traduit par l'émergence d'innombrables « plans généraux de reconstruction et d'aménagement » censés transformer ces espaces hybrides en « villes socialistes modèles ». Si nombre de ces projets restent dans les cartons, certains voient le jour à Moscou, Tachkent, Erevan ou Novossibirsk. À Moscou, par exemple, on détruit tout un ensemble de vieux quartiers populaires du centre-ville, avec leurs centaines d'églises, leurs marchés, leurs tripots, leurs échoppes et leurs maisons en bois – autant de symboles de « l'arriération moscovite fondée sur les deux piliers de la superstition et de la spéculation » ; on perce de vastes avenues bordées d'immeubles imposants construits dans le style « néo-classique stalinien » (l'avenue Gorki, ex-rue Tverskaïa, menant de la place du Manège à la gare de Biélorussie, en est l'un des plus beaux exemples) ; on aménage de grands « parcs de la culture et des loisirs », qui offrent aux travailleurs à la fois une large gamme de divertissements (roues géantes, pistes de danse, patinoires) mais aussi des programmes culturels – salles de cinéma en plein

Le premier train entre à la station Komsomolskaïa, Moscou, mai 1935.

air, kiosques à musique, bibliothèques de prêt, « coins rouges » réservés aux rencontres entre le public et les propagandistes politiques, etc.

L'aménagement urbain le plus spectaculaire et le plus vanté de ces années est incontestablement le métro de Moscou. La première ligne est mise en service en 1935. Les stations, très profondes (elles doivent servir d'abri en temps de guerre) que l'on atteint par d'immenses escaliers, sont conçues comme de véritables « palais souterrains », avec leurs murs recouverts de marbre, leurs lustres immenses, leurs statues de bronze représentant les « hommes nouveaux bâtissant le socialisme », leurs mosaïques glorifiant « l'union indéfectible de tous les peuples de l'URSS », œuvres exécutées par les plus grands artistes du « réalisme socialiste ». Magnifique vitrine du régime stalinien, le métropolitain de Moscou doit éblouir chacun de ceux qui l'empruntent, qu'ils soient de simples ouvriers, des provinciaux ou des hôtes de marque venus des pays capitalistes, dûment encadrés par les guides de l'Intourist, l'organisation gouvernementale chargée d'organiser les voyages des étrangers, au programme desquels figure inévitablement la visite du « plus beau métro du monde ».

Une urbanisation sous haute pression

Temps de pénuries, temps des utopies

La disparition du système de production et de commerce privés constitue un autre des immenses bouleversements occasionnés par le Grand Tournant stalinien du début des années 1930. Un bouleversement aux conséquences incalculables sur la vie quotidienne de dizaines de millions de Soviétiques. Durant les années de la NEP (entre 1921 et 1929), l'artisanat et le petit commerce de détail ont largement remédié à la production insuffisante – et souvent de mauvaise qualité – de l'industrie étatisée dont les produits sont écoulés dans le réseau clairsemé des « coopératives d'État ». En réalité, un très grand nombre de produits de consommation courante, surtout dans les campagnes – manteaux et chapkas de peau, chaussons de tille, vêtements, paniers, poteries, samovars – sont fabriqués par des artisans exerçant à leur compte. Dans les villes, les commerçants privés et les marchés ambulants proposent un choix de produits alimentaires bien plus vaste que les magasins d'État – et à des prix comparables. En moins d'un an (de la fin de 1929 à l'été de 1930), le « secteur capitaliste » disparaît totalement. Les magasins privés sont fermés, et leurs propriétaires arrêtés pour « spéculation », un délit passible des travaux forcés. Les petites entreprises artisanales, étranglées par une imposition dissuasive et par la pénurie de matières premières, sont contraintes de mettre fin à leur activité.

Avec la disparition du secteur privé, l'État devient le seul distributeur autorisé de marchandises et de biens. La crise agricole consécutive à la collectivisation forcée des campagnes et la priorité absolue donnée à l'industrie lourde ayant aussitôt généré de graves pénuries, le gouvernement instaure un système hiérarchisé, très complexe, de rationnement des produits alimentaires de première nécessité (pain, lait, viande, pommes de terre, sucre, sel, huile) et des biens de consommation courante. Les cartes et les tickets de rationnement font, de nouveau, partie du quotidien des citadins soviétiques. Jusqu'alors, le rationnement, en vigueur de 1915 à 1920, avait toujours été associé, dans l'esprit de la population, à la guerre. Entre 1930 et 1953, le système du rationnement reste en vigueur douze années durant, de 1930 à 1935, puis entre 1940 et 1947. Cette réalité contribue à ancrer l'idée, largement partagée par les Soviétiques, que la frontière est fort ténue entre temps de paix et temps de guerre. Le régime stalinien n'a de cesse d'instrumentaliser cette idée, afin de maintenir la société sous pression, constamment mobilisée sur tous les « fronts » (« front des collectes », « front de l'industrialisation ») et contre tous les « ennemis », intérieurs (les koulaks, les « gens du passé », les « ennemis du peuple ») et extérieurs (les « puissances impérialistes », le « Grand Capital »). Dans un environnement international hostile, « le seul pays socialiste au monde » (quand bien même il couvre, comme ne cesse de le souligner la propagande, « un sixième des terres immergées ») n'est-il pas en permanence menacé ?

Le système étatique de distribution et de rationnement mis en place au début des années 1930 favorise l'éclosion d'une nouvelle et complexe hiérarchie sociale des « ayants droit ». Dans un contexte de crise et de pénuries endémiques, les autorités ne sont pas en mesure de satisfaire les besoins de tous. De façon pragmatique, le régime favorise ceux qu'il considère comme étant les plus directement indispensables à la consolidation et à la pérennité du système politique ou à la réalisation des grands projets d'industrialisation et de transformation économique du pays. Ainsi, les responsables et les cadres du Parti, de l'économie, de l'armée, de la police politique, mais aussi certains membres

Ci-contre à gauche et page de droite
Descente de l'aigle impérial et installation de l'étoile rouge sur le Kremlin, Moscou.
Ce changement, hautement symbolique, n'a lieu qu'en... 1935.

Ci-contre à droite
« À bas le servage de la cuisine ! Donne une nouvelle manière de vivre ! », affiche de 1931.

81

éminents de l'intelligentsia bénéficient-ils d'un accès privilégié aux biens et services déficitaires. Dans le domaine de l'alimentation, ces privilèges prennent différentes formes : cantines de catégorie supérieure sur le lieu de travail ; distribution, à un prix très abordable, de « rations spéciales », qui comprennent des produits tels que beurre, fromage, chocolat, charcuterie fine, esturgeon, caviar, qui ne figurent jamais sur les cartes de rationnement auxquelles a droit le citadin soviétique « ordinaire » ; accès réservé à des magasins « fermés », où l'on peut se procurer tous les produits déficitaires introuvables ailleurs. Ces produits ne se limitent pas à l'alimentation ; on trouve dans ces magasins réservés à l'élite vêtements et chaussures fabriqués dans les meilleurs ateliers textiles du pays, mobilier, appareils ménagers, gramophones, postes de radio, machines à coudre, montres et autres produits manufacturés considérés par la population comme des objets de luxe dans une société de pénurie. Les privilégiés du régime ont également accès à des « maisons de repos » de catégorie supérieure, généralement situées dans les lieux de villégiature de l'ancienne aristocratie tsariste, en Crimée et sur le littoral de la mer Noire. Ils se voient en outre attribuer des logements de fonction confortables, en appartement individuel, dans des immeubles « réservés », ainsi que des *datchas*, maisons de campagne, dans les environs des grandes villes.

Quant au reste de la population urbaine, elle est classée en de multiples catégories « d'ayants droit ». L'appartenance à une catégorie détermine pour chacun de ses membres non seulement la ration alimentaire à laquelle il a droit, mais aussi la liste des cantines et des magasins auxquels il a accès. Les habitants des villes « à régime spécial » sont avantagés par rapport aux habitants des villes « ouvertes » ; les ouvriers des grands combinats métallurgiques prioritaires ont droit à des rations plus élevées que les ouvriers de la même ville travaillant dans une entreprise d'industrie légère jugée moins importante pour le programme d'industrialisation du pays. À cette hiérarchie complexe entre les villes et les lieux de travail vient s'ajouter une différenciation sociale : les ingénieurs et les ouvriers sont ainsi mieux lotis que les employés ou les instituteurs. Il existe encore d'autres stratifications, selon que l'on est simple ouvrier ou « travailleur de choc », que l'on travaille dans un « atelier primé » ou dans un atelier « à la traîne ». Cette « attribution différenciée » de la nourriture et des marchandises en fonction de « l'utilité sociale » de chaque salarié ne concerne pas seulement les adultes actifs ; elle s'applique à tous les membres de leur famille. Ainsi, un enfant

Page de droite
Cantine d'entreprise, Moscou, 1931.
Sur la banderole, on reconnaît le célèbre passage du discours de Staline du 4 février 1931 : « Nous retardons de cinquante à cent ans sur les pays avancés. Nous devons parcourir cette distance en dix ans. Ou nous le ferons, ou nous serons broyés. »

Ci-dessous à gauche
« Tout le monde devrait goûter maintenant du crabe, il est si bon et si délicat ! » Affiche de la Direction de la pêche, ministère de l'Industrie alimentaire de l'URSS, 1938.

Ci-dessous à droite
La cuisinière, années 1930.
La cantine, lieu de convivialité et de détente du collectif travailleur, est aussi l'objet d'une intense propagande. Au milieu des années 1930, l'immense majorité des salariés, dans l'industrie comme dans les administrations, prend ses repas à la cantine. La qualité de la nourriture et du service varie considérablement selon les lieux, l'importance et le prestige de l'entreprise ou de l'administration.

О ЛЕТ. МЫ ДОЛЖНЫ ПРОБЕЖАТЬ
ЕМ ЭТО. ЛИБО НАС СОМНУТ. /СТАЛИН
ЮТСЯ И БУДУТ
ЗМА /КАГАНОВИЧ/
СССР
ОСУЩЕСТВИМ ЗАВЕЩАНИЕ ЛЕНИНА: УЧИТЬСЯ. УЧИТЬСЯ И УЧИТЬСЯ

L'ouverture de la crèche au village, 1927. L'institution de crèches est l'objet d'une immense propagande. Les crèches sont présentées comme le symbole de la « vie nouvelle » des femmes, libérées de la garde des enfants et libres pour le travail productif qui doit en faire les égales des hommes. Si, dans certaines usines jugées prioritaires, le réseau des crèches est effectivement significatif, dans les campagnes, on ne compte, au milieu des années 1930, qu'une crèche pour cinquante kolkhozes.

d'ouvrier métallurgiste embauché dans une usine prioritaire d'une ville à « régime spécial » bénéficie-t-il de rations supérieures à celles octroyées à un employé travaillant et domicilié dans une « ville ouverte ».

En 1933, quarante millions de Soviétiques résidant dans les villes et les cités ouvrières des grands chantiers sont inscrits sur les listes d'ayants droit de ce système de distribution étatique géré par l'immense appareil bureaucratique du commissariat du peuple à l'Approvisionnement. En cette année de famine dans les campagnes d'Ukraine, de la Volga, du Kazakhstan, les rations distribuées aux citadins (de 300 à 600 grammes de pain par jour, une quantité sensiblement équivalente de pommes de terre, 20 à 50 grammes de viande) assurent un minimum vital. Il n'en reste pas moins que par rapport aux années 1920, la consommation moyenne par habitant s'est effondrée : en 1932-1933, un ouvrier métallurgiste à Moscou consomme deux fois moins de pain, trois fois moins de sucre et quatre fois moins de viande que son père exerçant le même métier en 1910 ! La situation s'améliore un peu en 1935, mais l'année suivante, une très mauvaise récolte provoque de nouvelles pénuries et d'immenses files d'attente devant les boulangeries. La meilleure moisson des années 1930 est celle de l'été 1937, dont la population a longtemps gardé le souvenir. Mais les dernières années précédant la guerre s'accompagnent de nouvelles privations et d'une nouvelle chute du niveau de vie. En 1940, la consommation moyenne des Soviétiques, tant sur le plan alimentaire que sur celui des biens manufacturés, reste très inférieure à ce qu'elle a été en 1928, dernière année de la NEP. Quant au niveau de 1913,

À droite
Crèche rurale, région de Tcheliabinsk, Oural, 1936.

Ci-dessous
Publicité pour une pâte dentifrice, 1938.

il ne va être atteint, pour la consommation alimentaire, qu'en... 1954 !

L'année 1935 est longtemps restée dans la mémoire collective comme celle où les cartes de rationnement sont, pour un temps, abolies. Cette mesure, rendue possible par une amélioration momentanée de la production agricole, est très largement popularisée par une incantation extraite d'un discours de Staline, « La vie est devenue meilleure, la vie est devenue plus gaie ! » Cette formule, inlassablement répétée par la propagande soviétique, devient le slogan le plus rabâché des années 1930. Elle figure sur les banderoles brandies lors des parades organisées à l'occasion des grandes fêtes du régime, est affichée dans tous les lieux publics et même sur les portails d'entrée des camps de travail ! Peu de temps auparavant, en 1934, le XVIIe Congrès du Parti communiste a solennellement proclamé que la construction du socialisme était achevée en URSS, ce qui ouvrait la voie à une « ère d'abondance ». La suppression des cartes de rationnement, au début de 1935, est l'occasion d'une intense campagne de propagande vantant les débuts du « commerce socialiste cultivé » (par opposition au « marché capitaliste anarchique ») et la mise en vente de nouveaux produits. « Au rayon alimentation, écrit un journal moscovite en décembre 1934, on trouvera trente-huit sortes de saucissons différents, dont vingt nouvelles qui n'ont jamais été vendues ailleurs. Dans ce même rayon, on trouvera trois variétés de fromages produits sur commande spéciale du magasin : du camembert, du brie et du fromage de Limbourg. Au rayon confiserie, on trouvera deux cents types de bonbons et de gâteaux différents. La boulangerie produira cinquante types de pains. Au rayon poissonnerie, le consommateur choisira son poisson vivant, carpes, brèmes, brochets, carcassins, que l'employé sortira à l'aide d'une épuisette. » Pour écrire son article, le journaliste de *Vetchernaia Moskva* (Moscou-Soir) s'est introduit dans le magasin « fermé » de l'avenue Gorki, bien connu sous l'ancien régime comme l'un des plus beaux magasins d'alimentation de luxe du pays, la fameuse épicerie Eliseiev... Loin de redouter les commentaires désabusés ou railleurs que pourraient susciter pareilles descriptions aux antipodes de la réalité quotidienne, le régime juge nécessaire d'entretenir de telles visions utopiques d'abondance qui s'enracinent au plus profond de l'inconscient collectif : chaque Soviétique – ou presque – connaît le fameux conte populaire russe de la « nappe magique » qui

Temps de pénuries, temps des utopies

École de village. Leçon d'allemand, années 1930.
Un réel effort est entrepris, dans les années 1930, pour scolariser l'ensemble des enfants dans les campagnes. La scolarité obligatoire passe de quatre ans, à la fin des années 1920, à sept ans, à la fin des années 1930. Quant aux effectifs scolarisés dans les zones rurales, ils doublent (de 8 à 16 millions) pour les écoles primaires, et triplent (de 2 à 7 millions) pour les écoles secondaires. Le financement de cet effort exceptionnel d'éducation repose largement sur les paysans eux-mêmes assujettis à un lourd « impôt culturel ».

En bas
Club-bibliothèque à Amerovo, région de Moscou, 1928.
Le pouvoir soviétique déploie de grands efforts pour diffuser, à travers la presse tout particulièrement, l'idéologie du régime. Un grand nombre d'entreprises sont dotées d'une bibliothèque. L'acquisition de la *kulturnost'* est très encouragée. On développe également tout un réseau de « correspondants ouvriers » et de « correspondants ruraux », journalistes amateurs qui sont censés informer les autorités sur ce qui se passe « à la base ».

fait soudain apparaître une profusion incroyable de victuailles et de boissons sur la table qu'elle recouvre... Pour entretenir l'illusion, on ouvre, du moins à Moscou et à Leningrad – et à ceux qui en ont les moyens –, les portes de quelques dizaines de grands restaurants qui, depuis la fin des années 1920, ont été exclusivement réservés à la clientèle étrangère. On met sur le marché, à prix modérés et à grand renfort de publicité, un certain nombre de produits, disparus depuis 1917, mais dont la population se souvient comme de denrées de luxe : saucisses de Francfort, ketchup, Esquimau au chocolat, eau de Cologne. Ce faisant – et nonobstant les longues files d'attente pour acheter ces marchandises toujours déficitaires –, le nouveau régime ne rend-il pas accessible à chacun ce que l'ancien avait réservé aux nantis ?

Pour la première fois depuis le Grand Tournant, la propagande encourage les masses non plus seulement à travailler dur, mais à se divertir et surtout à se « cultiver ». Par la maîtrise de la culture et de la technique, l'homme soviétique deviendrait véritablement un « homme nouveau ». De tous les grands mythes staliniens, celui de l'« homme nouveau » est sans doute le plus prégnant ; il symbolise mieux que tout autre, en effet, le passage de l'état d'arriération à l'état de culture (*kulturnost'*). Libéré du fardeau de la conscience servile qui lui a été inculquée par l'exploitation et les privations passées, « l'homme nouveau de l'humanité nouvelle, le socialisme » (Maxime Gorki) va pouvoir enfin « maîtriser la nature ». L'immense littérature de propagande consacrée à l'homme nouveau distingue plusieurs niveaux dans la *kulturnost'* que les citoyens doivent s'efforcer d'acquérir, étape par étape, pour devenir des hommes nouveaux. Le premier est celui de l'acquisition des règles élémentaires d'hygiène et de l'apprentissage de la lecture et de l'écriture.

Stand de propagande athée dans un village, région de Tcheliabinsk, années 1930.
La propagande antireligieuse est menée par la Ligue des sans-Dieu, qui compte, au milieu des années 1930, quelque 200 000 militants, recrutés pour l'essentiel parmi des jeunes communistes des villes. Malgré une propagande agressive, la fermeture et la destruction de milliers d'églises, l'athéisme, doctrine officiellement proclamée par le Parti, n'entame guère le sentiment religieux, notamment des paysans, très attachés au rite orthodoxe. Au recensement de 1937, 57 % des Soviétiques répondent « oui » à la question « Croyez-vous en Dieu ? ».

Les années 1930 : « À toute vapeur vers la modernité »

Temps de pénuries, temps des utopies

« Lisez ! », Moscou, 1935.

Tournoi d'échecs, Moscou, 1936.

88   Les années 1930 : « À toute vapeur vers la modernité »

Lecture du journal au kolkhoze, Kazakhstan, années 1930.
Derrière ce cliché de propagande, une réalité : la diffusion des journaux dans les campagnes est multipliée par six en dix ans, de la fin des années 1920 à la fin des années 1930.

Temps de pénuries, temps des utopies

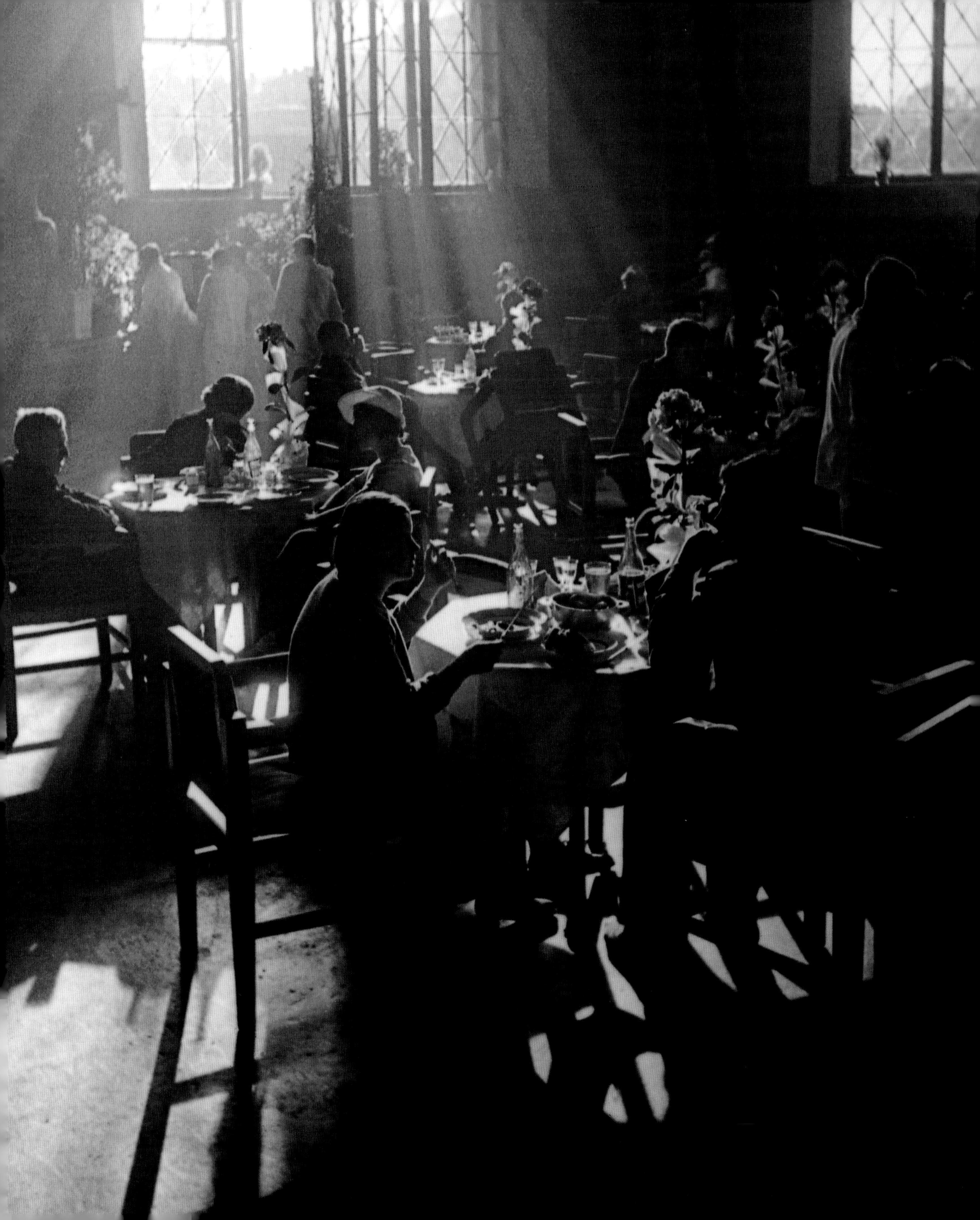

Rappelons qu'à la fin des années 1920, la moitié de la population rurale est analphabète. Dans les années 1930, le régime stalinien lance une vaste campagne d'éradication de l'analphabétisme et de développement de l'instruction primaire et secondaire, notamment dans les campagnes où le taux de scolarisation des enfants de six à douze ans est encore très bas. On ouvre des milliers de nouvelles écoles, à la fois pour les enfants et pour les adultes, et, à la fin des années 1930, le taux d'alphabétisation, dans les campagnes, est déjà de 78 %.

Le deuxième niveau de culture suppose l'acquisition des rudiments de l'idéologie communiste. L'homme nouveau doit connaître les règles des réunions politiques, lire les journaux, comprendre des concepts tels que « lutte des classes », « dictature du prolétariat », se tenir informé de la situation internationale.

Le troisième niveau de culture relève de ce qui a été un temps, au cours des années héroïques de la Révolution, qualifié par les bolcheviks de culture « bourgeoise » ou « petite-bourgeoise » : il s'agit de connaître les bonnes manières, de s'habiller avec goût et surtout d'avoir un intérêt pour la « grande culture » – musique, ballet, littérature classiques.

Tel est le niveau de culture implicitement attendu des cadres dirigeants et de la nouvelle élite soviétique. Bref, l'homme nouveau accompli doit connaître aussi bien *L'État et la Révolution* de Lénine que *Guerre et Paix* de Tolstoï, et fréquenter presque aussi assidûment le Bolchoï que les réunions politiques !

L'émergence de l'homme nouveau soviétique suppose non seulement d'acquérir la *kulturnost'*, mais de maîtriser la technique. Sont donnés en exemple, élevés à la dignité nouvelle de « héros de l'Union soviétique », tous ceux qui ont accompli un exploit technique qui rehausse la puissance ou le prestige international du pays : explorateurs du Grand Nord, aviateurs traversant de part en part le « pays des Soviets », stakhanovistes... Une immense publicité est ainsi accordée à l'expédition du brise-glace *Tcheliouskine*, partie à la conquête de l'Arctique, et prise par la banquise. Tous les journaux soviétiques relatent, des semaines durant, le déroulement des opérations de secours menées par des aviateurs. Toute la population se passionne pour cette épopée. À leur retour, explorateurs et sauveteurs reçoivent un accueil triomphal, sont reçus par Staline et déclarés « héros de l'Union soviétique ».

Le café les Feux de Moscou, dominant le Kremlin, Moscou, fin des années 1930. Réservés, depuis la fin de la NEP, aux touristes étrangers et aux Soviétiques payant en devises, les restaurants du centre de Moscou rouvrent leurs portes à la clientèle payant en roubles en 1934. Désormais, ceux qui en ont les moyens peuvent aller dîner à l'hôtel Métropole et y écouter le groupe de jazz tchèque d'Antonin Ziegler, ou au café les Feux de Moscou sis au dernier étage du grand hôtel Moskva, récemment édifié en face de la place Rouge. Les restaurants, dont les prix sont hors de portée des citoyens ordinaires, sont fréquentés par les membres de la nomenklatura et de la « nouvelle élite ». Leur existence n'a rien de secret. Au contraire, les grands restaurants de la capitale font de la publicité pour leur « cuisine de première classe » et leurs « danseurs tziganes » dans le populaire *Vetcherniaïa Moskva* (Moscou Soir).

Page de gauche
Restaurant à Moscou, milieu des années 1930.

Temps de pénuries, temps des utopies

La fête, Vologda, milieu des années 1930.

Page de droite
Sur le lac, à Rostov-le-Grand, 1932.

Plage, milieu des années 1930.

Les années 1930 : « À toute vapeur vers la modernité »

Temps de pénuries, temps des utopies

Les années 1930 : « À toute vapeur vers la modernité »

Les records établis par les aviateurs ou les grands sportifs, figures achevées et exemplaires de l'homme nouveau, font aussi les gros titres des journaux. Les grands aviateurs tels que Mikhaïl Babouchkine, Valeri Tchkalov, Mikhaïl Gromov, Georgui Baïdoukov et d'autres, surnommés les « aigles de Staline » sont de véritables héros populaires, connus de tous. Quand ils s'envolent pour battre un record, Staline et les autres membres du Politburo se déplacent en cortège jusqu'à l'aérodrome de Touchino, dans les environs de Moscou, devenu le lieu mythique de l'aviation soviétique. Quand ils reviennent en héros, ils sont accueillis par les mêmes. S'ils disparaissent en vol, le gouvernement déclare un deuil national, et l'urne contenant les cendres de l'aviateur disparu est exposée sur la place Rouge pour permettre à la population de rendre un dernier hommage à son héros disparu.

Pour le régime, il est important de montrer que l'héroïsme n'est pas seulement réservé à quelques êtres d'exception, mais que des « gens ordinaires », en voie de devenir des « hommes nouveaux », peuvent eux aussi, à leur niveau, réaliser des « exploits » et entrer dans la catégorie des « personnes remarquables » (*znatnye lioudi*). Les « travailleurs de choc », mais aussi les « instituteurs émérites », les « meilleurs tractoristes », les « vendeuses émérites » et bien sûr, les « stakhanovistes » forment les principaux bataillons de ces humbles héros du travail. Pour les plus modestes d'entre eux, la célébrité ne dure, comme dans les contes, que « le temps d'une journée », au cours de laquelle ils sont fêtés par le collectif de travail et reçoivent des cadeaux. Le choix de ces récompenses matérielles n'est pas fortuit : il doit permettre à ceux qui en sont dignes de progresser sur la voie de la *kulturnost'* : ainsi, les stakhanovistes se voient-ils offrir montres, phonographes, radios, disques et grands classiques de la littérature russe et soviétique, au nombre desquels figurent inévitablement les œuvres de Lénine et de Staline...

Paulina Osipenko, héroïne de l'URSS, aux commandes de son avion, 1936. Autre figure symbolique de l'émancipation de la femme soviétique, l'aviatrice. Durant la Seconde Guerre mondiale, l'armée soviétique comptera plusieurs escadrilles d'aviatrices.

Page de gauche

1. « On n'a jamais connu de femmes pareilles par le passé. » (Staline)

2. La jeune pionnière, 1938.

3. « Femme prolétaire, maîtrise la technique des avions ! Inscris-toi dans les écoles et les instituts de l'aviation civile ! »

4. Mikhaïl Kalinine, président du Comité exécutif central des soviets, et, à ce titre, chef de l'État soviétique, remet les insignes d'« héroïne de l'Union soviétique » à la pilote Marina Raskova, en 1938.

Portrait de Nikita Izotov, stakhanoviste. Abondamment célébré par la propagande, il est l'un des stakhanovistes les plus en vue. Dix jours après le record historique d'Alekseï Stakhanov, Izotov, mineur à Gorlovka, dans le Donbass, pulvérise trente fois la norme, établissant un nouveau record d'extraction du charbon. Comme Stakhanov, Izotov ne reste pas longtemps à la mine. En 1939, il devient membre de la prestigieuse Commission centrale de contrôle auprès du Comité central.

Alekseï Stakhanov pousse la nouvelle voiture (il ne sait pas conduire) que vient de lui offrir Staline, 1936.

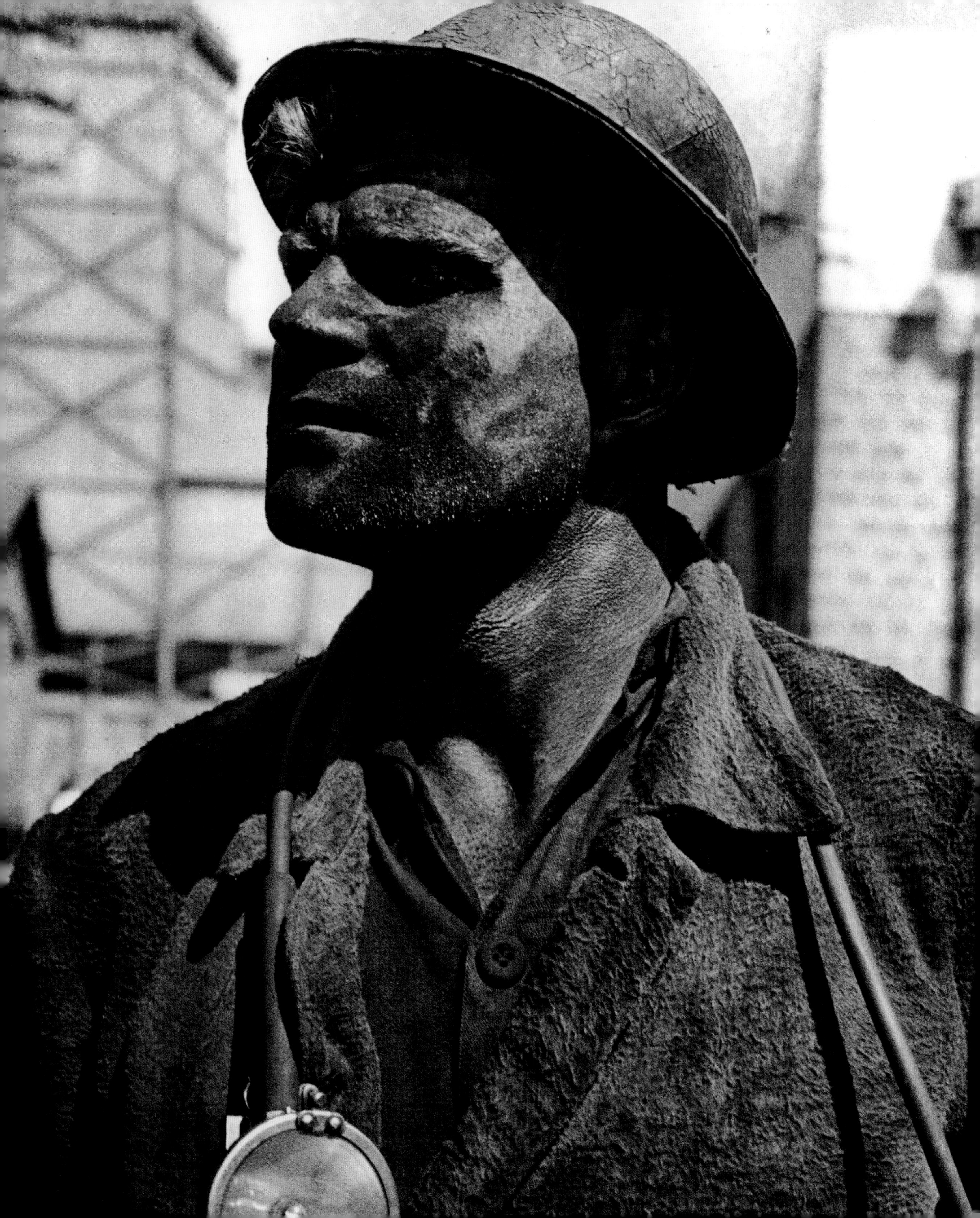

Une société mobilisée, une propagande omniprésente

Selon la conception léniniste, le Parti communiste doit se réduire à une avant-garde minoritaire et politiquement consciente laquelle, pour étendre son influence idéologique et son contrôle politique sur les masses, doit s'appuyer sur des organisations sociales qui lui servent de « courroie de transmission ». Le stalinisme demeure fidèle à ce schéma. Le Parti reste une organisation élitiste, regroupant environ 1 % de la population : 1,5 million de membres en 1929, deux millions en 1937. L'entrée au Parti est soumise à toute une série de règles, devenues au fil des années, de véritables rites de passage. Les postulants sont sélectionnés en fonction de leur « bonne » origine sociale : les ouvriers promus à des postes de responsabilité, les kolkhoziens méritants ayant suivi une formation technique leur permettant d'intégrer la classe ouvrière, les ouvriers de choc et les stakhanovistes sont plus facilement et plus rapidement admis. Tout candidat au Parti passe une sorte d'examen d'entrée, au cours duquel il doit montrer qu'il possède un minimum de culture politique. Il rédige également une courte autobiographie, exercice à travers lequel le postulant « se met à nu », en faisant état de ses antécédents familiaux (a-t-il des parents ou des membres de sa famille de « mauvaise » origine sociale, appartenant à une classe « du passé » ou « hostile » – bourgeoisie, cadres d'ancien régime, paysans riches – ou émigrés ?). À intervalles réguliers, le Parti est soumis à des « purges », au cours desquelles des commissions de contrôle vérifient les connaissances politiques des communistes, leur assiduité aux réunions, leur « travail de masse » auprès des « sans-Parti », mais aussi leur comportement quotidien et leur moralité : ne sont-ils pas un peu trop portés sur la boisson, sont-ils de bons pères de famille et de bons camarades ? Les commissions de contrôle pourchassent tout particulièrement la moindre « déviation » vis-à-vis de la « ligne politique », les moindres signes ou soupçons de tolérance, voire de sympathie, vis-à-vis des idées condamnées. Toute critique de la politique menée dans les campagnes, de la collectivisation, des prélèvements massifs sur la production des kolkhozes est assimilée à des « idées droitières », au soutien de la « ligne boukharino-zinoviéviste », bientôt associée au « fascisme ».

Si le Parti reste une organisation d'encadrement minoritaire et élitiste, les organisations sociales (syndicats, organisation des Jeunesses communistes, pionniers) connaissent en revanche une très forte croissance, tout en perdant le peu d'autonomie qu'elles ont su conserver, du moins en ce qui concerne les syndicats, tout au long des années 1920. Dans les années 1930, les syndicats (plusieurs dizaines de millions de membres, l'adhésion et le paiement des cotisations étant quasiment obligatoires pour tout salarié) doivent renoncer à toute velléité de lutte revendicative ; ils reçoivent en contrepartie la gestion de la sécurité sociale et de la protection du travail, assez négligée au demeurant,

Arrivée d'un détachement de pionniers à la campagne, 1930.

la hausse de la productivité étant désormais le premier commandement de tout syndicaliste.

Le régime prend particulièrement soin d'encadrer la jeunesse et l'enfance. Staline se fait volontiers photographier avec des enfants. L'ironie de l'histoire veut que la photographie la plus diffusée dans les années 1930 de « Staline à l'enfant » ait représenté une petite fille de huit ans, Guelia Markizova, dont le père, commissaire du peuple à l'Agriculture de la République bouriato-mongole, devait périr durant les années de la Grande Terreur de 1937-1938. La majeure partie des enfants entrent, dès l'école primaire, dans l'organisation des pionniers, qui doit leur inculquer les valeurs du régime. Pour attirer les enfants, les autorités consacrent des sommes considérables à l'organisation de leurs loisirs : des « palais des pionniers », parfois somptueux, leur proposent des spectacles, des concerts, des expositions ; des camps de vacances les accueillent durant l'été. À partir de quatorze ans, les Jeunesses communistes (Komsomol) accueillent les jeunes de « bonne origine sociale » ; à bien des égards, le Komsomol sert de vivier au Parti.

La plupart des citoyens n'échappent pas à la sollicitude intéressée du régime. En dehors du travail, leurs loisirs sont organisés : clubs d'usine parfois somptueux, dans les grandes entreprises-phares du régime ; parcs « de culture et de repos », maisons de vacances où sont admis, pour les deux semaines annuelles de congés payés, les « meilleurs travailleurs », sur bon de séjour distribué par les syndicats. Pour manifester leur reconnaissance et leur adhésion au régime, les travailleurs sont tenus de participer, avec leurs collègues de travail, aux manifestations de masse organisées : parades sportives, défilés immenses sur la place Rouge à Moscou devant le Guide et les dirigeants du Parti massés sur la tribune du mausolée de Lénine à l'occasion des principales fêtes révolutionnaires, le 1er Mai (fête du travail) et le 7 Novembre (fête de la Révolution). Les parades et défilés organisés dans toutes les villes du pays doivent célébrer tout autant le culte du Guide que la conception soviétique du sport. La pratique du sport est étroitement liée à la préparation militaire, même pour les filles que l'on recrute à titre volontaire pour le service armé, fait exceptionnel à l'époque. L'exécution impeccable de figures regroupant des milliers de participants doit démontrer que le régime a réussi à discipliner les Russes, traditionnellement connus pour leur indiscipline et leur tendance à la pagaille. Cet effort se manifeste également à travers les innombrables campagnes de « militarisation du pays des Soviets ». Le régime encourage la création d'associations d'aide à l'Armée rouge : « Les Amis de l'aviation », la « Société des amis des parachutistes », la « Société

En haut
Parade du 1er Mai, Moscou, 1936.

En bas
Parade de l'Armée rouge pour le 1er Mai, Astrakhan, 1929.

Danseurs tcherkesses lors d'une parade consacrée à « l'union fraternelle des peuples de la grande famille soviétique », Moscou, 1936.

d'aide à la Défense nationale », « L'Association des volontaires pour la défense contre les armes chimiques », et bien d'autres encore. Ces associations, qui regroupent à la fin des années 1930, plus de neuf millions de Soviétiques, orientent leurs efforts dans cinq directions principales : inculquer parmi les masses « les valeurs de défense du pays et lutter contre les humeurs défaitistes » ; aider à la promotion de la culture physique « pour former des recrues saines de corps » ; distiller dans la société « un fondement de connaissances militaires » ; standardiser un certain nombre de techniques militaires et civiles afin de faciliter la reconversion d'industries civiles en cas de guerre ; aider à la préparation des plans de mobilisation au niveau local.

L'encadrement idéologique et la propagande passent également par des canaux moins martiaux : la presse, la radio et le cinéma permettent de diffuser dans les masses à la fois la *kulturnost'* et les valeurs du régime. Au cours des années 1930, les tirages des journaux tant nationaux que régionaux connaissent une très forte croissance. À titre d'exemple, la *Krestianskaïa Gazeta* (la Gazette paysanne), principal vecteur des « lumières socialistes » dans les campagnes voit sa diffusion quotidienne, presque exclusivement par souscription, passer d'un million à six millions d'exemplaires entre 1930 et 1936. La radio fait également une percée spectaculaire, tant dans les baraquements et les foyers ouvriers que dans les « clubs ruraux » installés dans la plupart des kolkhozes. L'écoute collective de la radio et les séances de lecture orale des journaux font inévitablement partie du « programme culturel et d'éducation » que sont appelées à mettre en œuvre les autorités locales, au même titre que les meetings qui marquent le début et la fin des innombrables « campagnes politico-économiques » qui rythment la vie quotidienne, tant à l'usine, dans les administrations, les écoles que dans les kolkhozes.

De tous les médias au service de la propagande, le plus apprécié et le plus populaire est incontestablement le cinéma. Au milieu des années 1930, on compte pas moins de trois mille salles permanentes (dans les villes) ; quatorze mille « projecteurs ambulants » tournent dans les zones rurales et les bourgs. Des dizaines de millions de Soviétiques découvrent le 7ᵉ Art, à travers des films, extraordinairement

Une société mobilisée, une propagande omniprésente

Manifestation du 1er Mai à Moscou vue du dernier étage de l'hôtel Moskva.

Page de droite
En haut
Retour triomphal des membres de l'expédition polaire du *Tcheliouskine*, avenue Gorki, Moscou, avril 1934.
Parti fin 1933 de Mourmansk pour relier Vladivostok par l'océan glacial Arctique, le *Tcheliouskine*, avec ses 111 membres d'équipage, est pris par les glaces dans le détroit de Béring, avant de couler, le 13 février 1934. L'équipage se retrouve isolé sur la banquise. Un pont aérien, engageant les meilleurs pilotes soviétiques, est organisé pour sauver les rescapés. Le retour des navigateurs et des aviateurs, élevés à la dignité de « héros de l'Union soviétique » créée pour l'occasion, donne lieu à une formidable communion patriotique, célébrée en grande pompe à Moscou.
En bas à gauche
L'écrivain Maxime Gorki, de retour en URSS après un long exil, rencontre les ouvriers de l'usine automobile Likhatchev, Moscou, 1928.
Critique envers le régime bolchevique à ses débuts, l'écrivain populaire Alekseï Pechkov (dit Maxime Gorki) quitte l'Union soviétique au moment de la guerre civile et n'y revient que dix ans plus tard, après un exil doré à Capri et après s'être entièrement rallié à Staline. Auréolé de sa gloire littéraire, acquise avant la Révolution, considéré comme un modèle d'écrivain prolétarien, Maxime Gorki joue le rôle d'« ingénieur des âmes » assigné par le régime à « ses » écrivains. Il jouit d'une réelle popularité, notamment dans les milieux ouvriers en faveur desquels il s'est engagé dans ses premières œuvres. Il participe activement à l'ouvrage collectif de propagande consacré au premier grand chantier du Goulag, le canal Baltique-mer Blanche.
En bas à droite
Manifestation du 1er Mai 1934 sur la place Rouge à Moscou.

populaires, mettant en scène des personnages héroïques de la guerre civile, des représentants héroïsés de l'humanité nouvelle, tractoristes, ouvrières et kolkhoziennes de choc, aviateurs et explorateurs du Grand Nord. Parmi les films les plus prisés de ces années figurent notamment *Tchapaev* (un héros de la guerre civile), *La Riche Fiancée* (une kolkhozienne de choc), *Enfance* (adapté du roman de Gorki), *Volga-Volga* (un hymne à la gloire de l'URSS).

À la fois divertissants et moralisateurs, ces films offrent, dans un quotidien de dénuement et de dur labeur, une part de rêve, tout en rappelant sans cesse la fragilité des « conquêtes du socialisme », en permanence menacées par une armée de l'ombre associant « ennemis du peuple » et puissances étrangères hostiles.

Une société mobilisée, une propagande omniprésente

L'épopée du brise-glace *Tcheliouskine* (extraits de *L'URSS en construction*, 1934, n° 10).
Ci-dessus, les « Sept Aigles de Staline », les aviateurs qui sont allés sauver les membres de l'équipage du brise-glace *Tcheliouskine* sur la banquise au large de la presqu'île de Tchoukotka : Liapidevskii, Levaneskii, Molotov, Kamanine, Slepnev, Vodopianov et Doronine. Tous les sept ont été élevés à la nouvelle dignité de « héros de l'Union soviétique ».
Ci-contre, le commandant Schmidt, chef de l'expédition polaire, commandant du *Tcheliouskine*.

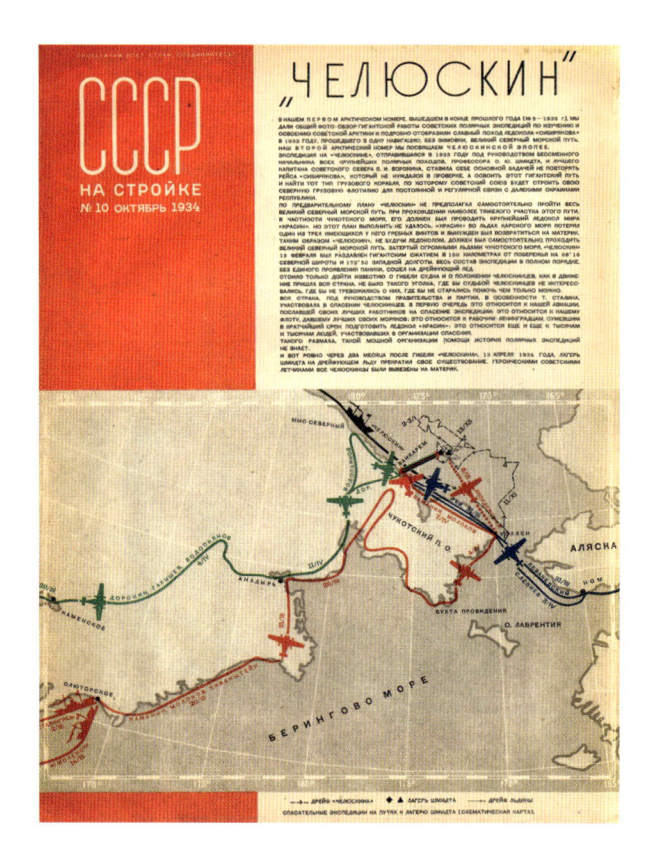

Une société mobilisée, une propagande omniprésente

La face noire du stalinisme : Terreur et Goulag

Au cours des années 1930, le régime stalinien met en place le plus vaste système concentrationnaire du XXe siècle, le Goulag (Administration principale des camps). En un peu moins d'un quart de siècle, de 1930 jusqu'à la mort de Staline en 1953, une vingtaine de millions de Soviétiques vont connaître l'univers des camps ; près de deux millions n'en revinrent jamais. En outre, sept millions de Soviétiques sont déportés, sur simple mesure administrative, et assignés à résidence dans des « villages spéciaux ». Par ailleurs, en 1937-1938, le régime perpètre l'un des plus grands crimes de masse, encore largement méconnu, du XXe siècle : au cours de ces deux années, 800 000 citoyens soviétiques sont condamnés à mort par une juridiction d'exception de la police politique comme « ennemis du peuple » ou « éléments socialement nuisibles » et exécutés. Comment expliquer l'émergence des camps de travail, comprendre pareil crime de masse commis par le régime contre son propre peuple ? Dans son entreprise titanesque de transformation du pays, le régime stalinien se heurte naturellement à de fortes résistances, notamment de la part des paysans qui, dès 1930, constituent les principaux contingents des *zeks*, les détenus des camps de travail. Mais la résistance de la société ne saurait expliquer, à elle seule, l'ampleur de la répression. Celle-ci s'ancre dans la conviction partagée par Staline et par les dirigeants communistes (et avant eux, par Lénine – sur ce point, Staline est effectivement l'héritier et le « meilleur disciple » du fondateur du régime soviétique), selon laquelle l'État soviétique, un État de type nouveau, fondé sur la connaissance et la maîtrise des lois de l'histoire, est en droit d'éliminer sans pitié tous ses « ennemis », selon la logique implacable de la « lutte des classes ». Les paysans qui s'opposent à la collectivisation ne peuvent qu'être des « exploiteurs », des koulaks ; les ouvriers qui refusent la course à la productivité ne sont plus des prolétaires dont le régime se doit de prendre la défense, mais des « saboteurs » ; les petits entrepreneurs, commerçants et artisans marginalisés à la suite du Grand Tournant, sont catalogués comme « éléments déclassés » ; quant aux membres des anciennes élites tsaristes, ils ne sont plus, selon la terminologie en vigueur, que des « gens du passé ». La nouvelle société socialiste n'a que faire de ces « éléments », voués aux « poubelles de l'histoire ». Un tel raisonnement ouvre naturellement la voie à leur élimination, collective (« en tant que classe ») ou individuelle, temporaire (condamnation à une peine de camp ou de déportation) ou définitive (exécution).

Staline, enfin, apporte incontestablement sa « touche personnelle » à la logique de la répression et du crime de masse : il proclame, en violation flagrante du dogme marxiste, qu'à mesure que l'on parvient au but, le socialisme, la lutte des classes, loin de s'affaiblir, s'exacerbe, car les « débris des classes moribondes » devenus « ennemis du peuple » se lancent désormais dans une « résistance désespérée », qui prend la forme « d'actions de diversion et de sabotage » fomentées avec le concours des puissances impérialistes. La théorie du « sabotage » perpétré par les « ennemis du peuple » présente un atout de taille : elle permet d'expliquer à la population le fossé considérable entre les promesses et les réalisations, la théorie et la pratique, le discours et les faits. Si au pays de l'abondance, on meurt encore de faim, n'est-ce pas à cause des « ennemis du peuple » ?

La décision de mettre en place, sur une vaste échelle, un réseau de camps de travail forcé, est prise quelques mois avant le Grand Tournant, le 27 juin 1929, par Staline et les membres du Politburo. Jusqu'alors, il existe un nombre limité de camps, dont le plus important est situé sur l'archipel des îles Solovki, au nord d'Arkhangelsk. Créé en 1922, géré par la Guépéou, le camp des Solovki va constituer le point de départ de « l'Archipel du Goulag », pour reprendre le titre du chef-d'œuvre d'Alexandre Soljenitsyne, qui, au milieu des années 1970, lèvera enfin le voile sur l'un des secrets les mieux gardés du système soviétique, l'univers des camps.

Quelle est la teneur de la décision, gardée secrète, du 27 juin 1929 ? Elle stipule que tous les détenus purgeant une peine d'emprisonnement supérieure à trois ans seront désormais transférés dans des « camps de travail correctif » gérés par la Guépéou. L'objectif principal de cette refonte radicale du système pénal est avant tout économique : pour mener à bien le Ier Plan quinquennal, toute la main-d'œuvre disponible doit être exploitée. Les camps de travail ont pour but « d'assurer la mise en valeur des richesses naturelles des régions inhospitalières du pays », où aucun travailleur libre ne se serait rendu de son propre gré. En deux ou trois ans, les effectifs des camps explosent. En 1929, l'URSS compte à peine 250 000 détenus, dont 200 000 droit-commun purgeant leur peine en prison et quelque 50 000 politiques et criminels récidivistes mêlés, purgeant leur peine dans un camp de travail forcé. Au cours de la seule année 1930, plus de 300 000 koulaks prennent le chemin des camps. Ces paysans qui s'opposent à la collectivisation constituent le principal contingent de détenus géré par la nouvelle Direction principale des camps de travail correctif (Gouitl) rebaptisée en 1934 Goulag (Direction principale des camps).

Le premier grand chantier pénal qui concentre à lui seul au moins 120 000 détenus est celui du canal Baltique-mer Blanche. Cette première réalisation pharaonique porte déjà en elle tous les vices du système : inhumanité des conditions de vie (la mortalité y est de l'ordre de 15 % par an) et de travail (tout se fait à mains nues, les seuls outils étant le pic, la pelle, la masse et la brouette) ; inutilité du produit livré (pour achever le canal dans les temps, l'administration le fait construire moins profond que prévu, si bien que les 240 kilomètres du canal sont inutilisables, sauf pour des bateaux de faible tirant d'eau) ; *toufta* – un terme-clé du vocabulaire goulaguien, qui signifie tout à la fois gâchis, bluff, faux bilan, malversations...

Au milieu des années 1930, la géographie du Goulag est, dans ses grands traits, dessinée pour les deux prochaines décennies. En 1935, les camps et les colonies (unités plus petites, réservées en général aux courtes peines) comptent déjà un million de détenus ; en 1939, près de deux millions. Huit grands ensembles concentrationnaires se détachent, comprenant chacun des dizaines, voire des centaines de camps, le plus souvent mobiles, qui se déplacent au gré des chantiers, des coupes de bois, des points d'extraction. Le plus étendu de ces ensembles est le Dalstroï, qui couvre l'immense territoire glacé et désert de la Kolyma, au nord-est de la Sibérie. Considéré comme prioritaire et stratégique, le Dalstroï, qui regroupe entre 15 et 20 % de l'ensemble des détenus du Goulag, est chargé d'exploiter les mines d'or, le précieux métal étant ensuite exporté pour acheter les équipements et les machines indispensables à l'industrialisation du pays. La Kolyma n'ayant aucune communication terrestre avec le reste du pays, les détenus y sont acheminés par voie maritime jusqu'au port de Magadan, puis convoyés en camion le long de l'unique route jusqu'aux camps d'extraction.

Le second grand ensemble concentrationnaire est le chantier pharaonique du Bamlag (260 000 détenus en 1939), chargé de la construction de la ligne de chemin de fer qui doit doubler le Transsibérien, du lac Baïkal jusqu'à l'Amour.

En Sibérie orientale, on trouve l'Ozerlag, autour du Baïkal, spécialisé dans la production de bois ; et, dans l'Extrême Nord, au-delà du cercle polaire, le Norillag, édifié autour de la ville de Norilsk, construite par les détenus et spécialisée dans l'extraction du nickel.

Cinquième pôle goulaguien : les camps du Kouzbass, qui fournissent une main-d'œuvre pénale aux grands combinats charbonniers. Plus au sud, dans la région de Karaganda, au Kazakhstan, le grand ensemble du Steplag regroupe à la fois des camps d'extraction de cuivre et des camps agricoles censés mettre en valeur les terres vierges des steppes kazakhes.

L'Oural septentrional constitue un autre grand pôle concentrationnaire, avec les camps de l'Oukhtpetchlag (coupes de bois, construction de routes), le Vorkoutlag, autour de la ville de Vorkouta (mines de charbon) et le Sevjeldorlag, chargé notamment de la construction de la ligne de chemin de fer Kotlas-Vorkouta.

Enfin, en deçà de l'Oural, les complexes pénitentiaires de Carélie (exploitation forestière) et du Dmitlag (chargé de la construction du canal Moskova-Volga) attestent de la relative proximité géographique du Goulag des zones plus densément habitées de la partie européenne de la Russie. Contrairement à une opinion répandue, le Goulag n'accueille pas une majorité de « politiques » condamnés par une juridiction d'exception de la police politique pour « activités contre-révolutionnaires » en vertu de l'un des quatorze alinéas du tristement célèbre article 58 du Code pénal. Le contingent des « 58 » oscille, selon les années, entre 20 et 25 % des détenus du Goulag. À côté d'une infime minorité d'opposants au régime stalinien (mencheviks, socialistes-révolutionnaires, trotskistes), on trouve, parmi les « 58 », une majorité d'individus condamnés pour leur seule « mauvaise » origine sociale (« bourgeois » et autres « gens du passé ») ou leur parcours professionnel lié, de près ou de loin, à l'ancien régime. Mais la grande majorité des condamnés au Goulag ne se retrouvent pas en camp pour de prétendues

Procès du Bureau unifié du Comité central du parti social-démocrate russe (menchevik), Moscou, mars 1931.
Le procès public du prétendu Bureau unifié du Comité central du parti social-démocrate russe, dit aussi « procès des mencheviks », tenu dans la prestigieuse salle des Colonnes du palais des Syndicats à Moscou s'inscrit dans une série de grands procès politiques qui ont lieu fin 1930-début 1931 contre un certain nombre de personnalités ralliées au régime, mais qui ont critiqué le « Grand Tournant » de Staline. Les accusés vedettes du « procès des mencheviks » sont des économistes, des statisticiens, des planificateurs, dont certains ont, avant 1917, effectivement adhéré aux idées mencheviques. Parmi les accusés les plus célèbres figurent notamment les économistes statisticiens Kondratiev, Groman et Soukhanov, membres éminents du Gosplan (comité d'État à la Planification). Tous ont émis de sérieuses réserves quant aux rythmes de la collectivisation et de l'industrialisation. Ils sont accusés de « complot en vue de restaurer le capitalisme en URSS » et sont condamnés à de lourdes peines de prison ou de camp. La plupart sont ensuite fusillés, au moment de la Grande Terreur de 1937-1938.

La face noire du stalinisme : Terreur et Goulag

Ci-dessus à gauche et page de doite
Moscou, août 1936.
Meeting organisé à l'usine Dinamo pour réclamer la peine de mort à l'encontre des accusés du procès de Moscou. On peut lire sur la banderole : « Effacer de la surface de la terre la bande de meurtriers trotsko-zinoviévistes – tel est le verdict du peuple travailleur ».

Ci-dessus à droite
Nikolaï Iejov, commissaire du peuple à l'Intérieur, au défilé du 1er Mai 1938 sur la place Rouge, à Moscou. Iejov est l'exécuteur zélé de la Grande Terreur décidée par Staline. Durant les deux années au cours desquelles il dirige le NKVD, plus de 1,5 million de personnes sont arrêtées pour « crime contre-révolutionnaire », dont 800 000 exécutées. Début 1939, Iejov est à son tour arrêté comme « ennemi du peuple » et exécuté.

« activités contre-révolutionnaires ». On n'en conclura pas, pour autant, qu'ils sont des droit-commun dans le sens habituel de ce terme. Il y en a certes, comme dans n'importe quel autre pays : meurtriers, bandits, violeurs, truands récidivistes. La plupart des non-politiques sont en réalité des citoyens « ordinaires » victimes d'une législation pénale hyper-répressive qui sanctionne, de manière totalement disproportionnée, des délits mineurs ainsi que des actes, souvent insignifiants, d'insubordination sociale : changement non autorisé de lieu de travail, infraction à la « législation sur les passeports », hooliganisme, « parasitisme », « spéculation » (c'est-à-dire revente illicite de produits déficitaires dans une économie de pénurie, ou parfois même vente des fruits de son travail dans un système qui prohibe toute forme de commerce privé) et surtout « dilapidation ou vol de la propriété sociale ». Les « voleurs de la propriété sociale » (kolkhoziens ayant volé quelques épis dans les champs collectifs, ouvriers ayant chapardé quelques produits « déficitaires » à l'usine) forment, de loin, les principaux contingents du Goulag.

Contrairement à une autre opinion répandue, l'entrée au Goulag n'est pas un ticket sans retour. Avec une peine médiane de cinq ans de camp, chaque année, environ un quart des effectifs est relâché – exception faite des politiques, condamnés généralement à dix ans et dont la peine est systématiquement et arbitrairement prolongée.

Les données statistiques sur l'origine sociale et nationale des détenus montrent que la société goulaguienne est, d'un point de vue sociologique et national, un reflet somme toute assez fidèle de la société soviétique dans son ensemble : y prédominent largement les éléments populaires, kolkhoziens et ouvriers, avec une légère sur-représentation des diplômés du supérieur et de ceux que les autorités appellent les « gens du passé ». Quant à la représentation par nationalités, elle correspond aussi, du moins jusqu'à la seconde moitié des années 1940, au poids respectif de chacune des nationalités formant la « grande famille des peuples de l'URSS ». Ce n'est qu'après-guerre que cet équilibre se modifiera quelque peu. La résistance de l'Ukraine occidentale et des pays baltes à la soviétisation explique, à partir de 1945, la proportion plus importante de détenus de ces régions et pays récemment annexés par l'URSS.

Tous les témoignages d'anciens détenus (Alexandre Soljenitsyne, Evguenia Guinzbourg, Varlam Chalamov, Jacques Rossi, Margarete Buber-Neumann pour ne citer que les plus connus) décrivent unanimement le travail harassant, la faim permanente, le froid qui, dix mois sur douze, pénètre le corps exténué et affaibli, la crasse, les maladies endémiques (pellagre, scorbut, tuberculose), les épidémies (typhus), mais aussi la promiscuité, la brutalisation des mœurs dans un univers où se côtoient criminels (toujours mis aux postes-clés par l'administration), politiques, kolkhoziens illettrés et intellectuels. Mais tous les témoignages, croisés aujourd'hui avec les innombrables rapports de la bureaucratie goulaguienne conservés dans les archives, insistent aussi sur un autre aspect : au Goulag, le pire n'est jamais certain, inévitable, programmé. Le hasard, le désordre, parfois le chaos règnent en maîtres, les gardes sont corrompus, la discipline souvent relâchée. Les « planques » sont légion : aux cuisines, à l'infirmerie, dans ces « ateliers d'activité annexe » au statut incertain, où les détenus parviennent, quelques jours ou quelques semaines durant, à reprendre quelques forces. Le Goulag est une école de survie, de « débrouille ». Il y a des camps terribles, qui en quelques mois transforment le détenu en « crevard » – ceux de la Kolyma, de Vorkouta, de Norilsk ; en revanche, dans les colonies agricoles du Kazakhstan, les conditions de vie sont bien plus clémentes.

Le Goulag ne gère pas seulement des milliers de camps de travail, mais aussi près de 2 000 « villages spéciaux » où sont assignés à résidence deux millions de « déplacés spéciaux », pour l'essentiel des « ex-koulaks » déportés au moment de la collectivisation forcée, mais aussi des « éléments socialement nuisibles » (petits délinquants, vagabonds, anciens commerçants ou artisans marginalisés et déportés sous l'accusation de « spéculation ») et des « gens du passé » (anciens fonctionnaires du régime tsariste, membres des anciennes élites sociales et politiques) chassés des villes. La condition des « déplacés spéciaux » est particulièrement dure. Privés de leurs droits civiques, assignés à résidence dans des « villages spéciaux » situés dans les zones les plus isolées et inhospitalières du pays (région de Narym en Sibérie occidentale, Extrême-Nord, Oural du Sud, Kazakhstan central), les « déplacés spéciaux » travaillent pour les grands combinats d'exploitation forestière, dans les mines ou les chantiers de construction de lignes ferroviaires. Ce travail s'apparente à un véritable travail forcé. Salaires de misère, approvisionnement aléatoire, arbitraire de l'administration, tel est le lot quotidien de ces véritables parias de la nouvelle société soviétique.

Chaque année, un grand nombre d'entre eux prennent la fuite. Les autorités estiment à près d'un million le nombre de « déplacés spéciaux » ayant, depuis le début des années 1930, fui leur lieu d'assignation à résidence. Vivant en marge de la société, sans papiers ni statut légal, certains ont trouvé du travail (« se sont infiltrés » selon les rapports policiers) dans les mines et sur les grands chantiers, où le manque permanent de main-d'œuvre rend les recruteurs peu regardants quant à l'identité de ceux qu'ils embauchent. D'autres ont

Maxime Gorki accompagné de dirigeants de l'OGPU, en visite au camp de travail forcé des îles Solovki, juin 1929.
Il écrira peu après un véritable hymne glorifiant la « vertu régénératrice du travail des détenus ».

En bas
Des dirigeants de l'OGPU sur le site du chantier du canal Baltique-mer Blanche, avril 1932.
Hommes et femme (on compte, au début des années 1930, 5 % de femmes dans les organes dirigeants de la police politique) portent la tenue standard des tchékistes, le fameux manteau de cuir noir.

rejoint un monde du crime très spécifique des années 1930, à mi-chemin du banditisme politique et du banditisme de droit commun.

En 1937, Staline et son commissaire du peuple à l'Intérieur, Iejov, décident de lancer une vaste opération d'éradication de tous les « éléments socialement nuisibles » et « appartenant au passé ». Comme le souligne Iejov dans la directive secrète du NKVD n° 00447 du 30 juillet 1937, envoyée à tous les responsables régionaux de la police politique, « le temps est venu d'éliminer une fois pour toutes les éléments qui sapent les fondements de l'État soviétique ». Suit une longue énumération de ces « éléments » : « ex-koulaks » enfuis de leur lieu de déportation et infiltrés dans les usines d'armement, sur les chantiers de construction et autres lieux stratégiques, pour y commettre des sabotages ; anciens membres de partis non bolcheviques, ex-fonctionnaires tsaristes, « éléments antisoviétiques ayant servi dans des formations blanches, cosaques ou cléricales », criminels récidivistes, etc. Chaque région se voit attribuer un quota d'arrestations et de condamnations « en première catégorie » (peine de mort) et en « seconde catégorie » (dix ans de camp). Les personnes arrêtées sont déférées devant une juridiction d'exception de la police politique, et leur affaire « jugée » en quelques minutes, en dehors de la présence de l'accusé, qui n'a pas accès au dossier, et en l'absence de toute défense. D'août 1937 à novembre 1938, 767 000 personnes sont arrêtées dans le cadre de cette opération, dont 387 000 fusillées ; les quotas initiaux « d'individus à réprimer en première catégorie » sont multipliés par cinq ; ceux de la « deuxième catégorie » sont doublés !

Dans le même temps, Staline et Iejov lancent une dizaine d'autres « opérations de masse », elles aussi gardées secrètes. Ces opérations visent un certain nombre de minorités ethniques (citoyens soviétiques d'origine polonaise, allemande, balte, finlandaise, roumaine, sans compter, naturellement, les ressortissants de ces pays émigrés en URSS) soupçonnées d'être un vivier d'agents et d'espions à la solde des puissances étrangères hostiles à l'URSS. Au total, en 1937-1938, années entrées dans l'histoire sous le nom de « Grande Terreur », le NKVD arrête plus de 1,5 million de personnes, dont 800 000 environ sont condamnées à mort et fusillées. L'immense majorité des personnes arrêtées et exécutées le sont dans le plus grand secret.

Mais la Grande Terreur a aussi sa face publique, celle des trois grands procès de Moscou (août 1936, janvier 1937 et mars 1938) mettant en scène des dirigeants bolcheviques de la première heure.

1. *Zemlianki* de « déplacés spéciaux », Oural, fin des années 1930.

2. Déportées devant leur baraquement, Kazakhstan, 1938.
Le baraquement est de type *zemlianka* (habitation à demi enterrée) et les déportées sont des citoyennes soviétiques d'origine polonaise.
En 1936, plusieurs dizaines de milliers de Soviétiques d'origine polonaise ou allemande sont déportés des régions frontalières occidentales vers le Kazakhstan, dans le cadre d'une vaste opération de « nettoyage des frontières ». Le prétexte invoqué par les autorités est le risque que ces minorités « constituent un vivier d'espions à la solde de la Pologne et de l'Allemagne ».

3. Orphelins de déportés près d'une Maison de l'enfant, Sibérie, région de Narym, 1935.
Étant donné la terrible mortalité des déportés exilés dans les régions les plus inhospitalières du pays, des dizaines de milliers d'enfants restent orphelins. Ils sont alors placés dans des orphelinats spéciaux gérés par le commissariat du peuple à l'Intérieur.

La face noire du stalinisme : Terreur et Goulag

Premier grand chantier du Goulag, le canal Baltique-mer Blanche est construit en vingt mois, de juillet 1931 à mars 1933. Long de 240 kilomètres, reliant la ville de Belomorsk au lac Onega, il permet la jonction de la mer Blanche et de la mer Baltique, avec un itinéraire plus court de 4 000 kilomètres que la route maritime contournant la péninsule scandinave. Toutefois, trop étroit et pas assez profond (Staline a ordonné qu'il soit construit *bystro i dechevo*, « vite et pas cher » !), ce canal ne peut remplir son rôle économique. Entre 60 000 et 120 000 détenus, en majorité des paysans « dékoulakisés », peinent sur ce chantier pharaonique, où les seuls instruments sont la pelle, le pic, la masse, la brouette en bois dont les roues sont fondues sur place dans des forges de fortune. Entre 15 000 et 20 000 détenus y laissent leur vie. La construction du canal fait l'objet d'une intense propagande sur le thème de la « transformation des détenus en citoyens soviétiques ». Une trentaine d'écrivains, Maxime Gorki en tête, participent à un ouvrage à la gloire du grand projet de transformation de l'homme et de la nature. Des photographes reconnus, tels Rodchenko ou Kloutsis, photographient le chantier du canal en exaltant l'effort collectif et l'exploit des détenus travaillant à perdre haleine, rendus enthousiastes par la prétendue possibilité de se racheter.

1. Chargement de détenus du canal Baltique-mer Blanche sur une barge en direction du chantier de construction du canal Moskova-Volga, été 1933.
Après l'achèvement du canal Baltique-mer Blanche, une partie des détenus est transférée sur l'autre grand chantier de construction d'une voie d'eau qui reliera la Moskova à la Volga. Le Dmitlag sera, entre 1933 et 1938, l'un des plus grands chantiers du Goulag (200 000 détenus en 1935-1936) et l'un des mieux gardés. Il se trouve, en effet, à quelques dizaines de kilomètres à peine de Moscou.

2. Meeting organisé pour célébrer l'achèvement des gros travaux et le remplissage du canal, 23 mars 1933.

3. Intérieur de baraquement de femmes détenues, canal Baltique-mer Blanche, 1932.
Les femmes représentent environ 10 % des détenus. Une majorité d'entre elles sont des paysannes « dékoulakisées » ou des kolkhoziennes condamnées pour « vol de la propriété sociale ». Mais on trouve également quelques « politiques » condamnées en vertu de l'article 58 du code pénal pour « crime contre-révolutionnaire ».

4. Meeting du 1er Mai dans l'un des camps du canal, 1932.

Page de droite
Les détenus de choc prennent une douche, canal Baltique-mer Blanche, 1932.
Les autorités pénitentiaires organisent, sur le chantier, un système d'« émulation socialiste » entre équipes et brigades de détenus, pareil à celui pratiqué dans les entreprises où travaille une main-d'œuvre libre. Les « détenus de choc », qui dépassent les normes, reçoivent un supplément de nourriture et bénéficient de privilèges comme celui de prendre une douche.

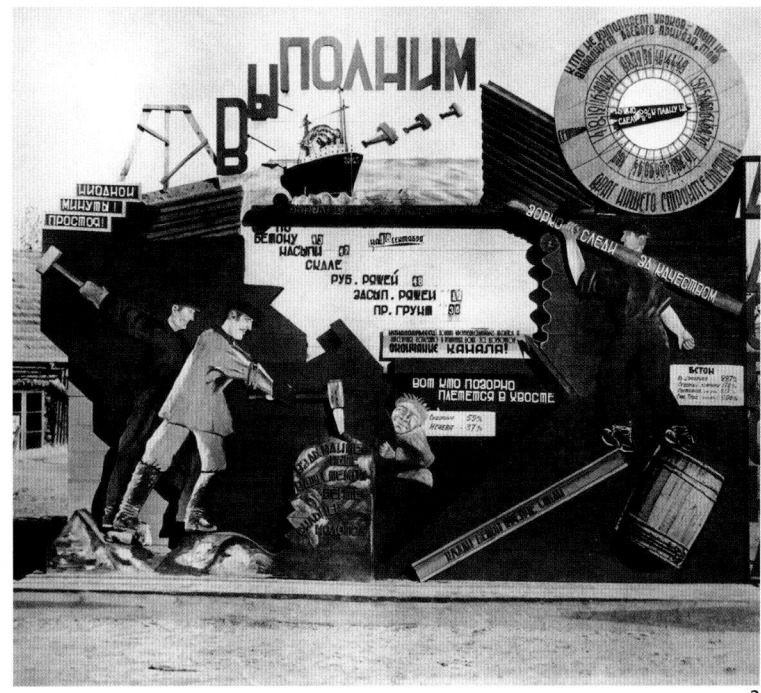

1. « La tombe des tire-au-flanc de la Ière Section », 1932. Trouvaille des « brigades d'agitation culturelle », les tombes symboliques des tire-au-flanc stigmatisent les détenus n'ayant pas rempli la norme.

2. Stand de propagande appelant à dépasser les normes et à achever avant terme la construction du canal, 1932. Dans chaque section de camp existent des « brigades d'agitation culturelle » composées de détenus chargés de faire de « l'agit-prop », c'est-à-dire d'encourager les détenus au travail et à un meilleur rendement. Les « détenus artistes » sont généralement exemptés des travaux généraux.

3. Détenus pendant la pause du repas, 1932.

4. Brigade féminine affectée à la garde des berges, écluse n° 8, 1933. Après l'achèvement du canal, une partie des détenus est libérée, avec obligation de rester travailler sur place. Les femmes de détenus sont notamment engagées dans des petits emplois de garde des infrastructures du canal.

La face noire du stalinisme : Terreur et Goulag

1. Vue générale de l'un des neuf tronçons du chantier, 1932.

2. Déchargement d'un bloc de pierre, 1932.

3. Construction de l'écluse n° 6, 1932.

4. Détenus cassant des cailloux, 1932.

Page de droite

1 et **2.** Les détenus doivent extraire 3 mètres cubes de terre et de pierre du lit du canal pour accomplir la norme journalière. Si celle-ci n'est pas remplie, leur ration alimentaire, faite principalement de *balanda* (soupe claire) et de pain noir, est diminuée.

3. Famille de détenus travaillant sur le chantier, 1932.
Outre les détenus condamnés à titre individuel, de nombreuses familles de paysans « dékoulakisés », déportées sur simple mesure administrative, sont affectées au travail forcé sur le chantier du canal. On y rencontre non seulement des femmes, mais aussi des adolescents et des enfants.

4. Travail par grand froid dans le lit du canal, hiver 1931-1932.

Zinoviev, Kamenev, Piatakov, Rykov, Boukharine et quelques autres, sont accusés de crimes imaginaires de trahison et de complot contre-révolutionnaire. Mais aussi des centaines de procès publics, tenus dans un grand nombre de chefs-lieux de district, et mettant en scène des dirigeants locaux accusés de sabotage. Formidable mécanisme de prophylaxie sociale, ces parodies de justice, accompagnées d'innombrables meetings et largement médiatisées, désignent à la vindicte populaire des boucs émissaires responsables de toutes les difficultés rencontrées dans la marche en avant vers le socialisme. Point d'aboutissement de toute une série de campagnes policières de plus en plus radicales engagées contre « l'ennemi intérieur » ressenti, dans la conjoncture internationale de plus en plus tendue de la fin des années 1930, comme une menace à éradiquer définitivement, la Grande Terreur est bien autre chose qu'une purge politique des cadres du Parti, des responsables économiques et des officiers de l'Armée rouge. Elle est le dernier acte, le plus sanglant, de l'immense entreprise d'ingénierie sociale engagée depuis le début des années 1930 avec la collectivisation forcée des campagnes et la dékoulakisation. Cette escalade de la violence doit assurément être replacée dans la perspective de la marche vers une nouvelle guerre européenne. À la fin des années 1930, comme l'écrira plus tard l'écrivain soviétique Iouri Guerman, « la guerre barrait déjà entièrement l'horizon radieux ».

La Grande Guerre patriotique

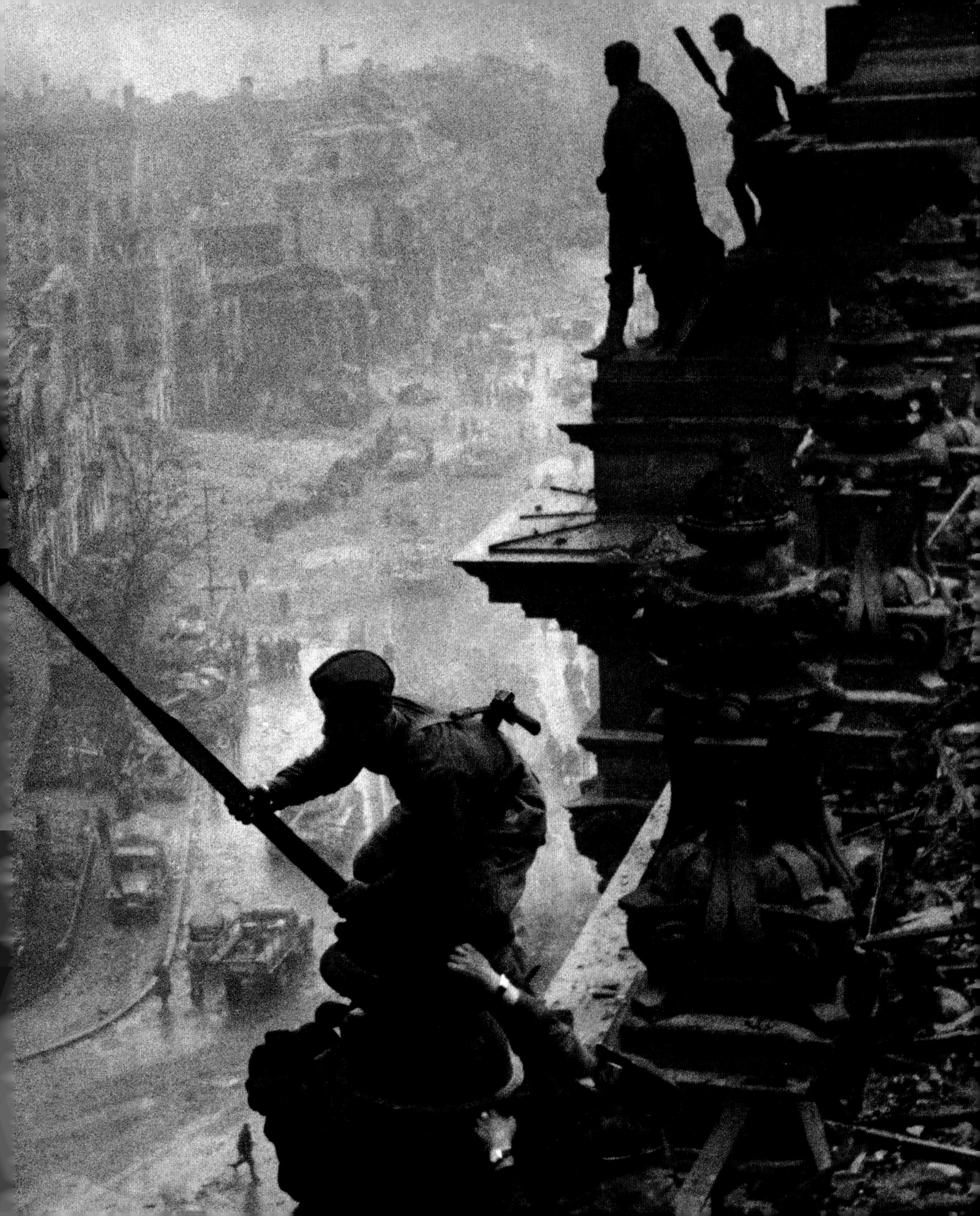

Vingt-six millions de morts, ce seul chiffre donne la mesure du cataclysme meurtrier que fut, pour la société soviétique, la « Grande Guerre patriotique ». Sur cette hécatombe, dont l'ampleur ne fut rendue publique qu'au moment de la *glasnost* gorbatchévienne, les pertes militaires ont représenté un peu plus de dix millions d'hommes, les pertes civiles directes onze millions, les pertes civiles indirectes (surmortalité) cinq millions environ. Quelques autres données témoignent de l'impact profond de cette guerre sur la société soviétique : soixante-cinq millions de Soviétiques firent l'expérience de l'occupation nazie ; trente millions d'hommes et six cent mille femmes furent mobilisés ; trois millions de Soviétiques furent cités ou décorés pour faits de guerre ; dix-sept millions de civils furent évacués vers l'est, à des milliers de kilomètres de chez eux ; enfin, quatre millions de civils furent déportés en Allemagne par l'occupant comme travailleurs forcés.

La guerre contre l'Union soviétique fut d'emblée pensée et mise en œuvre par l'Allemagne nazie comme une guerre totale, une guerre de conquête d'espaces vitaux, un gigantesque affrontement racial. Il s'agissait, comme le disaient clairement les directives du haut commandement allemand, d'un « combat pour la défense de la culture européenne contre le judéo-bolchevisme ». Ce combat devait être « mené avec une volonté de fer jusqu'à l'anéantissement total et sans pitié de l'ennemi ». Selon l'historien Omer Bartov, trois facteurs sont à l'origine de l'extraordinaire « brutalisation » des troupes de la Wehrmacht, sans parler des unités de la SS, sur le front de l'Est : l'ampleur même des combats, qui donnèrent aux hommes le sentiment de participer à un événement apocalyptique dont la nature même rendait caducs tous les codes de comportement et les valeurs morales en vigueur jusqu'alors ; les conditions géographiques et climatiques de la Russie, qui renforcèrent également l'impression que cette guerre constituait un retour à quelque confrontation primitive où les traditions légales et morales de la civilisation humaine n'avaient plus cours ; enfin et surtout, la conviction qu'avaient les soldats, dûment préparés, psychologiquement et idéologiquement, d'affronter un peuple de sous-hommes *(Untermenschen)* bestiaux, vicieux et dégénérés.

Menée par l'Allemagne nazie comme une entreprise d'anéantissement du « judéo-bolchevisme », la guerre fut pour le régime soviétique un formidable défi, qui mit à l'épreuve l'ensemble du système politique et social bâti au cours des années 1930. Dans les conditions extrêmes d'une guerre à mort, ce système, géré par des hommes durs, passés par toutes les épreuves et les violences de la collectivisation forcée, de la famine et de la Grande Terreur de 1937-1938, fonctionna assez efficacement, il est vrai au prix d'immenses sacrifices humains. Malgré les désastres militaires des premiers mois de la guerre, les désordres générés par la retraite, sur des milliers de kilomètres, de l'armée et les déplacements massifs de populations civiles, le système stalinien parvint à mobiliser l'immense majorité de la population et la quasi-totalité des ressources du pays. Le formidable effort de guerre totale, de mobilisation, d'évacuation des populations et de reconversion économique fut assurément facilité par le fait que l'économie soviétique était, selon la juste caractéristique d'Oscar Lange, une « économie de guerre *sui generis* » fonctionnant, depuis le début des années 1930, en conditions extrêmes, et capable de mobiliser une main-d'œuvre civile rompue à un style de commandement militaire et à toutes les privations. Mais c'est la participation de chaque citoyen soviétique à l'effort de guerre, qu'il fût sur le « front du travail » ou sur le front militaire, qui se révéla décisive. La barbarie nazie, qui ne laissait aux sous-hommes slaves d'autre alternative que la mort ou l'esclavage, joua aussi un rôle capital dans le sursaut patriotique de toute une société, prise de court, désorientée et abasourdie par l'ampleur du désastre de l'été 1941. Très habilement, Staline parvint à contenir le désarroi des combattants et des civils et à leur redonner de l'espoir. Reprenant, dans son premier discours radiodiffusé, l'adresse qui avait soudé la communauté nationale à travers les siècles (« Frères et sœurs, un danger mortel menace notre Patrie »), il sut exalter les valeurs patriotiques de la « Russie éternelle » et inscrire la guerre qui venait de s'engager dans la longue tradition des guerres « sacrées » qu'avait livrées la Russie contre l'envahisseur.

L'expérience de la guerre transforma profondément la société soviétique. Élevée au rang de « guerre sacrée », la « Grande Guerre patriotique » ressouda les liens entre la société et le régime, favorisa le développement du culte de Staline, identifié à la patrie combattante et joua un rôle fondamental dans la restructuration des identités sociales. Pour un grand nombre de Soviétiques, la guerre fut véritablement l'occasion d'une renaissance, qui effaçait les stigmates d'une « mauvaise » origine sociale et remettait les compteurs sociaux à zéro. En 1945, le pays était dévasté, exsangue, mais le régime victorieux bénéficiait d'un support populaire beaucoup plus fort qu'en 1940-1941.

Double page précédente
Berlin, 2 mai 1945.
Le drapeau rouge flotte sur les toits du Reichstag. L'une des plus célèbres photographies du XXe siècle, réalisée par le photoreporter soviétique Evgueni Khaldei. C'est en découvrant la photo de l'Américain Joseph Rosenthal faite le 23 février 1945 et représentant des soldats américains plantant la bannière étoilée sur l'île d'Iwo Jima que Khaldei a l'idée de composer une photo qui symboliserait la victoire soviétique sur le nazisme. Arrivé à Berlin le 1er mai, Khaldei fait le tour de la ville en cherchant l'endroit le plus propice pour réaliser sa photographie. Il fabrique, avec son ami tailleur Israël Kichitser, trois drapeaux soviétiques à partir de nappes rouges qu'il a l'habitude d'utiliser lors des réunions du Parti ou des syndicats. Après plusieurs essais à l'aéroport et sur la porte de Brandebourg, il opte finalement pour les toits du Reichstag. Tôt le matin du 2 mai 1945, Khaldei pénètre dans le bâtiment où il croise trois soldats qui lui proposent de le guider. Il n'a plus alors qu'un seul drapeau. Arrivé sur les toits avec l'aide des soldats, il commence à chercher le bon cadrage. Lorsque enfin il le trouve avec cette vue sur Berlin dans le fond, il fait une pellicule entière et obtient la photographie légendaire.
Mais cette photographie a également une autre histoire. De retour en avion à Moscou le lendemain, Khaldei va voir son rédacteur en chef pour que ce dernier appose sa signature autorisant la diffusion des photos. Celui-ci lui fait remarquer que l'un des soldats porte une montre à chaque poignet. Les autorités, ne voulant pas montrer qu'un soldat soviétique ait pu se livrer au pillage, demandent à Khaldei de supprimer la montre sur le bras droit du soldat. Il faudra attendre la chute du communisme pour apprendre que cette icône photographique avait été partiellement censurée. Par chance, Khaldei n'a pas touché à son négatif, se contentant de retoucher les tirages.

Page de droite
« La Mère-Patrie t'appelle ! », 1941.

РОДИНА-МАТЬ ЗОВЕТ!

ВОЕННАЯ ПРИСЯГА

Я, гражданин Союза Советских Социалистических Республик, вступая в ряды Рабоче-Крестьянской Красной Армии, принимаю присягу и торжественно клянусь быть честным, храбрым, дисциплинированным, бдительным бойцом, строго хранить военную и государственную тайну, беспрекословно выполнять все воинские уставы и приказы командиров и начальников.

Я клянусь добросовестно изучать военное дело, всемерно беречь военное и народное имущество и до последнего дыхания быть преданным своему Народу, своей Советской Родине и Рабоче-Крестьянскому Правительству.

Я всегда готов по приказу Рабоче-Крестьянского Правительства выступить на защиту моей Родины — Союза Советских Социалистических Республик и, как воин Рабоче-Крестьянской Красной Армии, я клянусь защищать ее мужественно, умело, с достоинством и честью, не щадя своей крови и самой жизни для достижения полной победы над врагами.

Если же по злому умыслу я нарушу эту мою торжественную присягу, то пусть меня постигнет суровая кара советского закона, всеобщая ненависть и презрение трудящихся.

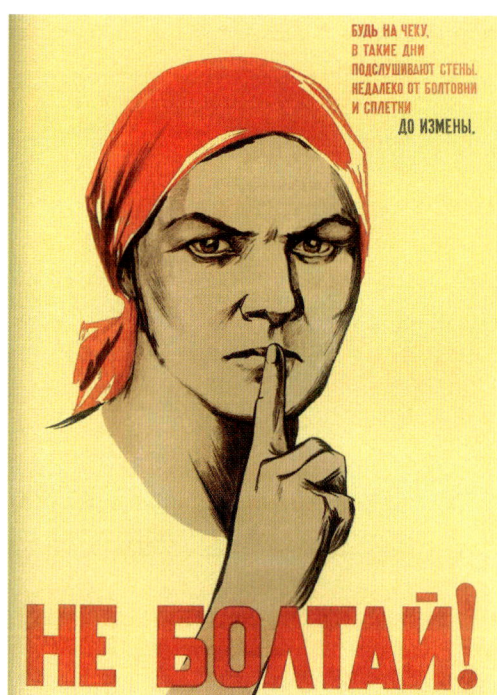

1941, les revers de l'Armée rouge

Le plan d'attaque allemand Barbarossa est déclenché le 22 juin 1941 à l'aube. Pour cette immense opération, l'état-major allemand a concentré 70 % de ses forces militaires, grossies de troupes alliées (roumaines, finlandaises, hongroises), soit près de cinq millions d'hommes : 190 divisions, dont 30 blindées, appuyées par 5 000 avions et 4 000 chars. Trois principaux groupes d'armées doivent mener la *Blitzkrieg*, cette « guerre-éclair » qui a si bien réussi contre la France en mai-juin 1940. Le groupe Nord, commandé par le général von Leeb, est chargé de prendre Leningrad. Le groupe Centre, le plus important, du général von Bock, doit avancer vers Moscou. Le groupe Sud, que commande von Rundstedt, a pour mission d'occuper les riches terres à blé de l'Ukraine.

Les effectifs soviétiques déployés en face sont à la fois moins nombreux et surtout moins bien équipés en chars et en avions modernes. Les troupes sont étirées sur un immense territoire, long de quatre mille kilomètres et profond de quatre cents ; leur densité est très inégale et leurs lignes défensives présentent de larges brèches.

L'effet de surprise conjugué à la violence de l'assaut terrestre et aérien permet à la Wehrmacht de progresser très rapidement. L'aviation allemande domine les airs. Vingt-quatre heures après le début des hostilités, elle a déjà détruit mille deux cents avions soviétiques, dont huit cents au sol. Au sixième jour de l'invasion, Minsk, la capitale de la Biélorussie tombe. En trois semaines, les armées allemandes progressent de trois cents à six cents kilomètres en profondeur dans le territoire soviétique, occupant la Lettonie, la Lituanie, la Biélorussie, une partie de l'Ukraine et la Moldavie. De la mi-juillet à la mi-août, les troupes soviétiques parviennent cependant à contenir l'avancée allemande dans la région de Smolensk. La bataille de Smolensk donne un coup d'arrêt momentané, mais stratégiquement et psychologiquement important, à la « guerre-éclair », permettant ainsi aux troupes soviétiques en réserve de venir renforcer la défense de la capitale.

Ci-dessus à gauche
Meeting organisé dans la petite ville de Miass, dans l'Oural, en fin de journée, le 22 juin 1941.
Les autorités locales, du haut de la tribune située sur la place centrale, sous le buste de Lénine, annoncent à la population la nouvelle de l'agression nazie et de la mobilisation générale. Des meetings identiques se tiennent dans la plupart des villes soviétiques ce jour-là ou le lendemain.

Ci-dessus à droite
L'une des plus célèbres affiches du début de la guerre, 1941.
« Tais-toi ! »
« Sois vigilant / De nos jours les murs ont des oreilles / Le chemin est court de la jacasserie aux ragots et des ragots à la trahison. »

Page de droite
Rue Ilinka, Moscou, 22 juin 1941.
Le gouvernement soviétique, par la voix du président du Conseil des commissaires du peuple, Viatcheslav Molotov, n'annonce la nouvelle de l'attaque allemande que le 22 juin à midi. Staline a passé une partie des huit heures depuis le début de l'attaque allemande à la recherche d'une ultime solution pour éviter la guerre. Un flot de messages radio a été envoyé vers le ministère des Affaires étrangères allemand. Même le gouvernement japonais a été sollicité pour une illusoire médiation.

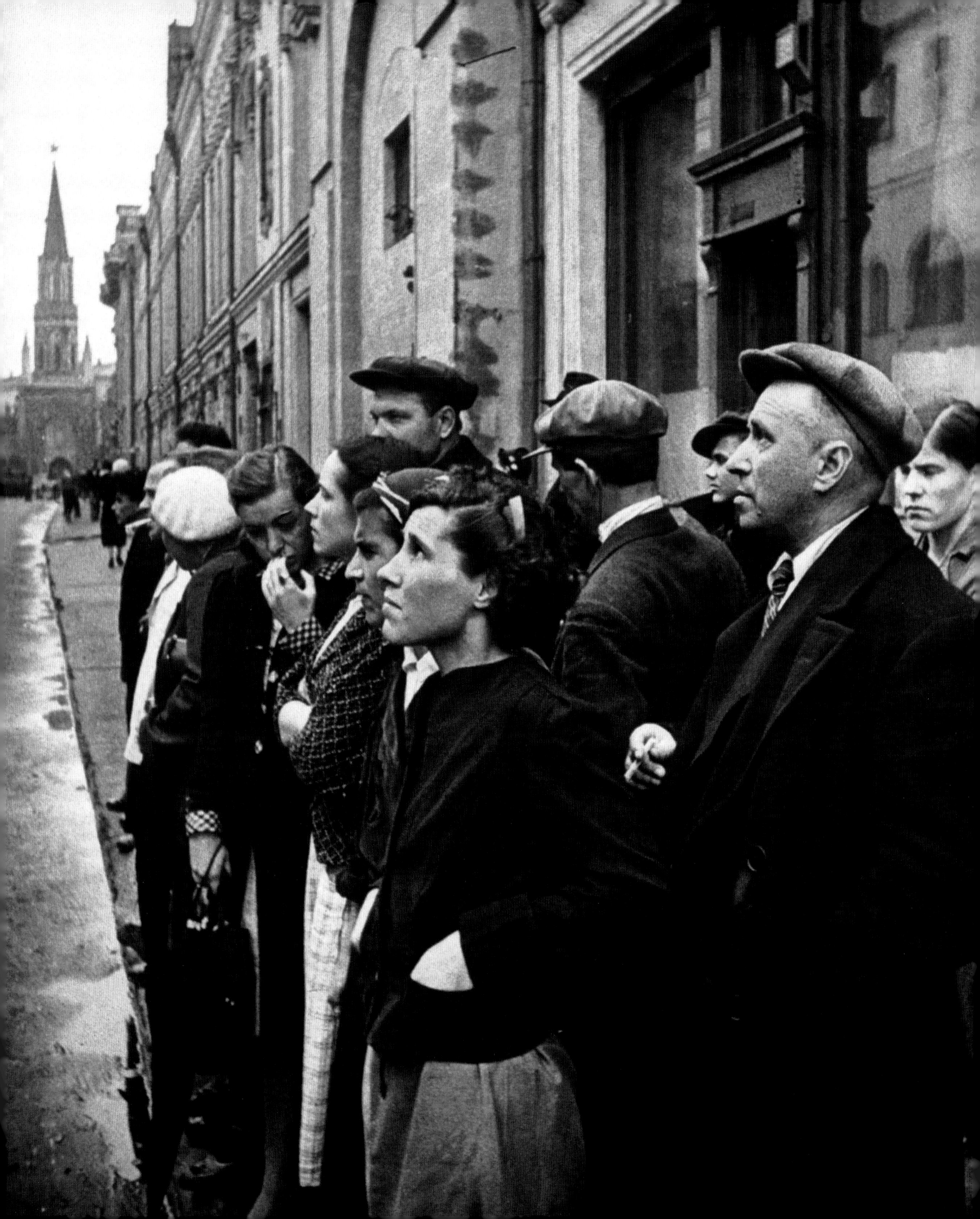

Mobilisation générale, Moscou, 1941. La première vague de mobilisation conduit 5,3 millions d'hommes âgés de vingt-trois à trente-six ans sous les drapeaux. Ils sont les premiers d'un contingent total de près de 30 millions mobilisés durant la guerre. Les conscrits doivent se rendre aux « commissariats militaires » locaux pour être enrôlés. On estime à 3 ou 4 % environ le nombre de « réfractaires » qui ne se présentent pas.

Page de droite
Départ pour le front, été 1941.
Les Soviétiques sont psychologiquement prêts à la guerre. Tout au long des années 1930, la propagande a rabâché les thèmes de la « menace impérialiste » et de « l'encerclement capitaliste de l'URSS ». Cependant, qui parmi ces jeunes recrues envoyées au front peut imaginer ce que sera cette guerre menée par l'Allemagne nazie comme un gigantesque affrontement racial visant à l'anéantissement total du « judéo-bolchevisme » et des « sous-hommes » slaves ?

Sur les autres fronts, l'avancée allemande se poursuit inexorablement. Au nord-est, la seconde ville du pays, Leningrad, est quasiment encerclée début septembre. Deux millions et demi de Leningradois sont pris au piège d'un blocus qui va durer plus de seize mois et se soldera par la mort, de faim et de froid, de sept cent mille civils. Au sud-ouest, la capitale de l'Ukraine, Kiev, tombe fin septembre. Un mois plus tard, la Wehrmacht met le siège devant la grande base navale soviétique de Sébastopol, en Crimée.

Fin septembre, le groupe d'armées du Centre, fort de 75 divisions, 2 000 chars et 1 500 avions, reçoit l'ordre d'engager l'opération Typhon, avec pour objectif la prise de Moscou dans les deux mois. Le 5 octobre, une première ligne de défense soviétique est percée dans la région de Viazma. Sur ce front, périt la fine fleur de l'intelligentsia moscovite regroupée dans des unités de volontaires. La seconde ligne de défense retarde, vers Mojaïsk, quelques jours durant, l'avance des Allemands. Mais l'étau autour de Moscou se resserre. Le 12 octobre, Kalouga, à 120 kilomètres au sud de la capitale, est prise ; deux jours plus tard, Kalinine, à cent cinquante kilomètres au nord, tombe à son tour. L'évacuation d'un certain nombre d'administrations et d'une partie de la nomenklatura moscovite suscite un vent de panique parmi la population de la capitale. Le calme ne revient que lorsqu'on apprend que Staline et le gouvernement, contrairement aux rumeurs, sont restés à Moscou. Début décembre, quelques unités allemandes atteignent Khimki, dans les faubourgs de Moscou.

Globalement, cependant, l'opération Typhon se solde par un échec. Étirées sur des centaines de kilomètres, insuffisamment ravitaillées et mal équipées face à un hiver précoce et rigoureux, les troupes allemandes reculent devant la contre-offensive soviétique lancée, le 6 décembre, par le général Joukov. En quelques semaines, les troupes soviétiques reprennent Kalouga, Orel et Kalinine. En certains endroits, leur progression atteint cent cinquante kilomètres. L'avance se poursuit au mois de janvier ; mais au mois de février, l'offensive s'essouffle, en partie faute de matériel. Le front se stabilise sur une ligne Velikie Louki-Gjatsk-Kirov et l'Oka. La bataille de Moscou marque l'échec de la *Blitzkrieg*. L'armée allemande se voit contrainte à une guerre d'usure. Cependant la situation reste catastrophique pour l'URSS. L'effondrement militaire des cinq premiers mois de la guerre se solde par l'occupation ennemie de régions vitales, habitées par près de 40 % de la population soviétique et produisant 65 % du charbon, 60 % de l'acier et de l'aluminium, 40 % de l'équipement ferroviaire et 45 % des céréales du pays.

Comment expliquer cet effondrement, cette quasi-défaite ? Les archives aujourd'hui disponibles confirment ce qu'écrivait dans les années 1960 un historien soviétique dissident, Alexandre Nekritch, dans son ouvrage *L'Armée rouge assassinée* : la responsabilité écrasante de la direction du Parti, et de Staline tout particulièrement, dans les désastres militaires de 1941.

Cette responsabilité se situe à quatre niveaux : des conceptions militaires totalement inadaptées à la situation ; une erreur globale d'appréciation de la menace nazie au printemps de 1941 ; une politique d'équipement de l'armée trop tardive ; une profonde désorganisation du corps des officiers à la suite des purges de 1937-1938.

Les conceptions militaires de Staline sont fondées sur trois idées simples : il n'y aura jamais de combat sur le sol de l'URSS ; il faut se préparer à une guerre offensive ; dans le cas hypothétique d'une agression, celle-ci sera aussitôt contrecarrée par un soulèvement général du prolétariat mondial. Aussi, toute la tactique militaire soviétique et le dispositif des troupes sont-ils orientés dans la perspective d'une guerre offensive. Les nouvelles frontières (acquises à la suite du pacte germano-soviétique d'août 1939) n'ont pas été fortifiées, et le gros des troupes cantonné à bonne distance des zones frontalières, ce qui permet à la Wehrmacht d'avancer profondément en territoire soviétique dès les premiers jours de la guerre. L'une des autres responsabilités de Staline est son refus de prendre au sérieux les nombreuses informations qui, dès le début de 1941, font état d'une prochaine invasion de l'URSS par les troupes allemandes. Les unes émanent de l'état-major soviétique, qui signale, depuis le début de l'année 1941, plus de cent cinquante violations de

1941, les revers de l'Armée rouge

Mourmansk en ruines.
Port de la flotte soviétique du Nord contrôlant tout le nord-ouest maritime de l'URSS et point d'arrivée des convois militaires en provenance de Grande-Bretagne, Mourmansk est une ville de grande importance stratégique. Construite en grande partie en bois, elle est entièrement détruite en vingt-quatre heures, le 18 juin 1942, par un déluge de bombes incendiaires déversé par la Luftwaffe.
La femme portant sa valise reprocha à Khaldei de photographier le malheur des gens. Ce dernier s'interrogeait souvent sur l'utilité de son travail, mais les spectacles de désolation lui confirmaient l'importance de témoigner.

l'espace aérien soviétique par la chasse allemande ; les autres d'agents secrets soviétiques, tel Sorge qui, de Tokyo, « donne » à la mi-mai la date du 22 juin comme jour J de l'invasion allemande. Un mois plus tôt, Winston Churchill a fait avertir Staline, par des canaux diplomatiques, de l'imminence d'une attaque allemande. Pour Staline, il ne s'agit là que de désinformation, voire de « provocations » étrangères ayant pour seul but d'entraîner l'URSS dans une guerre contre l'Allemagne qui ne servirait, en fin de compte, que les « intérêts impérialistes » de la Grande-Bretagne. Jusqu'au dernier moment, Staline refuse d'ordonner les mesures de mise en alerte, de mobilisation et de transfert de troupes vers les zones frontalières, que réclament les chefs militaires. Le jour même de l'invasion, il faut attendre quatre heures après le début de l'attaque pour que le commissaire du peuple à la Défense donne enfin un premier ordre, très limité, de riposte. Durant ces heures décisives, des ordres contradictoires et des indications attentistes contribuent à accroître la confusion. Au soir du 22 juin, alors qu'une centaine d'aérodromes et mille deux cents avions soviétiques ont été détruits, que l'armée allemande a traversé le Niémen, assiège Brest et marche sur Lvov, Staline ordonne aux armées soviétiques de « passer à l'offensive », directive suicidaire qui envoie des centaines de milliers d'hommes à un encerclement certain.

Golovine, 1941.

Les isbas russes traditionnelles en bois sont particulièrement vulnérables au feu, qui se propage rapidement aux maisons avoisinantes. Des centaines de villages, touchés par des obus ou des bombes, sont entièrement détruits dès les premiers jours de la guerre. Au fur et à mesure de l'avance allemande, l'exode désordonné de la population rurale s'accélère. Des colonnes de femmes, d'enfants et de vieillards ayant perdu leur toit sont contraintes de fuir, cherchant une hypothétique sécurité dans les villes. D'autres se réfugient dans les bois, avant de retourner, une fois le calme revenu, dans ce qui reste de leur village. Les troupes allemandes d'occupation encouragent généralement les paysans à regagner leur village afin de mieux contrôler la population.

La station de métro Maïakovskaïa, Moscou, automne 1941.
S'attendant à des bombardements massifs sur la capitale, les autorités de Moscou aménagent dans l'urgence les stations de métro, très profondes, en abris pour la population civile. Toutes les stations sont équipées de postes de premier secours et de latrines publiques. Certaines disposent même de petites bibliothèques. Ces abris, pourvus de lits de camp et pouvant accueillir chacun plus d'un millier de personnes, ne servent que quelques semaines, au plus fort de l'offensive allemande sur Moscou.

Production de grenades dans une usine d'armement à Moscou, 1941.
Dès le début de la guerre, la quasi-totalité des entreprises est reconvertie vers la production militaire.
Elles fonctionnent, pour l'essentiel, avec une main-d'œuvre féminine.
La féminisation de la main-d'œuvre ouvrière a été largement amorcée dans les années 1930, et la guerre ne fait qu'accélérer cette tendance.

Cantine d'entreprise, Moscou, 1941.

1941, les revers de l'Armée rouge

Déchargement de bois de chauffage à Moscou, automne 1941.
À la fin des années 1930, un grand nombre de Moscovites se chauffent encore au bois. La priorité absolue accordée, pendant la guerre, à l'armée désorganise fortement l'approvisionnement des villes en charbon et fuel, ainsi que tous les systèmes de chauffage central, présents notamment dans les administrations. La vente et la distribution de bois sont strictement contingentées et rationnées. Comme dans nombre de villes de l'Europe en guerre, les citadins soviétiques souffrent autant de la faim que du froid.

Ci-dessous
Défense de Moscou, octobre 1941.
Les unités de la défense civile, composées en majorité de femmes, s'activent pour mettre en place les fameux « hérissons » destinés à empêcher la progression des chars, ici, sur l'une des grandes artères de Moscou, la Bolshaïa Kaluzhskaïa.

Page de droite
Défilé militaire du 7 novembre 1941 sur la place Rouge.
« Si les Allemands veulent une guerre d'extermination, ils l'auront ! », a déclaré Staline la veille, alors que les unités allemandes ne sont qu'à 80 kilomètres de Moscou. Le 7 novembre, bravant les risques d'un bombardement ennemi, Staline préside la traditionnelle parade militaire sur la place Rouge, à l'occasion du 24e anniversaire de la révolution d'Octobre. Unités de fantassins et de chars (dont quelques modèles du tout nouveau T-34, qui doit supplanter les chars allemands) défilent sur la place avant de partir directement sur le front, tout proche.

La désorganisation du corps des officiers, consécutive aux grandes purges de 1937-1938, joue aussi un rôle non négligeable dans la débâcle de 1941. Environ trente-cinq mille officiers ont été arrêtés ou renvoyés de l'armée. En ce qui concerne les officiers supérieurs, la proportion des victimes des purges est particulièrement élevée : trois maréchaux sur cinq ; treize généraux d'armée sur quinze ; huit amiraux sur neuf ; cinquante généraux de corps d'armée sur cinquante-sept ; cent cinquante-quatre généraux de division sur cent quatre-vingt-six. En 1940-1941, la plupart des officiers, mal formés et inexpérimentés (16 % d'entre eux seulement ont reçu une formation militaire supérieure), occupent des fonctions de commandement qui dépassent largement leur rang et leurs compétences.

La Grande Guerre patriotique

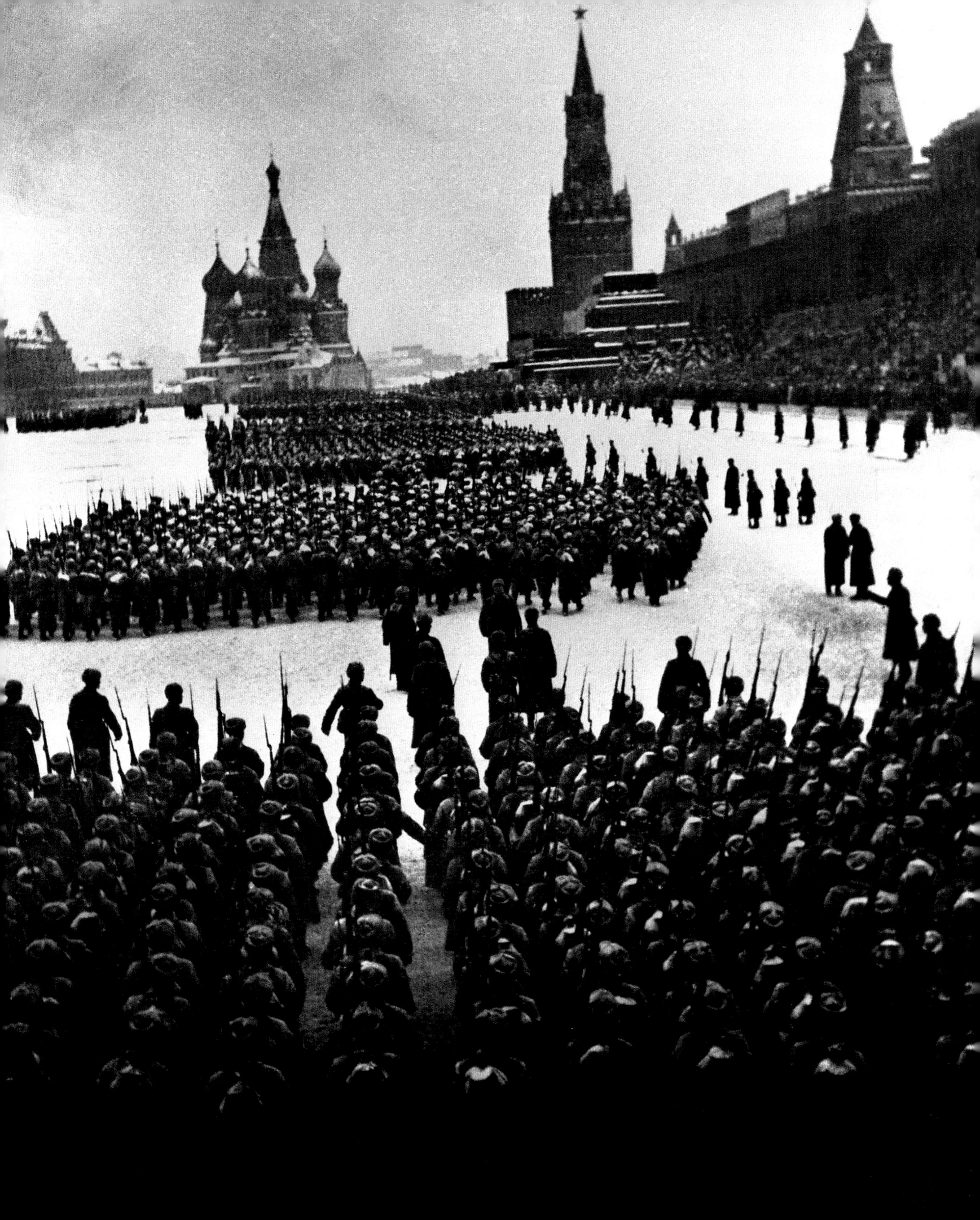

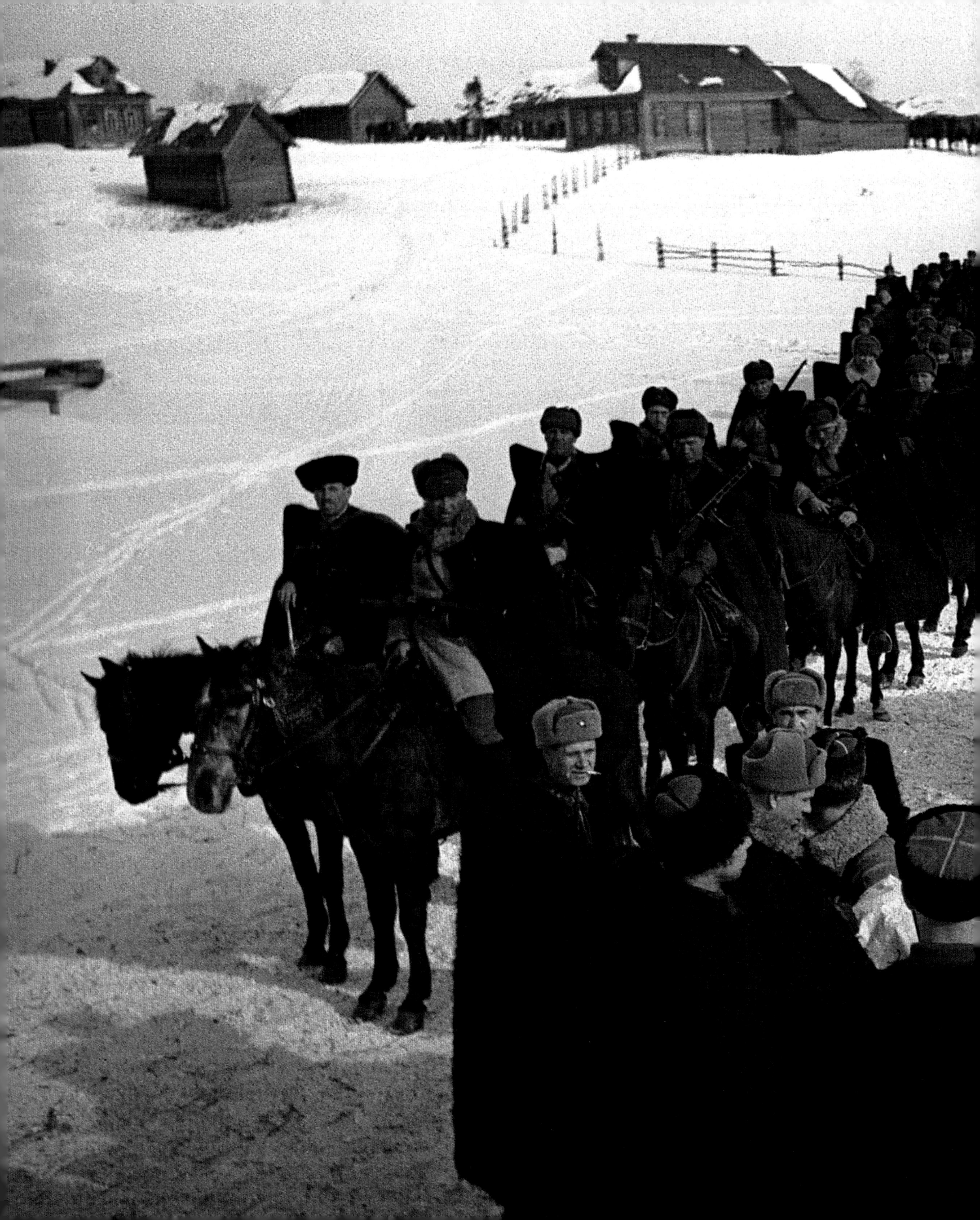

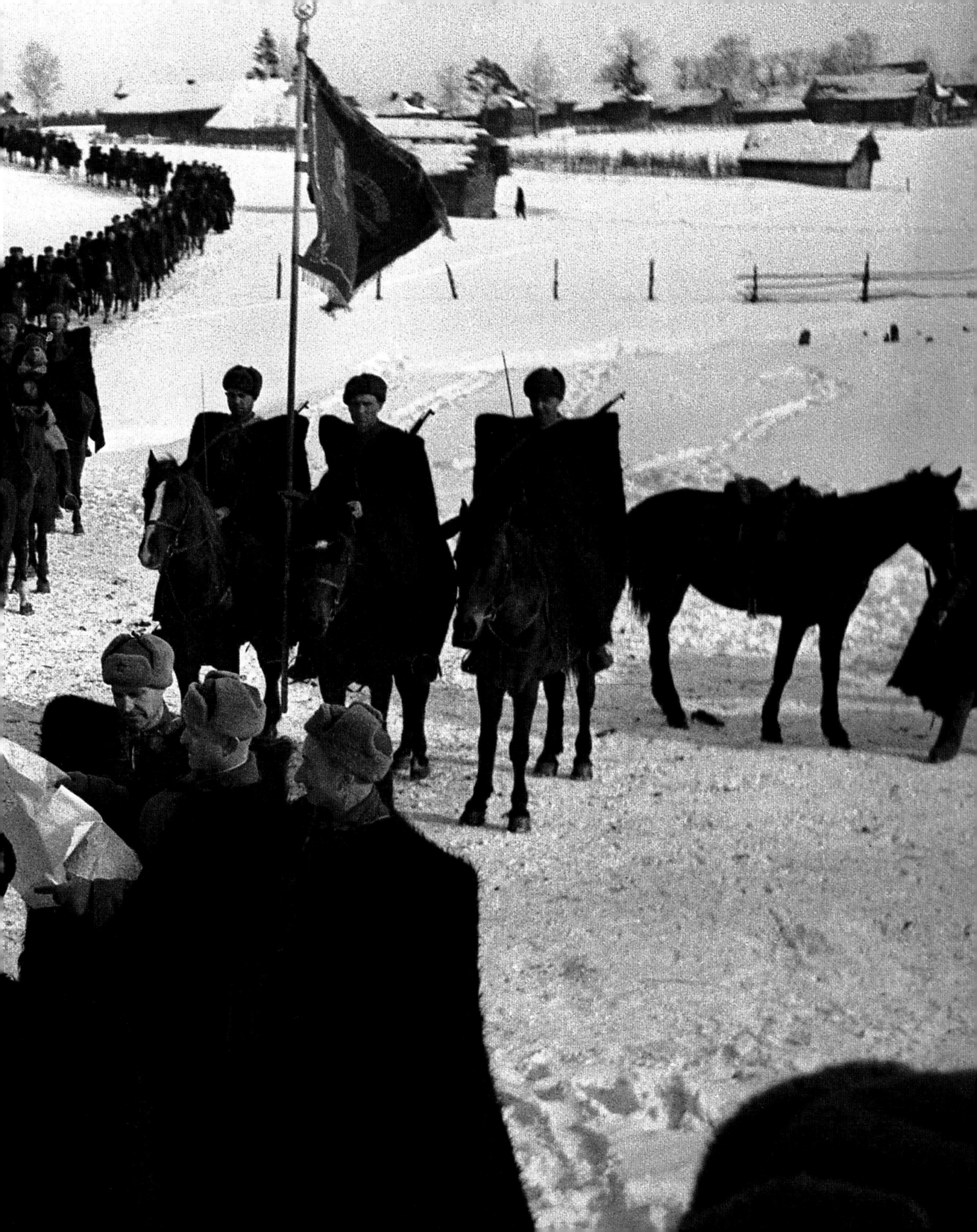

Des femmes creusent des tranchées antichars près de Moscou, octobre 1941. Début octobre 1941, face à l'offensive allemande sur Moscou, le Comité d'État à la Défense décrète la mobilisation de la population civile. Deux cent cinquante mille Moscovites, dont une grande majorité de femmes, sont affectés au creusement de profondes tranchées et de fossés antichars, le long de trois lignes de défense qui doivent protéger la capitale.

Double page précédente
La cavalerie en route pour défendre Moscou, fin 1941.

Une unité auxiliaire de femmes
sur le « front du travail », automne 1941.

Femmes et enfants attendent
l'évacuation vers l'est, été 1941.
Au cours des six premiers mois
de la guerre, plus de 10 millions de
Soviétiques, dont une majorité
de femmes et d'enfants, sont évacués
des zones du front vers l'est. La plupart
des évacuations se font par train.
Chaque famille a le droit d'emporter
une centaine de kilos de bagages.

Le sursaut de la nation soviétique

La société soviétique est psychologiquement prête à la guerre. Tout au long des années 1930, les thèmes de la « menace impérialiste », de « l'encerclement capitaliste de l'URSS », de la lutte contre la « cinquième colonne de saboteurs et d'espions au service de l'étranger » ont constitué la justification principale de la politique brutale de transformation de la société et de l'économie par le régime stalinien. Mais telle qu'elle est pensée par les politiques et les stratèges militaires, aveuglés par leur propre propagande, et telle qu'elle est imaginée par la société soviétique, cette guerre ne peut être qu'une guerre courte, portée à l'extérieur des frontières de l'URSS, offensive et victorieuse. Et contre quel ennemi ? Le lointain Japonais ? La perfide Albion ? L'Allemagne ? Mais avec ce pays, Staline a signé, en août 1939, un pacte de non-agression abondamment « popularisé » par la propagande officielle. Pour les Soviétiques, l'image de l'ennemi est totalement brouillée, et la vision de la guerre entièrement faussée. D'où le choc terrible du 22 juin 1941.

Comment les Soviétiques réagissent-ils à l'invasion nazie ? Les rapports du NKVD, des départements d'information du Parti et de la censure militaire permettent de mieux comprendre les réactions de la société soviétique dans les premiers mois de la guerre. Celles-ci sont très différentes selon les régions. Dans les régions occidentales annexées à l'URSS fin 1939-début 1940, à la suite du pacte germano-soviétique (pays baltes, Ukraine occidentale), une grande partie de la population accueille favorablement les armées allemandes car elles voient en elles l'instrument d'une libération nationale. Plus à l'est, dans les campagnes biélorusses et ukrainiennes les plus exposées à l'avancée allemande, commencent à circuler, dès les premiers jours de l'invasion, de nombreuses rumeurs sur la dissolution imminente des kolkhozes, qui en disent long sur les aspirations paysannes et les frustrations accumulées depuis la collectivisation forcée. Les Allemands, dit-on, autoriseraient les paysans à quitter les exploitations collectives et à reprendre deux vaches par famille. Tandis que les unités soviétiques reculent, des centaines de kolkhozes proches de la ligne du front proclament leur « auto-dissolution ». Plus menaçante encore pour le régime est la montée du « défaitisme » à l'arrière. À Moscou, Leningrad et dans d'autres grandes villes industrielles, les informateurs du NKVD relèvent des critiques acerbes sur la « terrible erreur » du pacte germano-soviétique, sur l'impréparation et l'incompétence des autorités civiles et militaires, mais aussi des propos ouvertement défaitistes : l'armée allemande est considérée comme « invincible » face à une Armée rouge composée de paysans « qui n'ont rien à défendre vu qu'on leur a tout pris » ; les Allemands ne maltraitent « que les dirigeants, les communistes et les juifs ». Bref, le petit peuple n'a pas grand-chose à perdre d'une défaite qui serait avant tout celle du régime communiste. Assurément, ces « humeurs défaitistes » restent le fait d'une minorité. Les « patriotes » ne manquent pas. Entre les deux, un « marais » réceptif à toutes les rumeurs témoigne du fait qu'une grande partie de la population n'a pas encore pris conscience des enjeux dramatiques de cette guerre totale. L'esprit de résistance patriotique ne triomphe, à Moscou par exemple, qu'à mesure que la menace ennemie se rapproche dangereusement de la capitale et que se diffusent les nouvelles de la barbarie nazie. Le « défaitisme » ne se remet jamais de la bataille de Moscou qui marque l'échec de la *Blitzkrieg* et constitue le premier tournant majeur de la guerre à l'Est.

L'effondrement militaire des premiers mois de la guerre et l'occupation par l'ennemi d'immenses territoires, posent d'emblée au régime soviétique un problème fondamental. Il est vital, pour pouvoir continuer à résister, de sauver le potentiel industriel. Pour cela, il faut évacuer vers l'est, avant l'arrivée des troupes ennemies, les principaux établissements industriels et une partie de la population, notamment la main-d'œuvre et en priorité les cadres, les spécialistes et les ouvriers qui pourraient être déportés et exploités comme force de travail par l'occupant. La tâche est confiée à un comité de l'Évacuation, créé deux jours après l'invasion. En six mois, ce comité parvient à organiser le démontage, le transfert à des milliers de kilomètres vers l'est, puis le remontage et la reconversion de quelque mille cinq cents grandes entreprises, au terme d'opérations titanesques d'une grande complexité logistique. Ainsi, pas moins de huit mille wagons sont nécessaires pour transférer, en quelques semaines, l'usine d'acier Zaporojstal de Dniepropetrovsk, en Ukraine, jusqu'à Magnitogorsk, au sud de l'Oural. À la fin de l'année 1942, deux mille six cents grandes entreprises ont été déplacées, principalement vers l'Oural, la Sibérie et le Kazakhstan, où elles ont été réassemblées et reconverties vers la production militaire. Dans le même temps, dix-sept millions de personnes sont évacuées. Ces gigantesques transferts de population sont, le plus souvent, pris en charge par le NKVD, qui a, il faut le reconnaître, une solide expérience en la matière, pour avoir déporté, dans les années 1930, plusieurs millions de proscrits vers les « peuplements spéciaux » et les camps du Goulag. Sont évacués en priorité, avec leur famille, ceux qui travaillent dans les usines démontées et transférées à l'est, ainsi que les cadres politiques, administratifs et économiques des villes menacées par l'ennemi. Grâce à ces opérations, plusieurs centaines de milliers de juifs soviétiques échappent à une mort certaine. Toute la population évacuée en âge de travailler – en majorité des femmes et des adolescents – est aussitôt mobilisée sur le « front du travail ». Les conditions de vie et de travail sont particulièrement difficiles : logée dans des baraquements de fortune ou des logements réquisitionnés, cette main-d'œuvre est astreinte à des journées de travail de douze à quatorze heures et à un régime militarisé. Tout changement de lieu de travail non autorisé, tout départ ou toute absence injustifiée sont assimilés à une désertion, passible des tribunaux militaires et sanctionnée d'une peine de cinq à dix ans de camp. Ce sont les sacrifices de cette main-d'œuvre qui permettent, dès le début de l'année 1942, une reprise spectaculaire de la production industrielle entièrement tournée vers la production militaire.

L'efficacité de la reconversion économique est renforcée par le soutien accordé rapidement à l'URSS par les Alliés. Le jour même de l'invasion nazie, Winston Churchill, malgré son opposition déterminée au communisme, proclame la solidarité de la Grande-Bretagne avec l'URSS et, à l'automne, les premiers convois britanniques arrivent par le port de Mourmansk. Dans le même temps, et bien qu'encore officiellement extérieures au conflit, les autorités américaines accordent à l'État soviétique un prêt d'un milliard de dollars sans intérêt. Le 1er octobre 1941, est signé à Moscou un accord tripartite (Grande-Bretagne, États-Unis et URSS) sur la fourniture à l'URSS d'armements, d'équipement militaire et de matières premières stratégiques. On voit apparaître les premiers chars et avions occidentaux dès la fin du mois de novembre, en pleine bataille de Moscou. Par la suite, au lendemain de l'attaque de Pearl Harbor de décembre 1941 qui marque l'entrée des États-Unis dans la guerre, l'aide américaine s'intensifie de manière sensible. Dès le début des négociations avec les Occidentaux, Staline a insisté sur la nécessité, vitale pour l'URSS, de la création d'un second front à l'Ouest. Cette revendication va, au fil du temps, devenir de plus en plus insistante et constituer la pierre de touche, pour Staline comme pour le peuple soviétique, de leur attitude à l'égard des alliés occidentaux. Mettant en avant les millions de soldats soviétiques tués sur le « seul véritable front de la guerre », Staline parvient habilement à faire de la revendication d'un second front – au départ, aveu de faiblesse – un élément de marchandage : incapables de donner satisfaction aux Soviétiques sur le plan militaire, Britanniques et Américains tentent d'apaiser Staline sur le plan économique, en fournissant une aide de plus en plus conséquente.

Les efforts conjoints de l'État et de la société tout entière mobilisée dans la guerre, auxquels s'ajoute l'aide matérielle apportée par les Alliés, commencent à porter leurs fruits à la fin de l'année 1942. Entre-temps, dans la deuxième ville du pays, Leningrad, encerclée par l'ennemi et soumise à un terrible blocus, des centaines de milliers de civils sont morts de faim. Ailleurs, la Wehrmacht a encore profondément avancé vers l'est, occupant d'immenses territoires peuplés de dizaines de millions de Soviétiques.

L'enfer de Leningrad

Début septembre 1941, deux millions et demi de personnes sont bloquées dans la ville de Leningrad par l'avance fulgurante des troupes allemandes. Commence ainsi le plus important et le plus long siège jamais subi par une ville moderne, au cours duquel quelque sept cent mille civils meurent – soit une fois et demie le nombre total de civils allemands tués durant toute la guerre. « À l'ouest, sur cinquante personnes qui frémirent devant le courage des Londoniens pendant la bataille d'Angleterre, y en avait-il une seule qui ait été au courant de ce qu'endurèrent les Leningradois ? », écrit, au début des années 1960, Harrison Salisbury, l'un des très rares journalistes occidentaux, avec Alexander Werth, le correspondant de guerre britannique d'origine russe qui « couvrit » toute la guerre à l'Est, à avoir été autorisé à rentrer dans Leningrad libérée en 1943.

Aujourd'hui encore, la résistance de Leningrad est largement éclipsée par la victoire militaire de Stalingrad. C'est pourtant à Leningrad que se fait sentir, plus que partout ailleurs, la détermination de toute une population, civils et militaires mêlés, à résister coûte que coûte à l'envahisseur.

Encerclée par les troupes allemandes, Leningrad est, seize mois durant, totalement coupée du reste de l'URSS, exception faite d'une seule voie de communication, très aléatoire, par le lac Ladoga, situé au nord de la ville. Celle-ci ne peut pas, comme l'a été Paris en juin 1940, être déclarée « ville ouverte ». Hitler a non seulement annoncé qu'il refuserait toute capitulation, mais ordonné que la ville où était né le régime bolchevique fût rasée de la surface de la terre. Quant à ses habitants, ils doivent périr, le feld-maréchal von Leeb, commandant en chef du groupe d'armées du front Nord, ayant clairement laissé entendre qu'il ne comptait pas nourrir les deux millions et demi de Leningradois quand la ville tomberait.

L'avancée allemande a été si rapide durant l'été 1941 que les autorités de la ville sont totalement prises de court. On n'augmente ni les stocks de ravitaillement, qui s'élèvent à un peu plus d'un mois de consommation fortement rationnée, ni les réserves de charbon ou de bois pour l'hiver. À peine commencées, les opérations d'évacuation sont arrêtées au bout de deux semaines, les voies ferrées vers le sud et l'est ayant été coupées par les Allemands. Elles reprennent, sur une toute petite échelle, en octobre. En l'espace de trois mois, à peine soixante-dix mille personnes peuvent être évacuées, la moitié en bateau, par le lac Ladoga, l'autre moitié par avion. Ces « évacués prioritaires » sont, dans leur majorité, les membres des familles de la nomenklatura politique, les élites scientifiques et intellectuelles ainsi que les cadres et quelques ouvriers spécialisés des grandes usines Kirov et Ijorski, indispensables sur le « front du travail » qui est en train d'être mis en place dans les régions orientales du pays.

La « route de la vie » du lac Ladoga est également utilisée pour acheminer quelques maigres ressources dans la ville assiégée. Mais les quantités de vivres transitant par cette voie, en permanence attaquée par l'aviation allemande, sont dérisoires au regard des besoins immenses de la ville. En quatre mois (septembre-décembre 1941), Leningrad assiégée reçoit à peine 36 000 tonnes de grains et 3 600 tonnes de viande et de produits laitiers, quantités infimes pour nourrir la population. Au

La « route de la vie » sur le lac Ladoga. La route de glace du lac Ladoga constitue la seule – et très précaire – voie de communication entre la ville de Leningrad assiégée et l'arrière soviétique, durant le terrible hiver 1941-1942. Le premier convoi de seize camions, commandé par le major Parchunov, traverse le lac gelé, sur une distance de 80 kilomètres, le 22 novembre 1941, suivant les traces des chevaux et des traîneaux. Il est suivi de nombreux autres, une fois la voie tracée et la glace consolidée.

Page de droite

Dans une ville silencieuse où ne circulent que des voitures officielles et des véhicules militaires, une mère et sa fille traînent le corps d'un enfant mort. Durant l'hiver, on convoie souvent faibles, mourants et cadavres sur des traîneaux ou des luges. Plus de 700 000 civils meurent de faim, de froid ou d'épuisement au cours du siège de Leningrad.

Porteurs d'un message urgent, des Kazakhs du corps de l'avant-garde, région de Moscou, décembre 1941.

Des femmes creusent des trous dans la glace, blocus de Leningrad, janvier 1942. Les immeubles n'étant plus chauffés, toutes les réserves de charbon et de bois de la ville étant épuisées, la plupart des canalisations d'eau éclatent, si bien que les habitants se voient privés d'eau. Les Leningradois doivent alors creuser dans la glace recouvrant les canaux de la ville pour atteindre l'eau, une eau souillée et impropre à la consommation.

mois de novembre, les rations quotidiennes tombent à 255 grammes de pain, 50 grammes de viande et 50 grammes de produits sucrés pour la « première catégorie » (ouvriers, ingénieurs et techniciens travaillant en usine). Les trois autres catégories (travailleurs intellectuels et employés ; membres de leur famille à charge ; enfants et adolescents scolarisés) reçoivent à peine 100 ou 125 grammes de pain et 25 grammes de viande. Encore faut-il que les tickets soient honorés. Ainsi les tickets de « viande » donnent-ils droit, le plus souvent, à des produits de substitution, telle cette peu appétissante gelée de boyaux de mouton fabriquée à partir d'un stock de deux mille tonnes, à usage industriel, découvert par hasard dans le port de Leningrad. Quant au pain, il contient de moins en moins de seigle et de plus en plus d'ersatz (soja, cellulose, pâte de coton).

Avec l'arrivée de l'hiver, aux problèmes d'approvisionnement vient s'ajouter celui du chauffage. On brûle les meubles, puis les livres. Les conduites d'eau étant gelées, on doit puiser l'eau – sale et non potable – dans la Neva et les canaux de la ville. La mortalité explose : 11 000 morts en novembre, 54 000 en décembre (presque autant qu'en une année normale), 127 000 en janvier 1942, 123 000 en février, 100 000 en mars. Puis la courbe redescend lentement : 66 000 en avril, 43 000 en mai, 25 000 en juin... Encore ces chiffres ne prennent-ils en compte que les morts dûment enregistrées sur les registres d'état civil de la ville. Combien de Leningradois meurent-ils d'épuisement ou mitraillés par les avions de chasse allemands au cours de leur évacuation, qui dure souvent des semaines ?

L'évacuation a repris, en effet, fin janvier, et sur une grande échelle. Le lac Ladoga étant pris par les glaces sur plusieurs mètres de profondeur, les autobus et les camions de ravitaillement peuvent enfin se frayer un passage, toujours périlleux à cause des attaques de l'aviation allemande. En février 1942, 117 000 personnes, principalement des enfants, des vieillards et des malades, sont évacuées ; ils sont 221 000 en mars, 163 000 en avril. L'évacuation se poursuit par bateau à partir de mai. Au total, près d'un million de Leningradois peuvent quitter leur ville au cours de l'année 1942. À mesure que la population de la ville diminue, le ravitaillement de ceux qui restent s'améliore. Les gens meurent moins souvent de faim que d'épuisement, souvent à leur poste de travail. Nombre d'usines d'armement, en effet, continuent de fonctionner, pour fournir des munitions aux combattants du front qui passe à quelques kilomètres à peine des faubourgs sud de la ville, soumis en permanence à des tirs d'artillerie. Pour affronter le deuxième hiver du blocus, il ne reste plus à Leningrad, en octobre 1942, que six cent mille habitants – à peine le quart de la population de la ville au début de la guerre. La situation de la ville ne s'améliore sensiblement qu'au début de l'année 1943. Le 17 janvier, la prise de Schlusselbourg dégage un couloir de dix kilomètres, qui permet de desserrer le blocus de Leningrad et de rétablir une liaison ferroviaire directe avec le reste de l'URSS.

L'enfer de Leningrad

Les défaites de l'été 1942

Au printemps de 1942, Staline commet une nouvelle erreur d'appréciation en ordonnant aux commandants militaires des différents fronts, dans sa directive du 8 avril, de « chasser les Allemands sans trêve vers l'ouest, les contraindre à épuiser leurs réserves et assurer ainsi un écrasement total des armées hitlériennes en 1942 ». Les prévisions concernant l'épuisement allemand se révèlent totalement fausses et la tactique consistant à se défendre et à attaquer simultanément dans plusieurs directions, désastreuse.

D'avril à octobre 1942, les troupes soviétiques subissent une série de graves revers. En mai, l'offensive allemande sur Kertch, en Crimée tourne au désastre pour les Soviétiques dont les troupes reculent en désordre, abandonnant à l'ennemi près de deux cent mille prisonniers et un important matériel militaire. Au moment même où les Allemands lancent leur offensive sur Kertch, Staline prend la décision aventureuse d'attaquer dans la région de Kharkov. L'état-major émet des objections lors de la discussion du plan des opérations, lourdes de danger, car les Allemands risquent de déborder les Soviétiques sur les deux flancs et de les encercler. Staline passe outre ces objections.

L'offensive débute le 12 mai. Dès le 17, il devient évident qu'il faut arrêter immédiatement l'avancée sur le front Sud-Ouest, la défense du front Sud ayant été percée. Néanmoins, Staline décide de la poursuivre, malgré les avertissements de Khrouchtchev, membre du Conseil militaire du front Sud-Ouest. L'Armée rouge perd dans cette opération, entre le 24 et le 29 mai, près de deux cent cinquante mille soldats et officiers faits prisonniers lorsque les divisions allemandes, qui attaquent au nord et au sud, font leur jonction.

À la suite de ce désastre, les Allemands lancent, le 28 juin, une grande offensive à partir des régions situées à l'est de Koursk. Leur but est d'encercler et d'anéantir les forces soviétiques du front de Briansk, puis celles des fronts Sud-Ouest et Sud, afin de se frayer la voie vers les puits de pétrole du Caucase. Le 2 juillet, les Allemands percent la défense soviétique à la jonction des fronts de Briansk et du Sud-Ouest. Ce même jour, la base navale stratégique de Sébastopol, en Crimée, capitule, après un siège de huit mois. Le 15 juillet, une autre ligne de défense soviétique est percée dans la région du Don. En

Des soldats prêtent serment, 1942.

Une infirmière se repose.
L'armée soviétique compte dans ses rangs plus de femmes (environ 600 000) que les autres armées engagées dans la Seconde Guerre mondiale. Cette réalité reflète en grande partie la place faite aux femmes dans la société et l'économie soviétiques. À l'armée, celles-ci ne sont pas cantonnées aux fonctions traditionnelles de personnel de santé ou de services auxiliaires. De nombreuses femmes sont affectées aux unités combattantes. On compte également un certain nombre d'unités d'élite, entièrement féminines, notamment dans l'aviation et parmi les snipers.

Les défaites de l'été 1942

Attaque de l'infanterie,
près de Stalingrad, 1942.

quelques semaines, les Allemands ont progressé de quatre cents kilomètres.

Les défaites soviétiques de l'été 1942 entraînent une chute brutale de la discipline des troupes, profondément démoralisées. Les cas d'indiscipline, d'abandon des positions et de panique face à l'avancée allemande prennent de telles proportions que le commandement, sous la signature de Staline, décide de faire diffuser, fin juillet, une directive restée célèbre, l'Ordre du jour n° 227 intitulé « Plus un pas en arrière ! ». Appel solennel à la résistance, ce texte prévoit l'exécution immédiate de tous les « paniqueurs et couards » et la mise en place d'unités spéciales du NKVD chargées d'empêcher tout mouvement de retraite. Dans les semaines qui suivent, plusieurs milliers de soldats soviétiques sont exécutés publiquement, devant leurs camarades, pour avoir fait preuve de « couardise ».

Grisé par l'avance victorieuse de la Wehrmacht, Hitler commet une nouvelle fois la même erreur que lors de l'offensive de Moscou, en assignant à ses armées non pas un seul objectif, mais deux : le pétrole de la mer Caspienne et la prise de Stalingrad. Une fois Stalingrad tombée (le but est de s'emparer de la ville avant la fin du mois de juillet), les troupes allemandes doivent remonter la Volga et prendre Moscou par l'est avant l'hiver.

Une partie des troupes allemandes fonce vers le Caucase, sans rencontrer de résistance. Le 5 août, les Allemands occupent Stavropol, le 11, Krasnodar, le 14, Novorossiisk. Poursuivant leur offensive, les unités motorisées d'avant-garde atteignent la Grande Chaîne du Caucase et plantent même le drapeau à la croix gammée au sommet du mont Elbrouz. Après une avancée fulgurante de huit cents kilomètres, les troupes allemandes sont finalement arrêtées sur une ligne allant de Touapse, sur la mer Noire, à Groznyï, défendue avec succès par les Soviétiques. Cette offensive de l'été 1942 vers le Caucase va marquer le point extrême de l'avancée de la Wehrmacht sur le front de l'Est.

La Grande Guerre patriotique

Unités de cavalerie sur le front de Kiev, Ukraine, novembre 1943.
Nonobstant le rôle majeur et sans cesse croissant des unités blindées, l'armée soviétique conserve, tout au long de la guerre, un nombre non négligeable d'unités de cavalerie, montées en particulier par des Cosaques. Ces unités sont utilisées notamment pour harceler et désorganiser l'infanterie ennemie, une fois celle-ci privée de ses appuis en aviation et en blindés. Cette situation est de plus en plus fréquente dès lors que les Soviétiques ont acquis, fin 1943, une supériorité décisive dans le domaine des chars et des avions.

Retrouvailles, 28 juin 1942.

Cérémonie de remise de la carte du Parti à des marins, flotte du Nord, 1942. Durant la guerre, les procédures d'adhésion au Parti communiste sont considérablement assouplies. Plus de 4 millions de Soviétiques, dans leur immense majorité des militaires sous les drapeaux, adhèrent au Parti autour de valeurs exaltant le patriotisme et la grandeur nationale.

Les défaites de l'été 1942

Stalingrad et Koursk : la guerre bascule

L'effort principal des Allemands se porte cependant vers la Volga, et vers la grande ville industrielle de Stalingrad en particulier.

Au cours des mois de juillet et d'août 1942, les troupes allemandes, appuyées par des contingents roumains et italiens, poursuivent leur progression, attaquant à la fois par le sud-ouest et par le nord-ouest. Le 23 août, la VIe Armée allemande, commandée par von Paulus, atteint la Volga, tenant ainsi Stalingrad sous son feu. Face à cette situation critique, Joukov, promu au rang de commandant suprême adjoint, est envoyé à Stalingrad coordonner et diriger les opérations. Pour la première fois, un militaire devient le deuxième personnage de l'État. L'une des premières mesures prises par Joukov est de supprimer l'institution des commissaires politiques et de rétablir l'unité du commandement militaire, qui a gravement fait défaut depuis le début de la guerre, l'incompétence des commissaires politiques en matière de stratégie militaire ayant souvent conduit à des résultats désastreux. Le 12 septembre, les Allemands lancent ce qu'ils espèrent être l'assaut final. Cette offensive n'est, en réalité, que le début d'une bataille de près de cinq mois, qui va se dérouler dans les quartiers périphériques, puis dans le centre de Stalingrad, usine par usine, maison par maison, parfois au corps à corps. Le 15 octobre, les Allemands atteignent la Volga par le sud, mais épuisés, ayant perdu soixante-dix mille hommes et la supériorité en blindés et en avions, ils ne peuvent exploiter cette avancée et doivent se cantonner à la défensive, en attendant l'arrivée de renforts.

Prenant en compte l'étirement momentané des lignes allemandes et la fragilité de leurs positions entre Don et Volga, Joukov met au point un plan audacieux, baptisé Uranus, qui prévoit de faire converger les forces des trois armées soviétiques des fronts du Sud-Ouest, de Stalingrad et du Don dans le but d'encercler les forces allemandes déployées entre la Volga et le Don. Commencée le 19 novembre, l'offensive soviétique obtient l'effet de surprise recherché. Dès le 23, la percée est réussie : les troupes soviétiques encerclent la VIe Armée allemande et une partie de la IVe Armée blindée, soit quelque trois cent trente mille hommes. Du 12 au 19 décembre, les Soviétiques parviennent à stopper l'avancée des troupes allemandes envoyées de la région de Vitebsk pour tenter de dégager la VIe Armée. Von Paulus commence par repousser l'offre de capitulation qui lui a été faite par le commandement soviétique. Les forces soviétiques se mettent alors à anéantir systématiquement les unités allemandes prises au piège, isolées et coupées de tout approvisionnement en armes, munitions ou ravitaillement, épuisées par le froid, la faim et la démoralisation, terrées dans les ruines de Stalingrad. Le 2 février, malgré l'interdiction formelle du Führer, von Paulus capitule. Sur les trois cent trente mille encerclés, les deux tiers ont péri, le tiers restant est fait prisonnier. Considérée dans son ensemble, la bataille de Stalingrad a coûté, en six mois, huit cent mille hommes aux forces de l'Axe. La retentissante capitulation allemande à Stalingrad relève le moral des troupes et de l'arrière soviétiques, accroît le prestige du haut commandement militaire, mais aussi l'autorité personnelle de Staline.

Stalingrad, fin 1942.

Stalingrad, hiver 1942-1943.
Cette photo insolite de chameaux
de trait rappelle la proximité
de la steppe qui s'étend autour
de la ville de Stalingrad.

Ci-dessous à droite
Combat de rue, Stalingrad, janvier 1943.
Le général Chouïkov, le commandant
de la 62e Armée, chargée de défendre
Stalingrad, affirmait que « le combat de
rue est à nul autre pareil. Les immeubles
urbains font office de brise-lames ».
Ces « brise-lames » obligent une armée
qui avance en formation à se diviser.
Les forces allemandes ne peuvent que se
disperser, contraintes alors d'affronter
snipers embusqués et petits « groupes
tempête » de l'armée soviétique qui ont
le grand avantage de bien connaître
le terrain.

Cette photo fut prise quarante-huit
heures après la reddition du maréchal
von Paulus, commandant de la
VIe Armée allemande. Dans la matinée
du 31 janvier 1943, les lieutenants
Ilchenko et Mezhirko, font irruption dans
la cave où est terré Friedrich von Paulus.
Ils lui présentent une demande de
capitulation que celui-ci signe.
Puis le maréchal allemand est conduit
en voiture au centre de commandement
du Front du Don, où le général
Rokossovski met au point les modalités
concrètes de la capitulation. Celle-ci doit
concerner 24 généraux, 2 400 officiers et
91 000 soldats survivants. Les opérations
militaires sur le front de Stalingrad
prennent fin quarante-huit heures plus
tard, le 2 février à 16 heures.

Stalingrad et Koursk : la guerre bascule

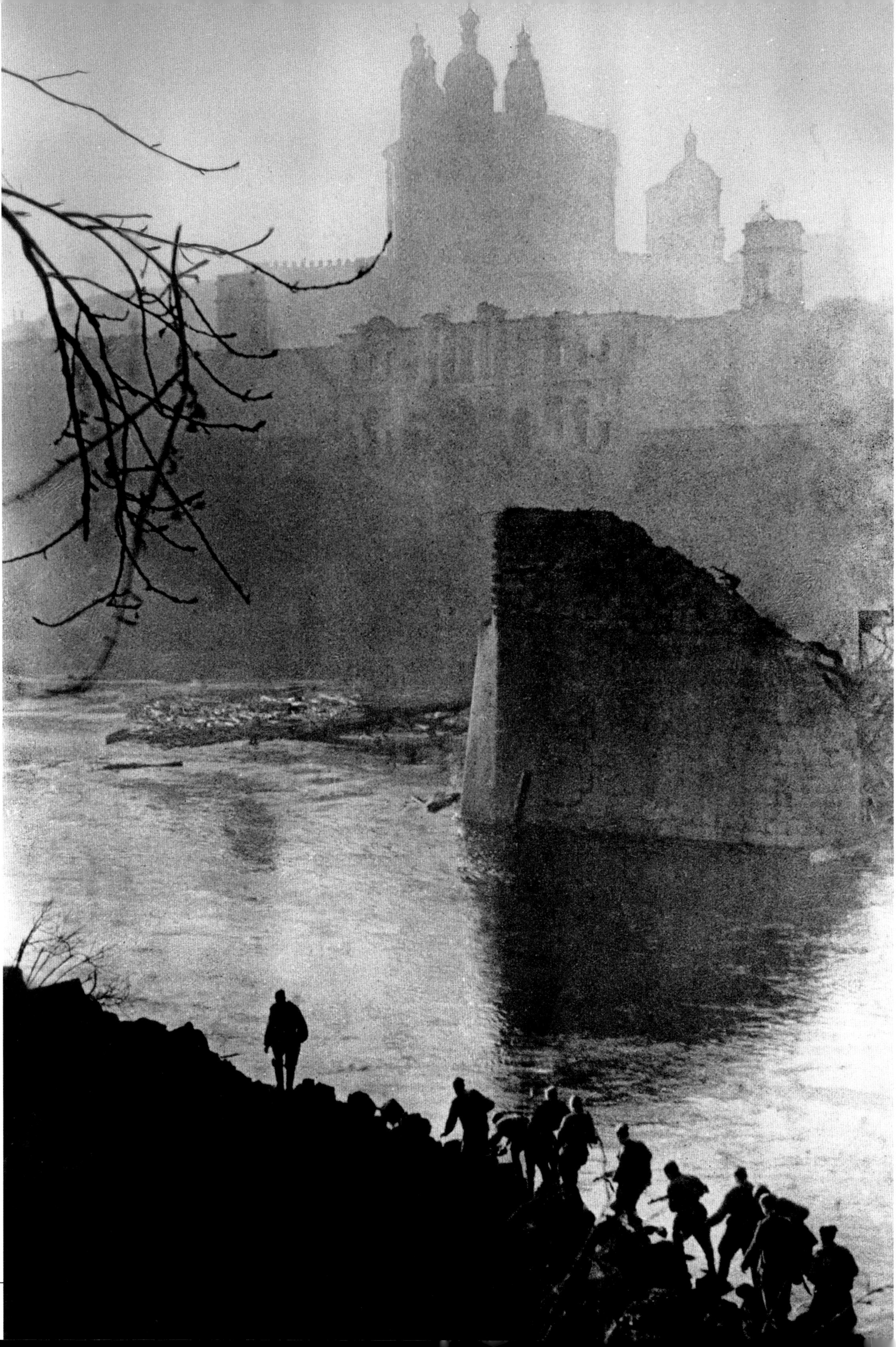

Transport de troupes soviétiques
en train blindé.

Page de gauche
Smolensk, 25 septembre 1943.
Des combattants du sous-régiment
du capitaine Ouchakov cherchent
un passage pour franchir le Dniepr.

Des soldats entreposent du matériel militaire sur la rive du lac Sivash, Crimée, novembre 1943.

Celui-ci s'empresse de s'approprier une part considérable de cette nouvelle gloire militaire en se nommant lui-même maréchal de l'Union soviétique et généralissime. Tout l'appareil de propagande est mobilisé pour célébrer le génie organisateur du Parti et de Staline dans une victoire acquise précisément dans la ville portant le nom du Guide.

La victoire soviétique à Stalingrad s'amplifie rapidement en une avancée générale sur un immense front qui va de Leningrad au Caucase. Pour éviter d'être encerclées à leur tour, les armées allemandes du Caucase reculent de plus de six cents kilomètres jusqu'à l'ouest de Rostov-sur-le-Don, libérée par les forces soviétiques le 14 février 1943. Au cours de ce mois, Voronej, Koursk, Belgorod, Kharkov et la majeure partie du bassin houiller du Donbass sont reprises par l'Armée rouge.

Partisans. Le gué, 1943.
Une guerre hors du temps, à l'image d'un mouvement partisan profondément ancré dans le milieu paysan. Les chevaux attelés à des chariots restent le principal mode de transport, y compris des blessés.

Malgré les graves revers de son armée, le haut commandement allemand décide, au mois de mai 1943, de reprendre l'initiative. Pour réduire le « saillant de Koursk », les Allemands engagent cinquante divisions et la moitié de leurs blindés, soit neuf cent mille hommes et deux mille chars. La préparation de l'opération « Citadelle » ayant traîné en longueur, les Soviétiques ont le temps d'installer un puissant dispositif de défense et de regrouper des forces qui désormais excèdent largement celles de l'adversaire : un million trois cent trente mille hommes, trois mille six cents chars et deux mille quatre cents avions. Le 5 juillet 1943, les Allemands lancent leur offensive, mais leurs blindés sont écrasés au cours de la plus grande bataille de chars de la Seconde Guerre mondiale, qui oppose sur un espace réduit, mille cinq cents blindés de part et d'autre, à Prokhorovka, près de Koursk. Le 23 juillet, l'offensive allemande est stoppée sur l'ensemble du front. Dix jours plus tard, les Soviétiques contre-attaquent sur la ligne Orel-Koursk-Belgorod. La bataille de Koursk, au cours de laquelle sont défaites les divisions allemandes équipées des derniers modèles de chars, les Tiger et les Panther, marque, après Stalingrad, le deuxième tournant sur le front de l'Est. Les troupes allemandes ne reprendront plus jamais l'initiative des opérations.

Stalingrad et Koursk : la guerre bascule

Kiev, la « mère des cités russes » tombée aux mains des Allemands dès septembre 1941, est libérée le 6 novembre 1943.
La pancarte indique « Tu donnes Kiev ! » – formule stéréotypée et propagandiste du « parler bolchevique ».

La Grande Guerre patriotique

Stalingrad et Koursk : la guerre bascule

Infanterie à l'assaut. Bataille pour libérer
la ville de Kertch, Ukraine, 1943.

Après la libération du village, Ukraine, fin 1943-début 1944.
Le rétablissement du pouvoir soviétique dans les régions longtemps occupées par les Allemands s'accompagne souvent d'une reprise en main, tant sur le plan économique que politique et idéologique. En effet, dans nombre de villages, notamment ukrainiens, où les paysans ont particulièrement souffert de la collectivisation forcée et de la famine de 1932-1933, le système kolkhozien a volé en éclats dès l'automne 1941. En outre, un certain nombre de paysans ont collaboré plus ou moins activement avec les forces d'occupation. La libération des territoires occupés et le retour des autorités communistes apportent leur lot de règlements de comptes.

En bas
Village de Dorogobouj, province de Smolensk, 2 septembre 1943.
Les habitants retournent chez eux.

Stalingrad et Koursk : la guerre bascule

Réflexions sur un revirement

On ne peut comprendre les victoires soviétiques de la fin 1942 et de l'été 1943 sans évoquer la formidable reconversion réussie de toute une économie, entièrement tournée vers la fabrication de matériel militaire, ainsi que l'immense effort consenti par toute la population non combattante.

Pour remédier aux fortes pénuries de main-d'œuvre, consécutives à la mobilisation de plus de trente millions d'hommes, le gouvernement soviétique décrète, fin 1941, la « mobilisation générale du travail ». Cette mesure permet d'affecter d'autorité dans les usines, les mines et les chantiers de construction une main-d'œuvre majoritairement composée de femmes et d'adolescents. Plusieurs millions d'entre eux sont rapidement formés dans des écoles professionnelles, afin de remplacer les spécialistes et les ouvriers partis au front. Cette formation renouvelle profondément le monde ouvrier. La part de la main-d'œuvre féminine dans l'industrie (37 %), déjà très élevée avant-guerre par rapport aux autres pays européens, s'accroît encore considérablement : en 1945, les femmes représentent 60 % de la main-d'œuvre ouvrière.

Cette « mobilisation générale du travail » s'accompagne de vastes campagnes « d'émulation socialiste » et de « course aux records », dignes des plus beaux jours du mouvement stakhanoviste, ainsi que d'un durcissement des conditions de travail. En 1944, la journée moyenne de travail, dans les industries d'armement, est de douze heures. Le sacrifice des « combattants de l'arrière » joue un rôle décisif dans la forte reprise de la production industrielle qui, fin 1941, a diminué de moitié par rapport à l'année précédente. À la fin de 1942, la production de matériel militaire soviétique dépasse la production allemande, en quantité, mais aussi parfois en qualité. Ainsi, le nouveau Iliouchine-2 surpasse-t-il la plupart des avions de chasse allemands ; quant au char T34/85, il domine largement, comme le montre la bataille de Koursk, le Tiger.

La production militaire soviétique atteint son sommet en 1944. À cette date, les usines soviétiques produisent huit fois plus d'armements qu'en 1941 et près de deux fois plus de chars et d'avions militaires que les usines du IIIe Reich. L'armée soviétique bénéficie, en outre, d'une aide occidentale non négligeable. Les chiffres avancés par les Américains évaluent l'aide alliée à onze milliards de dollars (427 000 camions et jeeps, 22 000 avions, 13 000 chars, 2,6 millions de tonnes de produits pétroliers, 4,5 millions de tonnes de denrées alimentaires, etc.). Le matériel de guerre allié aurait représenté quelque 10 à 15 % de la production soviétique. Le problème des livraisons occidentales donne lieu, au plus haut niveau, à une correspondance abondante, souvent teintée d'aigreur. Les Alliés accusent les Soviétiques, qui, dans leur propagande, passent totalement sous silence l'aide étrangère, d'« ingratitude ». De leur côté, les Soviétiques soupçonnent les Alliés de substituer cet apport matériel à l'ouverture d'un second front. D'ailleurs, le soldat soviétique, qui apprécie le *corned-beef* américain, le surnomme, par dérision, « notre second front » ! En réalité, les livraisons alliées de produits manufacturés et de denrées alimentaires jouent un rôle économique non négligeable dans la mesure où elles permettent à l'économie soviétique de se consacrer entièrement à l'effort de guerre, sans craindre une rupture catastrophique des approvisionnements vitaux pour la survie quotidienne de la population.

Mais la mobilisation patriotique de tout un peuple n'est pas seulement un grand élan spontané. Elle trouve un terreau favorable dans l'évolution du régime. Paradoxalement, la tension extrême imposée par l'effort de guerre va de pair avec un certain relâchement des contrôles politiques, idéologiques et économiques et davantage de liberté d'expression. Les années de guerre sont marquées, surtout dans l'armée combattante, par une remarquable liberté de propos, une nouvelle manière de communiquer et de s'informer, le recul de la peur du mouchard, à son apogée à la fin des années 1930. Pour nombre d'intellectuels, la guerre apporte un « espace de respiration ». Écrivains, poètes, compositeurs réduits au silence avant-guerre, tels Anna Akhmatova, Korneï Tchoukovski, Serge Prokofiev, Dimitri Chostakovitch, pour ne citer que les plus connus, sont de nouveau autorisés à publier leurs œuvres, à condition qu'elles soient « d'inspiration patriotique ».

Le plus important, néanmoins, est sans doute ailleurs, comme l'explique magnifiquement, dans ses *Mémoires*, Dimitri Chostakovitch : « La guerre apporta des souffrances indicibles. Un malheur infini, des larmes infinies. Mais avant la guerre, c'était encore plus dur, car chacun était seul avec sa souffrance. Déjà avant la guerre, il n'existait sans doute à Leningrad pas une seule famille qui n'ait perdu un proche dans la Grande Terreur. Chacun devait pleurer un proche, mais il fallait pleurer en cachette. Personne ne devait être au courant. Chacun avait peur. L'homme était devenu un loup pour l'homme [...]. Puis vint la guerre. La douleur de chacun se transforma en une douleur universelle. On pouvait enfin parler de sa douleur, on pouvait pleurer sans se cacher, pleurer les morts et les disparus. On n'avait plus besoin d'avoir peur des larmes. Je ne fus pas le seul à avoir la chance de m'exprimer à nouveau, grâce à la guerre. Tout le monde fut dans ce cas. »

Parmi les aspects les plus remarqués de l'« assouplissement idéologique » du régime durant la guerre figure, à juste titre, le rapprochement avec l'Église orthodoxe, particulièrement persécutée au cours des années 1930. L'Église orthodoxe elle-même favorise ce revirement en appelant, dès le 22 juin 1941, à la défense des « frontières sacrées de la patrie ». La réaction des autorités ne se fait pas attendre. Dès septembre 1941, de nombreux périodiques antireligieux sont supprimés, la Ligue des sans-Dieu, qui rassemble les militants athées, dissoute, de nombreuses églises rouvertes. Le 4 septembre 1943, les trois plus hauts dignitaires de l'Église orthodoxe sont reçus par Staline au Kremlin, effaçant ainsi une rupture longue d'un quart de siècle entre le régime communiste et l'Église. Le résultat de ces mesures d'apaisement est spectaculaire : le nombre des baptêmes et des mariages religieux est multiplié par dix entre 1941 et 1945 !

Le relâchement des contrôles affecte aussi la sphère économique dans ce qu'elle a de plus quotidien. La condamnation absolue de tout ce qui peut ressembler à un embryon d'économie de marché est un temps oublié. On encourage ainsi les entreprises à attribuer des mini-lopins à leurs salariés. En 1945, dix-huit millions de citadins cultivent un petit potager qui leur fournit bien plus, pour survivre, que ce qu'ils peuvent espérer obtenir par le circuit officiel des cartes de rationnement. Dans les campagnes, les autorités locales, au demeurant très affaiblies, la majeure partie des quelque trois cent mille à quatre cent mille communistes ruraux ayant été mobilisée, doivent se résoudre à laisser les kolkhoziens monnayer les produits de leur lopin. Durant la guerre, le marché libre développe considérablement son activité, fournissant plus de la moitié des achats alimentaires des citadins, contre moins de 20 % avant-guerre, et procurant aux kolkhoziens 95 % de leurs revenus en argent. Cette tolérance s'inscrit dans une conjoncture par ailleurs très tendue. L'État doit en effet prélever – pour nourrir les combattants et les citadins – une part sans cesse croissante des récoltes alors même que celles-ci diminuent, à cause des destructions massives dues à la guerre, du manque de main-d'œuvre, des réquisitions des bêtes de trait, de l'arrêt total de la production de tracteurs et de machines agricoles. Ne recevant plus rien pour leur travail dans les champs collectifs, les kolkhoziens s'approprient, durant les années de guerre, près de cinq millions d'hectares de terres collectives, « grignotées » peu à peu. C'est en fermant les yeux sur les nombreuses « entorses à la légalité socialiste » que les autorités s'assurent l'adhésion paysanne à l'effort de guerre. Par rapport à la politique suivie depuis le début des années 1930, c'est assurément un aveu – momentané – de faiblesse et une concession de taille.

Sur un tout autre plan, le relatif relâchement des contrôles idéologiques durant la guerre se traduit dans le recrutement massif au Parti, décidé dès août 1941, de « tous ceux qui se sont distingués sur le champ de bataille », nonobstant les origines sociales des postulants à l'adhésion. Durant la guerre, plus de quatre millions de Soviétiques, dans leur immense majorité des militaires sous les drapeaux, adhèrent au Parti autour de valeurs exaltant le patriotisme et la grandeur nationale. En mai 1945, sur les cinq millions sept cent mille membres que compte le Parti, plus de 70 % ont adhéré depuis le début de la guerre. Au-delà de ce renouvellement profond du Parti, la guerre joue un

Jeunes apprentis dans une usine d'armement de Tcheliabinsk, Oural, 1943. Quelques mois avant l'entrée en guerre de l'URSS, le gouvernement soviétique met en place une véritable « conscription du travail » destinée à former de jeunes ouvriers recrutés principalement dans les campagnes. Chaque kolkhoze doit fournir un certain nombre de jeunes de 14 à 17 ans. Ceux-ci sont formés dans des « écoles d'apprentissage industriel », pour une durée de deux ans. À l'issue de leur formation, ils sont envoyés dans les secteurs déficitaires en main-d'œuvre, généralement les plus durs (mines, métallurgie, industries chimiques, constructions de chemins de fer). Toute fuite ou abandon du poste de travail, assimilée à une désertion en temps de guerre, est sévèrement punie (de trois à dix ans de camp). Ce régime de militarisation du travail reste en vigueur jusqu'en 1948.

Femmes à l'araire, Smolensk, mai 1942. Les hommes au front, les animaux de trait réquisitionnés, les femmes doivent s'atteler, au sens propre du terme, au travail de la terre.

Page de droite en haut
Labours, région de Novgorod, 1943.

rôle fondamental dans la restructuration des identités sociales. Pour un grand nombre de Soviétiques, la guerre est véritablement l'occasion d'une re-naissance. En témoigne, par exemple, cette lettre envoyée par un jeune soldat de « mauvaise origine sociale » à Alexander Werth: « Oui, je sais, mes parents étaient des bourgeois, ils ont payé. Qu'importe. Moi, je suis russe et soviétique, à 100 %. Je suis fier d'avoir été admis au Parti, d'avoir combattu, d'avoir été, quatre ans durant, un soldat de Staline, parmi des millions d'autres qui montaient au combat en criant "Pour la Patrie, pour Staline !" ».

Dès les premières semaines de la guerre, des centaines de milliers de jeunes gens, fils de koulaks déportés, sont affranchis de leur statut de « déplacés spéciaux » et mobilisés dans l'armée. Jusqu'alors, les « déplacés spéciaux », privés de leurs droits civiques, étaient exclus du service militaire. De même, des centaines de milliers de détenus du Goulag, condamnés, de l'aveu même des autorités, pour des « délits insignifiants, ne présentant aucune dangerosité sociale » (petits vols, hooliganisme, absence injustifiée au travail) bénéficient d'une libération anticipée et passent directement du camp à l'armée. Laissés-pour-compte de la révolution sociale des années 1930, les jeunes kolkhoziens trouvent aussi à l'armée une occasion de s'intégrer pleinement à la « nation combattante » et de prendre du galon. La donne politique et sociale dans les campagnes soviétiques d'après-guerre s'en trouve ainsi, malgré les immenses problèmes structurels du système kolkhozien, en partie modifiée.

Fenaison au kolkhoze « En Avant », frontière partisane, région de Pskov-Novgorod, été 1942.
L'un des principaux problèmes des partisans est d'assurer leur ravitaillement. Selon les directives officielles, ils sont censés s'approvisionner grâce au butin saisi à l'ennemi, perspective illusoire. Aussi est-il vital pour eux d'entretenir de bonnes relations avec les paysans locaux. En échange d'un prélèvement sur les récoltes, les partisans participent aux travaux des champs, soulageant le déficit de main-d'œuvre de communautés paysannes privées d'hommes.

La barbarie nazie

Un autre facteur contribue au retournement de situation en faveur de l'URSS : la barbarie nazie dans les territoires occupés, excluant toute velléité de collaboration dans des régions qui ont pourtant beaucoup souffert du régime stalinien dans les années 1930.

Dès les premiers jours de l'invasion, les *Einsatzgruppen* perpètrent des massacres massifs de la population juive des régions occupées. En cinq mois, plus d'un demi-million de juifs soviétiques sont massacrés. L'ampleur des massacres (vingt-trois mille six cents personnes abattues, une par une, par les bataillons d'extermination, trois jours durant à Kamenets-Podolsk, les 28-30 août 1941 ; trente-trois mille trois cent soixante-dix personnes abattues, en deux jours, à Babyi Iar, près de Kiev, les 29 et 30 septembre, pour ne citer que deux des tueries les plus massives) et le fait que sont exécutés hommes, femmes, vieillards et enfants, marquent, par rapport aux violences perpétrées jusqu'alors, en Pologne par exemple (où dix mille juifs, dans leur immense majorité des hommes valides, ont été massacrés par les *Einsatzgruppen* en un an et demi d'occupation) le franchissement d'une étape décisive sur la voie de la solution finale. Les juifs de l'Union soviétique paient un tribut particulièrement lourd à la barbarie nazie : plus de deux millions huit cent mille d'entre eux sont massacrés par les *Einsatzgruppen* ou meurent en déportation dans les camps de concentration et d'extermination. Quelques centaines de milliers parviennent à fuir avant l'arrivée des troupes de la Wehrmacht. Moins de 1 % de ceux qui tombent sous l'occupation nazie survécut.

La barbarie nazie frappe tout particulièrement une autre catégorie – les prisonniers de guerre soviétiques. Prétextant que l'URSS n'a pas signé les conventions de Genève relatives aux prisonniers de guerre, les unités de la Wehrmacht mettent en œuvre une véritable politique d'extermination des prisonniers de guerre soviétiques considérés comme des « sous-hommes ». Au cours de l'avancée fulgurante de l'armée allemande durant l'été 1941, des centaines de milliers de prisonniers sont abattus, sur le champ de bataille, avant même d'avoir été regroupés et comptabilisés. Quant aux autres, qui se comptent par millions, ils sont parqués, sans soins, ni abri, ni nourriture, dans d'immenses camps de concentration en plein air, véritables camps de la mort. Le camp de Minsk, par exemple, compte plus de cent vingt mille prisonniers en moyenne, mais la mortalité y avoisine 20 % par mois ! La plupart des prisonniers meurent de faim. Sur les trois millions quatre cent mille soldats et officiers soviétiques capturés par la Wehrmacht au cours des six premiers mois de la guerre, deux millions (soit 60 % du total) meurent ou sont exécutés avant la fin de l'année 1941. Les survivants sont transférés en Allemagne pour y servir de main-d'œuvre forcée. Au total, sur les cinq millions quatre cent mille soldats et officiers soviétiques capturés au cours de la guerre par la Wehrmacht, à peine un million six cent mille (soit moins de 30 %) survivent et reviennent en URSS après la fin de la guerre, souvent dans des conditions particulièrement difficiles, après être passés par des « camps de filtration et de contrôle » gérés par le NKVD. Le haut commandement soviétique, en effet, considère avec suspicion tout soldat qui a été fait prisonnier, voire qui a été encerclé par l'ennemi, même s'il a réussi à s'échapper. N'a-t-il pas été « contaminé » au contact de l'ennemi ? Quant aux officiers et responsables politiques faits prisonniers, ils sont considérés, conformément au tristement célèbre Ordre n° 270 du 16 août 1941, signé par Staline et par les plus hauts responsables de l'armée soviétique, les maréchaux Boudienny, Vorochilov, Timochenko, Chapochnikov et le général Joukov, comme des déserteurs passibles d'exécution immédiate dès lors qu'ils seraient rattrapés par une unité de l'Armée rouge. Les membres de la famille de ces « déserteurs » doivent être arrêtés. Quant aux membres de la famille des soldats capturés, ils doivent être immédiatement rayés de toutes les listes d'ayants droit à une aide de l'État ! Les prisonniers de guerre soviétiques sont vraiment, pour reprendre le titre de l'ouvrage que leur a consacré l'historien russe Pavel Polian, « les victimes des deux dictatures ».

Le traitement inhumain infligé par les Allemands aux prisonniers de guerre soviétiques est fort révélateur de l'attitude générale de l'occupant vis-à-vis des « sous-hommes » slaves. Tant vis-à-vis des prisonniers que des civils, le contraste est frappant par rapport à la « correction » affichée par les Allemands à l'égard des prisonniers de guerre britanniques ou français (entre 1 % et 2 % d'entre eux meurent en captivité) et des civils de la France occupée, par exemple. La violence nazie à l'encontre des *Untermenschen* slaves frappe durement l'ensemble de la population des zones occupées. Au total, onze millions de civils périssent, tués, fusillés par l'ennemi dans les zones occupées ou proches du front, victimes de bombardements ou de la faim, à la suite d'un encerclement ou d'un blocus, morts d'épuisement en déportation, après avoir été soumis à un travail forcé exténuant. Sont tout particulièrement frappées les régions où les Allemands doivent faire face à des mouvements de résistance animés par des partisans. Des milliers de villages et de bourgs y sont systématiquement brûlés et rasés et leurs habitants massacrés, au cours d'immenses opérations de « représailles » qui ne sont rien d'autre que des opérations d'extermination. Dans la seule Biélorussie, deux millions deux cent mille civils sont tués, parmi eux plus de huit cent mille juifs ; plus de quatre mille villages biélorusses connaissent le sort du village français martyr d'Oradour-sur-Glane. En Ukraine, quatre millions cinq cent mille civils sont tués, dont près d'un million et demi de juifs. En Russie, les provinces de Briansk, d'Orel et de Leningrad subissent les pertes les plus importantes. Toutefois, comme l'ont montré les enquêtes de la commission gouvernementale sur les crimes nazis, mise en place par le

Pendus dans un village, hiver 1941-1942. Les pendaisons publiques, avec interdiction de décrocher les corps pendant plusieurs jours, deviennent le quotidien des régions occupées. Censées étouffer toute velléité de résistance, elles traduisent aussi l'extraordinaire brutalité de l'occupant vis-à-vis des « sous-hommes » soviétiques, sans commune mesure avec le traitement réservé aux populations civiles non-juives d'Europe occidentale.

« Soldat de l'Armée rouge, sauve-nous ! »

La barbarie nazie

Rostov-sur-le-Don, février 1943.
Nœud stratégique, Rostov-sur-le-Don, est prise, perdue et reprise plusieurs fois au cours de la guerre par les Allemands et les Soviétiques. L'abandon définitif de la ville par les Allemands, en février 1943, s'accompagne de terribles massacres de civils.

Partisans soviétiques pendus par les Allemands, 1943.
Parallèlement à de véritables expéditions d'extermination menées contre les partisans et contre les villages soupçonnés de soutenir ceux-ci, les forces d'occupation exercent des représailles ciblées, mais démonstratrices, qui doivent terroriser tous ceux qui seraient tentés de rejoindre les rangs des partisans. Les partisans capturés sont torturés, puis pendus et leurs cadavres longuement exposés, souvent dans des positions reflétant une volonté d'animaliser l'adversaire.

166 La Grande Guerre patriotique

Père et fils dans les ruines du village brûlé par les Allemands en retraite, village d'Oulianovo, province de Kalouga, juillet 1943.

gouvernement soviétique à la fin de 1942, même les régions occupées où n'existe aucun mouvement significatif de résistance sont le théâtre d'innombrables massacres de civils et d'exactions quotidiennes – tirs à l'aveugle, viols, pendaisons publiques pour l'exemple, pillages, destructions massives de biens et de bétail, qui témoignent du peu de valeur qu'a, aux yeux des forces d'occupation, la vie des sous-hommes soviétiques.

Plus de quatre millions de civils soviétiques, dont 55 % de femmes, sont déportés en Allemagne comme *Ostarbeiter* (« travailleurs de l'Est ») dans le cadre des « programmes Sauckel », mis en place pour fournir au IIIe Reich une main-d'œuvre servile corvéable à merci. Parqués dans des camps de travail, soumis à un travail forcé exténuant dans des mines, des usines ou, pour les plus chanceux, dans des exploitations agricoles, réduits à des rations de famine, les *Ostarbeiter* figurent au bas de l'échelle des quelque six millions de travailleurs étrangers déportés en Allemagne. Au moins un quart d'entre eux meurent de faim, d'épuisement ou d'épidémies. Comme dans d'autres pays européens occupés, les rafles-déportations de millions de civils, hommes et femmes, contribuent, de manière décisive, à la montée des mouvements de résistance à l'occupant nazi. C'est en général pour échapper au travail forcé en Allemagne que de nombreux habitants des zones occupées rejoignent les rangs, au début fort clairsemés, des partisans.

La barbarie nazie

Résistance et collaboration

Jusqu'à la stabilisation relative du front après la bataille de Moscou (fin 1941), la résistance dans les zones occupées est restée très faible. La population demeure dans l'expectative, et les combattants qui n'ont pas été capturés se retrouvent complètement isolés dans des régions traumatisées par l'étendue des défaites. Les premiers détachements de partisans, formés spontanément par des soldats coupés de leur unité et par des membres du Parti passés à la clandestinité, apparaissent dans les régions de Toula et de Kalinine, occupées par l'ennemi, au début de 1942. Le mouvement de résistance prend de l'ampleur à partir du moment où les forces d'occupation commencent à procéder à des déportations massives de civils vers l'Allemagne. Les prélèvements de plus en plus lourds, imposés par Berlin, sur la production agricole des régions occupées font oublier aux paysans les velléités décollectivisatrices de l'occupant qui ont fait un moment illusion, notamment dans les campagnes ukrainiennes et biélorusses où les Allemands ont bénéficié, en 1941, d'un accueil plutôt favorable.

Jusqu'à l'automne 1942, les mouvements de partisans restent largement en dehors de tout contrôle non seulement des autorités militaires soviétiques, mais aussi du Parti. Étranges républiques que ces « pays de partisans » s'étendant sur des dizaines de milliers de kilomètres carrés de régions inaccessibles, dans les forêts profondes des provinces de Briansk et d'Orel ou dans les zones marécageuses quasiment impénétrables du Polessie biélorusse ! Le « pouvoir soviétique » momentanément rétabli dans ces bastions de partisans n'est pas sous l'autorité du Parti, mais sous celle d'assemblées qui rappellent fort la communauté paysanne d'antan, brisée au lendemain de la collectivisation forcée des campagnes. Il faut aux autorités centrales plusieurs mois, et parfois plus, pour établir un contrôle plus ou moins effectif sur les partisans et coordonner leurs actions. À cet effet, un état-major central des partisans est mis en place fin mai 1942. Dirigé par Panteleimon Ponomarenko, le premier secrétaire du Parti communiste de Biélorussie, il a pour tâche de fournir armes et matériel aux unités de partisans, et de former des cadres qui assureront le lien entre l'armée clandestine et l'armée régulière.

À la fin de 1942, l'étirement des liaisons allemandes confère aux partisans une importance stratégique, notamment pour retarder l'arrivée de renforts allemands sur le front de Stalingrad. Au cours de six mois décisifs (octobre 1942-mars 1943), les détachements de partisans, qui comptent désormais plusieurs centaines de milliers d'hommes, opèrent des milliers de sabotages sur les voies ferrées, perturbant gravement les liaisons allemandes. Les Allemands répliquent en lançant, notamment en Biélorussie, des expéditions punitives d'une extrême violence, véritables opérations d'extermination massive frappant en premier lieu une population civile désarmée soupçonnée d'aider les mouvements partisans et prise en otage. C'est dans ce contexte que sont massacrés, en 1942-1943, près de deux millions de civils biélorusses.

Dans cette histoire encore mal connue de la résistance à l'occupant, de nombreuses interrogations subsistent.

Que voient et font les partisans laissés à eux-mêmes jusqu'à l'automne 1942 ? Le commandement de l'Armée rouge – ainsi que les autorités politiques et militaires – se méfie toujours d'un mouvement qui a été le témoin privilégié de la débâcle et du vide politique qui a gagné, à partir de l'été 1941, des régions entières. Quand l'armée soviétique régulière reprend le contrôle des « pays de partisans », elle n'incorpore pas immédiatement les partisans dans ses unités combattantes. Un grand nombre d'entre eux sont envoyés à l'arrière, dans des unités de réserve, pour y être dûment « rééduqués ».

Y a-t-il une résistance active dans les villes occupées ? Le mouvement partisan est, semble-t-il, avant tout un phénomène rural, enraciné dans les vastes espaces des « campagnes profondes ». Par bien des aspects, cette résistance populaire s'inscrit dans la longue tradition des révoltes paysannes contre l'envahisseur, qu'il soit français, comme en 1812, ou allemand, en 1941.

Quels sont enfin, notamment en Biélorussie, où ils représentent 30 % de la population (et jusqu'à 60 % dans certaines villes), la place et le rôle des juifs dans le mouvement partisan ? L'historiographie soviétique a totalement occulté cette question, de même qu'elle a totalement passé sous silence,

Petia Gourko, jeune éclaireur du détachement « Le Pouvoir des soviets », région de Leningrad, 1942.
Cette photographie illustre deux figures emblématiques des partisans : l'adolescent et le vétéran. Les témoignages des partisans abondent à propos de l'enthousiasme des enfants et des adolescents à les soutenir, à entrer dans le « jeu dangereux » de la guerre. Qu'ils vivent ou non avec l'unité, les adolescents sont utilisés pour des missions de renseignement, comme sentinelles, courriers ou éclaireurs. Quant aux vétérans, leur expérience de la guerre civile, voire de la Première Guerre mondiale, est particulièrement valorisée par les partisans. Le commandement des unités est souvent attribué à des hommes de plus de quarante ans.

Page de droite
Colonne de partisans de la région de Leningrad.

pendant la guerre et après, la question de l'Holocauste.

Si la question des partisans, longtemps recouverte par les strates d'une littérature propagandiste et hagiographique vantant « l'union indéfectible du Parti et du Peuple », recèle encore de nombreuses zones d'ombre, la question de la collaboration est restée, jusqu'à nos jours, un sujet tabou. La collaboration a été longtemps réduite à son épisode le plus spectaculaire, le seul officiellement évoqué en URSS, celui de la trahison du général Vlassov. Ce général soviétique, capturé par les Allemands en juillet 1942, accepte de prendre la tête d'un Comité russe de libération, basé dans un premier temps à Smolensk, occupée par les Allemands dès les premières semaines de la guerre. Dans l'appel lancé depuis cette ville en décembre 1942, le Comité russe de libération définit trois objectifs : chasser Staline « et sa clique » ; conclure avec l'Allemagne une « paix des braves » ; créer, dans la nouvelle Europe de l'après-guerre, une « Russie nouvelle, sans bolcheviks ni capitalistes ». Malgré l'appui logistique des Allemands, qui larguent des millions d'exemplaires de L'Appel de Smolensk au-dessus des lignes soviétiques, ce texte ne rencontre qu'un écho très limité.

En réalité, la « collaboration » avec l'occupant, le plus souvent forcée et bien antérieure à la fin 1942, n'implique, en général, aucun engagement politique anti-stalinien. À cette date, la Wehrmacht et les autorités allemandes d'occupation « emploient » entre sept cent mille et neuf cent mille Soviétiques militaires et civils. Le contingent le plus nombreux – environ un demi-million de personnes – est celui des Hiwis (abréviation de Hilfwillige, « auxiliaire volontaire »). Ce personnel auxiliaire des troupes allemandes est recruté pour l'essentiel parmi les prisonniers soviétiques, de préférence non-Slaves. Être accepté comme Hiwi signifie échapper à une mort certaine à plus ou moins brève échéance. Le prix à payer est de participer aux plus basses besognes, y compris dans les camps de concentration ou dans le processus d'extermination des juifs.

Les auxiliaires de police et d'administration civile dans les zones occupées représentent un second contingent de « collaborateurs » (environ cent cinquante mille personnes au début de 1943). La part respective de la contrainte et du choix délibéré est ici aussi difficile à évaluer. Un degré supplémentaire, cette fois décisif, dans la voie de la collaboration est franchi avec l'engagement dans des unités militaires supplétives chargées de la lutte contre les partisans. Ces unités sont formées le plus souvent d'ex-prisonniers de guerre soviétiques originaires d'Asie centrale, du Caucase et surtout des pays baltes ou d'Ukraine occidentale, régions annexées par l'URSS en 1939-1940, où le ressentiment contre le régime

Partisans, région de Briansk, 1943. À mesure que le mouvement des partisans passe progressivement sous le contrôle de l'état-major soviétique, les détachements de partisans sont dotés d'un armement correspondant à celui des unités de tirailleurs réguliers : fusil Mosin-Nagant et mitrailleuse Maxim. Les unités de partisans gardent cependant une très large autonomie, dont l'élément le plus immédiatement visible est un accoutrement disparate. Quelques rares uniformes se détachent d'un ensemble de vestes, pelisses casquettes et chapkas qui rappellent l'origine majoritairement paysanne des partisans.

Chef partisan, région de Briansk, 1943.

soviétique est vif. À l'été 1943, plus de quatre-vingt mille Soviétiques (dont une grande majorité de Baltes et d'Ukrainiens) participent, aux côtés des Allemands, aux opérations anti-partisans.

La débâcle allemande, à partir de 1944, conduit le haut commandement allemand à jouer à fond la carte Vlassov. Celui-ci est enfin autorisé à organiser, en novembre 1944, à Prague, un congrès fondateur du Comité de libération des peuples de Russie, dont le programme reprend, pour l'essentiel, les grandes lignes de *L'Appel de Smolensk*. Deux divisions de « l'Armée russe de libération » sont mises sur pied. Jusqu'à la reddition de l'Allemagne nazie, les « Vlassoviens » combattent avec acharnement sur le front de l'Est. Une partie d'entre eux est capturée par l'armée soviétique ; les autres se rendent aux troupes américaines, qui les remettent aux Soviétiques. En juillet 1946, Vlassov et ses principaux officiers sont jugés à huis clos à Moscou et condamnés à mort. Selon les archives du Goulag, récemment déclassifiées, trois cent quarante mille « Vlassoviens » purgent une peine de déportation dans les régions particulièrement dures de la Kolyma et du Grand Nord, en juillet 1946. Le qualificatif infamant de « Vlassovien » est en réalité appliqué non seulement aux Soviétiques ayant effectivement servi dans l'armée Vlassov (qui ne compte pas plus de quarante mille hommes), mais à un grand nombre de civils et de militaires ayant collaboré, d'une manière ou d'une autre, avec l'occupant. Par ailleurs, environ trois cent mille personnes sont condamnées en 1945-1946 à des peines de camp pour « trahison de la patrie ». Ainsi, environ six cent cinquante mille Soviétiques sont condamnés, après la guerre, pour collaboration avec l'ennemi. Les données officielles font, en outre, état de quarante-deux mille condamnations à mort pour les années 1944-1946, mais c'est sans compter le nombre, sans doute élevé, d'exécutions sommaires.

Tout compte fait cependant, et considérant les ordres de grandeur des mobilisés (près de trente-cinq millions), des pertes civiles (onze millions) et militaires (dix millions), on peut dire que la collaboration avec l'occupant est restée en URSS – statistiquement, humainement et politiquement parlant –, un phénomène marginal dans une guerre pensée et mise en œuvre par l'agresseur comme une entreprise d'annihilation de l'adversaire, qui ne laissait guère d'avenir au peuple vaincu et donc peu de place à une collaboration avec le vainqueur.

La Grande Guerre patriotique

Attaque de partisans, 1943.

En bas
Dans une infirmerie pour partisans, 1943. Basés dans les forêts, les partisans y organisent de véritables camps permanents, faits d'un ensemble de *zemlianki*, habitations paysannes traditionnelles semi-enterrées. D'environ 2 mètres de profondeur, les *zemlianki* sont aménagées, avec une entrée souterraine, des aérations, et des poêles pour le chauffage. Certaines *zemlianki* sont réservées au commandement de la brigade de partisans, d'autres servent d'habitation, d'autres enfin d'infirmerie sommaire. Les taux de mortalité des partisans blessés sont très élevés ; de nombreuses épidémies sévissent dans les « pays partisans », pour l'essentiel des forêts et des marécages, notamment la malaria.

Résistance et collaboration

1944, l'année des dix victoires

L'année 1944 est, pour les Soviétiques, celle des « dix victoires ». Dix campagnes victorieuses qui permettent à l'Armée rouge non seulement de libérer tout le territoire national, mais aussi d'avancer profondément en Europe de l'Est, avant de lancer, début 1945, l'assaut final contre Berlin. En janvier, le blocus de Leningrad est définitivement levé et les Allemands contraints de reculer, en deux semaines de plus de deux cent cinquante kilomètres, jusqu'à Pskov et la frontière estonienne.

En février-mars, les armées du front Sud-Ouest encerclent plusieurs divisions allemandes dans le saillant de Korsoun, sur le Dniepr. Après ce « petit Stalingrad », au cours duquel la Wehrmacht perd une centaine de milliers d'hommes, les troupes soviétiques commandées par le général Koniev foncent vers la Roumanie, après avoir franchi le Boug, le Dniestr et le Prout, trois fleuves censés constituer une ligne de défense imprenable protégeant les forces germano-roumaines.

En avril-mai, Odessa et toute la Crimée sont libérées. En juin, la percée de l'Armée rouge à Vyborg met la Finlande à genoux.

Non moins spectaculaire que l'avancée de Koniev en Ukraine et en Roumanie est la libération de la Biélorussie, à la suite de la grande offensive déclenchée, sur l'ensemble du front Ouest, par le maréchal Rokossovski, le 23 juin. Le 4 juillet, Minsk est libérée après plus de trois ans d'occupation, et le lendemain, les troupes soviétiques repassent l'ancienne frontière (d'avant 1939) de la Pologne. En quelques semaines, l'Armée rouge occupe un quart du territoire polonais et parvient, le 1er août 1944, jusqu'aux abords de Praga, faubourg de Varsovie sur la rive droite de la Vistule, après une avancée de six cents kilomètres en cinq semaines. Ce même jour, l'*Armija Krajowa*, mouvement de résistance dirigé par le gouvernement polonais en exil à Londres, déclenche une insurrection générale à Varsovie. Soixante-deux jours durant, les insurgés tiennent tête à plusieurs divisions allemandes avant de succomber, dans une ville presque entièrement détruite par l'occupant. Prétextant l'étirement de ses liaisons et la fatigue de ses hommes, le commandement soviétique refuse de faire passer la Vistule à l'Armée rouge pour venir en aide aux insurgés de Varsovie.

En réalité, la vraie raison de l'inaction soviétique réside ailleurs. Staline a déjà décidé que la Pologne d'après-guerre serait dirigée par un gouvernement pro-soviétique. À cet effet, il a favorisé la création, en juillet 1944, à Lublin, d'un Comité national de Libération, avec à sa tête le communiste Boleslaw Bierut. Les Soviétiques ont donc tout intérêt à ce que la résistance non-communiste soit liquidée par les Allemands, laissant ainsi libre champ à ce comité.

Évacuation des enfants de Leningrad, par le lac Ladoga, mars 1942.
L'évacuation des enfants de la ville assiégée, commencée en juillet 1941 et interrompue avec l'encerclement de la ville deux mois plus tard, reprend après le terrible hiver 1941-1942, par la « route de la vie » du lac Ladoga.

Page de droite
Une file d'attente pour obtenir du ravitaillement, faubourgs de Leningrad, janvier 1944.
Le 15 janvier 1944, les Soviétiques lancent une vaste offensive sur le front de Leningrad afin de briser l'encerclement de la ville. En dix jours, l'opération est couronnée de succès. Le 26 janvier, la liaison ferroviaire Moscou-Leningrad, coupée depuis plus de deux ans, est enfin rétablie, permettant un approvisionnement régulier de la ville en matières premières et en nourriture. Dès la fin de janvier, les normes de ravitaillement sont fortement augmentées. Mais les files d'attente pour les produits rationnés ne diminuent guère.

Au lieu de concentrer tout son effort sur une avancée frontale à travers la Pologne vers Berlin, le haut commandement soviétique oriente, à partir d'août 1944, une partie importante de ses armées vers les Balkans, la Hongrie et l'Autriche, afin de prendre de vitesse, dans cette partie de l'Europe, les Anglo-Américains qui progressent lentement en Italie. Fin août, l'Armée rouge pénètre en Roumanie, après avoir encerclé une quinzaine de divisions allemandes et roumaines dans les « poches » de Jassy et de Kichinev. Le 12 septembre, les Roumains signent un armistice. Quelques jours plus tard, la Bulgarie demande, à son tour, de déposer les armes. Un « Front de la patrie », d'orientation pro-soviétique, prend le pouvoir à Sofia. En octobre, les troupes soviétiques commandées par le maréchal Malinovski entrent en Hongrie et installent à Debrecen un gouvernement provisoire. L'offensive soviétique sur Budapest se heurte cependant à une très vive résistance des Allemands. La capitale hongroise ne tombe que le 13 février 1945, après plusieurs mois de combats acharnés.

Aussi spectaculaire soit-elle, l'avancée soviétique en 1944 est loin d'être une promenade militaire. En témoignent les pertes immenses des troupes : un million sept cent cinquante mille morts et plus de trois millions de blessés ! Outre la dureté des combats livrés avec un acharnement croissant du côté allemand, à mesure que les Soviétiques s'approchent du cœur du IIIe Reich, le maintien, du côté soviétique, de tactiques d'attaque particulièrement peu économes en vies humaines, dans une armée qui dispose d'un nombre quasi inépuisable de combattants (en 1944, les unités d'active comptent plus de douze millions d'hommes), explique le niveau très élevé des pertes militaires soviétiques. Celles-ci sont encore aggravées par l'état souvent déficient des services de santé.

Malgré ces pertes immenses, le moral du soldat soviétique est soutenu par la perspective d'une victoire désormais certaine. Dans leur avancée vers l'ouest, les unités de l'Armée rouge croisent maintenant des colonnes, de plus en plus longues, de prisonniers allemands, roumains, hongrois, italiens marchant vers l'est, vers les camps d'internement du Gupvi (Direction générale des prisonniers de guerre et internés). Depuis les premiers gros contingents de prisonniers de guerre allemands capturés à Stalingrad (quelque cent vingt mille hommes en piètre état, dont la moitié meurt dans les deux mois qui suivent leur capture), le nombre de soldats et d'officiers faits prisonniers n'a cessé de croître. Au début de l'année 1944, les camps du Gupvi gèrent sept cent mille prisonniers ; en mai 1945, plus de deux millions. Par rapport au sort réservé par les Allemands aux prisonniers de guerre soviétiques, le traitement des prisonniers de guerre allemands dans les camps du Gupvi est correct, même si la mortalité reste élevée. C'est plutôt sur le champ de bataille ou immédiatement après s'être rendus que les prisonniers de guerre allemands risquent de se faire abattre par les combattants de l'Armée rouge mus désormais par un désir de vengeance. En effet, plus l'Armée rouge avance vers l'ouest, et plus les soldats soviétiques découvrent l'ampleur des massacres perpétrés par les troupes allemandes : villes et villages brûlés,

1944, l'année des dix victoires

Les troupes soviétiques libèrent la ville de Vinnitsa, Ukraine, mars 1944.

fosses communes remplies de civils, de femmes et d'enfants assassinés, cadavres mutilés de suppliciés par milliers – tout témoigne du véritable visage de la barbarie nazie, dont le combattant de l'Armée rouge n'a souvent jusque-là entendu parler qu'à travers la propagande officielle.

Autre choc, d'une nature tout à fait différente, pour les quelque sept millions de soldats et officiers qui, pour la première fois de leur vie, viennent de franchir les frontières de l'URSS : la découverte d'un monde nouveau, le monde capitaliste si différent de l'image qu'en donnait la propagande soviétique. « Le contraste entre le niveau de vie en Europe et notre pauvreté, écrit dans ses *Souvenirs* (publiés seulement au moment de la *perestroïka*) le grand romancier et correspondant de guerre soviétique Konstantin Simonov, éclata à notre figure comme une véritable bombe. La découverte, en Prusse orientale, des routes bien asphaltées, des maisons en pierre avec leur toit en métal et des grasses vaches Holschtein mettait nos combattants dans un état mêlant inextricablement rage, envie et frustration au souvenir de leur pauvre masure et de leur misérable kolkhoze. » Conscient de ce problème, le département Propagande et Instruction du Comité central va jusqu'à « théoriser » l'émergence d'une menace « néo-décembriste », comme l'attestent ces instructions envoyées aux responsables du département politique du 2e front biélorusse, en février 1945 : « Après la guerre de 1812, nos soldats, après avoir vu comment on vivait en France, établirent naturellement la comparaison avec la vie en Russie. Cette expérience fut un facteur de progrès, car elle ouvrit les yeux des Russes sur l'arriération de leur pays et le joug du tsarisme et ouvrit la voie au mouvement décembriste de 1825. Aujourd'hui, les choses sont très différentes. Il se peut bien qu'une grande exploitation prussienne soit plus riche que nos

La Grande Guerre patriotique

La sniper Vera Kouvchinova, chevalier de l'ordre de la Gloire, 3 mai 1944. Les tireuses embusquées de l'armée soviétique sont formées à l'École centrale d'entraînement des femmes tireuses d'élite. Cette école est placée sous la direction d'une femme officier de l'Armée rouge, vétéran de la guerre civile espagnole, Natalia Chegodaeva.

Au cours de la guerre, cette école assure la formation de plus de 2 000 tireuses d'élite. Celles-ci, selon les sources militaires soviétiques, ont abattu 12 000 soldats allemands.

Ci-dessous
À travers le gué, 1944.

kolkhozes. Un soldat politiquement attardé risque d'en tirer la conclusion que la forme capitaliste d'exploitation agricole est supérieure à la forme socialiste. Cette expérience est assurément un facteur de régression. Il nous faut lutter avec la plus grande énergie contre ce type d'influences négatives et rétrogrades qui risquent de se généraliser en renforçant la fréquence des conférences politiques et en en approfondissant le contenu. »

En réalité le danger du « néo-décembrisme » n'est rien d'autre qu'une chimère née de l'imagination de quelques responsables des milieux de la Propagande. Les combattants soviétiques victorieux ne sont pas prêts à remettre en cause le système qui les a formés et éduqués, et encore moins à émettre la moindre critique envers Staline qui incarne à leurs yeux la patrie combattante et la force qui leur a permis de bouter l'Allemand hors de leur pays.

1944, l'année des dix victoires

Des soldats allemands faits prisonniers sur le front de Biélorussie défilent à Moscou, 17 juillet 1944.
Fin juin 1944, la déroute du groupe d'armées Centre constitue la plus lourde défaite de la Wehrmacht depuis Stalingrad. En dix jours, trois armées allemandes sont anéanties, 140 000 hommes tués ou disparus, 90 000 faits prisonniers. Le 17 juillet, près de 60 000 prisonniers allemands, généraux et officiers en tête, doivent défiler le long des grands boulevards de Moscou, en route vers les camps d'internement du GUPVI à l'est de la capitale.

Batterie de lance-roquettes multiples « Katioucha ».
C'est en 1940 que l'Administration de l'Artillerie met au point un prototype de lanceur de 16 roquettes, dont la production en série démarre le 21 juin 1941, à la veille de l'attaque allemande. L'armée soviétique utilise pour la première fois au combat les lance-roquettes baptisés « Katioucha » et bientôt surnommés les « orgues de Staline » le 14 juillet 1941, avec des résultats qualifiés « d'excellents ». Les Katioucha se révèlent une formidable arme de pilonnage, redoutée par les Allemands. Arme tenue secrète, ces lance-roquettes sont souvent encapuchonnés et gardés par des unités d'élite.

La Grande Guerre patriotique

« Gloire à Staline, le libérateur de Sébastopol », Sébastopol, mai 1944. Prises au lendemain de la libération de Sébastopol, ces deux photographies sont censurées durant toute la période soviétique.

1944, l'année des dix victoires

Berlin, la dernière bataille

Le haut commandement soviétique lance l'offensive finale contre l'Allemagne nazie le 12 janvier 1945, trois jours avant la date fixée avec les Alliés, surpris par une puissante contre-offensive allemande dans les Ardennes. Parties de la Vistule, les armées soviétiques, commandées par Rokossovski au nord, Koniev au sud et Joukov au centre, fortes de 160 divisions, appuyées par 7 000 chars et près de 5 000 avions, disposent d'un immense avantage en hommes et en armements. Néanmoins, elles doivent affronter une résistance allemande de plus en plus forte à mesure qu'elles avancent vers le cœur du IIIe Reich. En quatre mois de combats, les Soviétiques perdent encore huit cent mille hommes et plus d'un million et demi de blessés ! Le 1er février, l'Armée rouge prend la citadelle de Torun ; le 9 février, Königsberg est presque totalement encerclé ; le lendemain, les unités soviétiques d'avant-garde franchissent l'Oder. L'entrée de l'Armée rouge en Prusse orientale provoque un formidable exode des populations civiles, terrorisées par la perspective de tomber sous la coupe soviétique. Parvenues enfin sur le sol de l'ennemi, un certain nombre d'unités de l'Armée rouge se livrent en effet à de nombreuses exactions : incendies, pillages systématiques, viols massifs.

Au même moment, les armées du Front sud entrent, le 13 février, à Budapest. Hitler, qui veut sauver Vienne à tout prix, envoie alors une dizaine de divisions blindées, qui retardent quelques semaines durant la progression soviétique vers l'Autriche. Durant le mois de mars, la résistance allemande se fait de plus en plus acharnée. Vienne ne tombe que le 13 avril, après d'âpres combats de rues.

Trois jours plus tard, le 16 avril, Joukov lance enfin l'assaut final contre Berlin, à partir de têtes de pont sur l'Oder. Les troupes soviétiques disposent d'une puissance de feu dévastatrice : 22 000 canons et mortiers, 5 000 chars, 4 500 avions. En deux semaines, 40 000 tonnes d'obus sont déversées sur la capitale du Reich. Le 23 avril, un communiqué spécial de l'état-major soviétique annonce la percée des troupes de l'Armée rouge jusque dans les faubourgs de Berlin : « Les troupes du premier front de Biélorussie, sous les ordres du maréchal Joukov, ont lancé leur offensive à partir des têtes de pont sur l'Oder, avec l'appui de l'artillerie et de l'aviation. Elles ont enfoncé les défenses de Berlin. Elles ont pris Francfort-sur-l'Oder, Wandlitz, Oranienburg, Birkenwerder, Hennigsdorf, Pankow, Karlshorst pour entrer dans la capitale de l'Allemagne, Berlin ». En même temps, les troupes du maréchal Koniev pénètrent dans Berlin par le sud, après avoir pris Cottbus, Marienfelde, Teltow et autres faubourgs de la capitale. Deux jours plus tard, le 25 avril, l'état-major soviétique annonce que Joukov et Koniev ont opéré leur jonction au nord-ouest de Potsdam : Berlin est totalement encerclée. Le 2 mai, après une semaine de combats acharnés, la cité se rend. Puis le 7 mai, l'armée allemande tout entière capitule. Jodl signe la capitulation à Reims, et Keitel le lendemain à Berlin.

En Union soviétique, la fin de la guerre n'est annoncée qu'aux premières heures du 9 mai. Ainsi à l'Est, le jour de la victoire a un jour de retard sur celui de l'Ouest. D'ailleurs, Prague n'est pas encore libérée. Pour les Alliés, c'est un détail, pas pour les Soviétiques. À Moscou, ce 9 mai 1945 est inoubliable. L'allégresse spontanée de deux ou trois millions de personnes envahissant ce soir radieux de printemps la place Rouge, les quais de la Moskova, et toute la rue Gorki, jusqu'à la gare de Biélorussie, est un spectacle inoubliable. On danse, on chante dans les rues. On embrasse chaque soldat, chaque officier. Devant l'ambassade des États-Unis, la foule scande, sous le regard impassible des policiers « Hourrah pour Roosevelt ! » ignorant, sans doute, que le président américain est mort un mois plus tôt…

En ce jour mémorable, Ilya Ehrenbourg note dans son Journal : « Le passé ne peut pas se répéter, ne peut revenir. Le peuple a trop souffert. Quelque chose doit se passer. »

Le régime soviétique victorieux bénéficie d'un support populaire beaucoup plus fort que dans les années 1930. Mais la société est-elle prête, pour autant, à accepter un simple retour au *statu quo ante bellum* ?

Les soldats allemands de la garnison se rendent, Vilnius, 11 juillet 1944.

Page de droite
Après une offensive victorieuse, 1945.

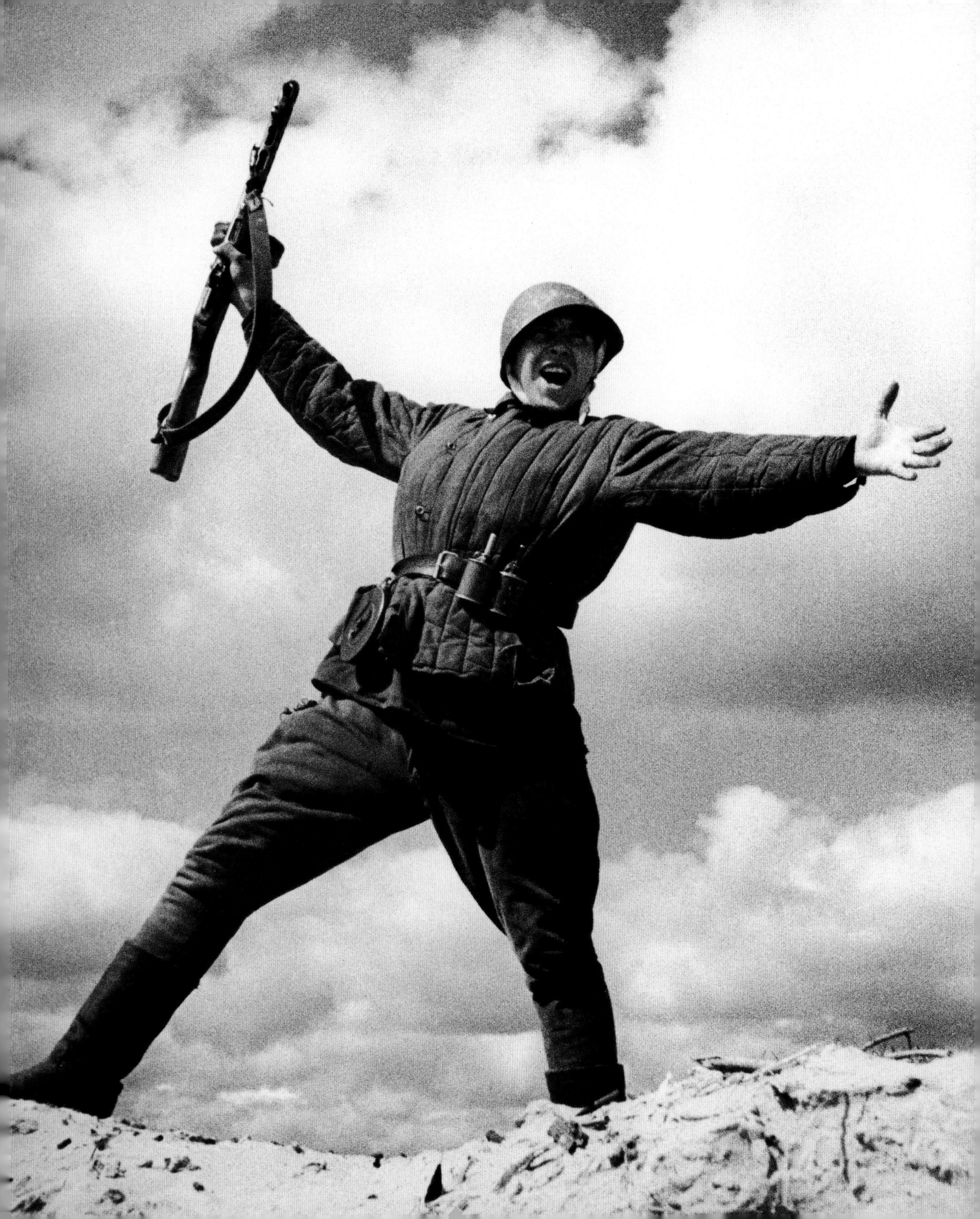

Unité soviétique sur les chemins
de l'Europe, fin 1944 ou début 1945.

En bas
Des villageois bulgares remercient
leurs libérateurs de l'armée soviétique,
Bulgarie, 1944.

Avancée des troupes blindées
soviétiques, Prusse orientale,
janvier-février 1945.

Ci-dessus et ci-contre
Entrée des troupes soviétiques dans Mülhausen, Prusse orientale, janvier 1945.

Berlin, la dernière bataille

Pologne, Dantzig (Gdansk), mars 1945.
Les troupes soviétiques libèrent la ville
où a débuté, le 1er septembre 1939,
la Seconde Guerre mondiale et qui sera
réincorporée à la Pologne. Les civils
allemands fuient.

En haut
Dans le ghetto de Budapest, juste
après sa libération, février 1945.
Ce couple prend le photographe
soviétique Khaldei, vêtu d'un long
manteau noir, pour un nazi. Celui-ci
leur explique, en yiddish, que la ville
est libérée et qu'ils n'ont plus à porter
l'étoile jaune.

En bas
Pologne, Breslau, 17 mars 1945.
Les sergents Miasnikov et Krioukov
pendant l'assaut de la ville allemande
de Breslau, qui tombera après de longs
combats, le 7 mai 1945. La ville sera
cédée à la Pologne et prendra le nom
de Wroclaw.

Prusse orientale, mars 1945.

Colonne de soldats allemands prisonniers, Königsberg, 9 avril 1945. Au cours des six derniers mois de la guerre, l'armée soviétique capture près de 2 millions de soldats, Allemands, Autrichiens et Roumains principalement. Quelques centaines de milliers de prisonniers de guerre, malades, blessés ou invalides, sont relâchés dans les mois qui suivent la fin de la guerre. La plupart des prisonniers de guerre, mis au travail de reconstruction de l'URSS dans des conditions très dures, ne sont libérés qu'en 1947-1948, certains plus tard encore. On estime à près d'un demi-million le nombre de prisonniers de guerre allemands morts en captivité.

Berlin, 29 avril 1945.

Berlin, la dernière bataille

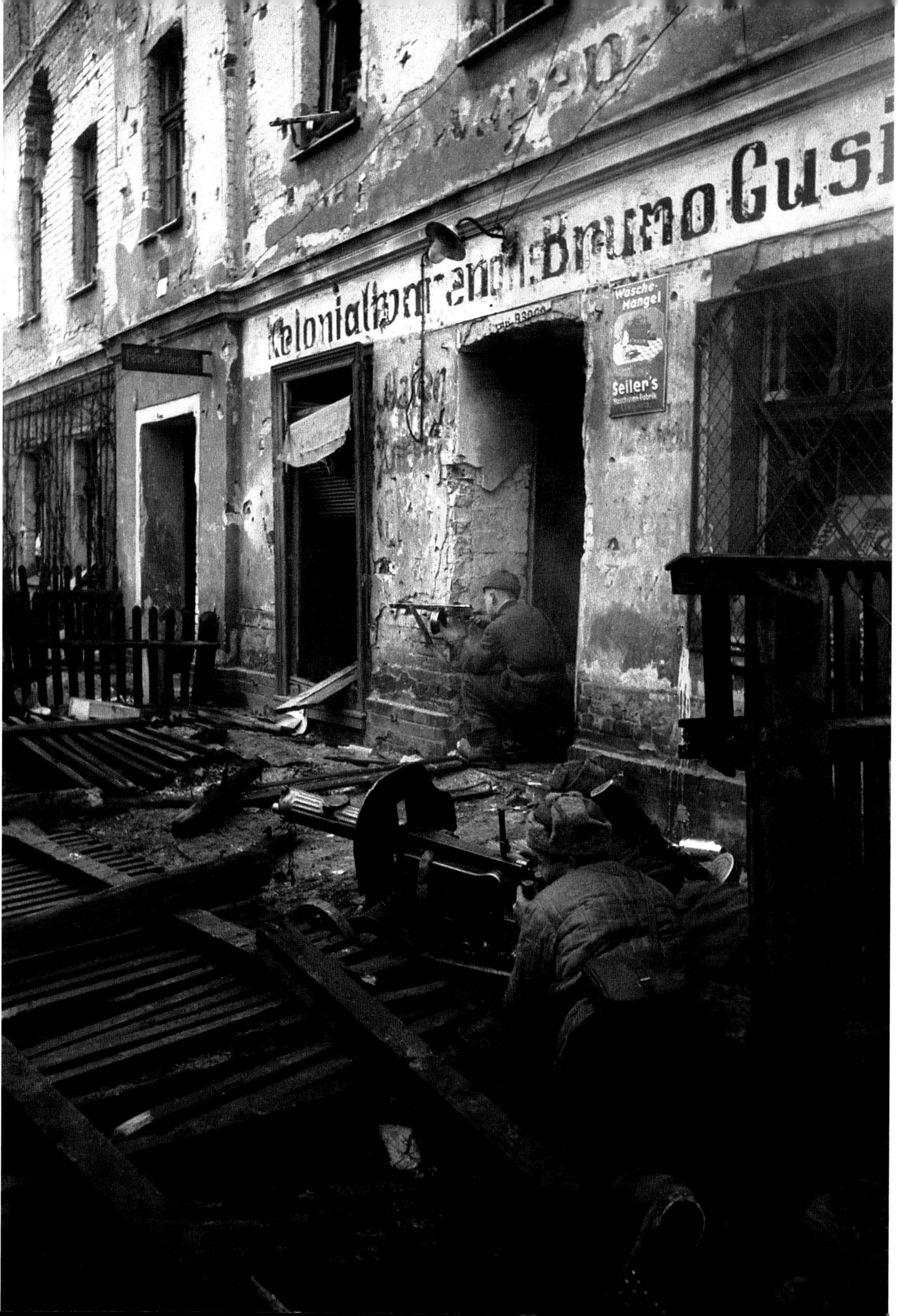
Bruno Gusi
Wäsche-Mangel
Seiler's

Un aveugle et son guide, Berlin,
avril ou mai 1945.

Page de gauche
Combat de rue, Berlin, 24 avril 1945.
Au cours de la bataille, acharnée, pour
la conquête de la capitale du III ͤ Reich,
l'armée soviétique perd, dans
les dernières semaines de la guerre,
plus de 150 000 hommes. Les combats
dans Berlin et ses faubourgs
se prolongent dix jours durant,
du 23 avril au 2 mai 1945.

Page suivante en haut à gauche
Berlin, 9 mai 1945.
Le regard tourné vers la porte, le
maréchal Joukov ordonne de faire entrer
la délégation allemande pour ratifier
la capitulation. On reconnaît, à la droite
de Joukov, Andreï Vychinski, le Procureur
général de l'URSS, et à sa gauche
le général d'armée Sokolovskii.

Berlin, la dernière bataille

Photographie officielle du généralissime Staline, Potsdam, juillet 1945.

Ci-dessous
Conférence de Potsdam, juillet 1945. La conférence de Potsdam (17 juillet-2 août 1945) marque le sommet de l'influence soviétique et révèle un fossé croissant entre les Alliés. Les Occidentaux doivent accepter, sous la pression conjointe des Soviétiques et des Polonais, de fixer la frontière polono-allemande sur la ligne Oder-Neisse. Américains et Britanniques voient Staline et Molotov formuler de nouvelles revendications qui n'ont pas figuré à la conférence de Yalta, tenue en février 1945. Aux côtés de Staline en majesté, revêtu de l'uniforme blanc de généralissime, on reconnaît Viatcheslav Molotov à sa droite, le Premier ministre britannique Clement Attlee (4ᵉ à droite) et le jeune Andreï Gromyko (2ᵉ à gauche), le futur ministre des Affaires étrangères soviétique de 1957 à 1985.

La Grande Guerre patriotique

Berlin, 9 mai 1945.
Le général Keitel signe l'acte
de capitulation sans conditions
de l'Allemagne.

Ci-dessous
Moscou, 24 juin 1945.
Le maréchal Joukov passe en revue les
troupes lors du défilé de la victoire sur
la place Rouge. Staline prend ombrage
de l'extraordinaire prestige et de la
popularité du « vainqueur de Berlin ».
Six mois après la victoire, le maréchal
Joukov est muté à un poste subalterne
comme commandant de la région
militaire d'Odessa. Deux ans plus tard,
commémorant la prise de Berlin,
la presse ne cite même plus son nom.
Il ne retrouvera un rôle politique
qu'après la mort de Staline.

Berlin, la dernière bataille

Les années d'après-guerre

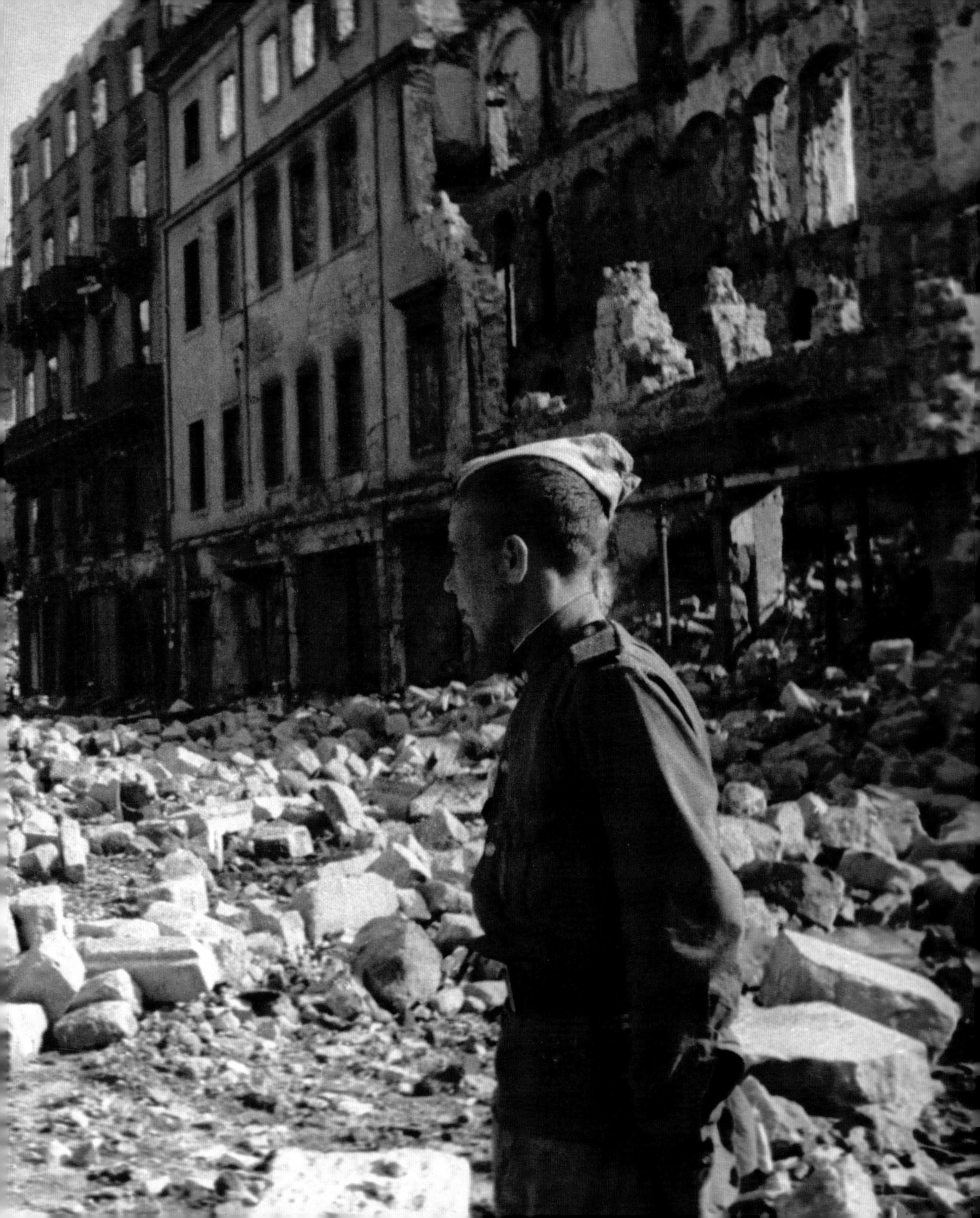

Le retour des vainqueurs

Au cours de la première année qui suit la victoire, plus de trente millions de Soviétiques – évacués civils, militaires démobilisés, prisonniers de guerre et *Ostarbeiter* rapatriés – tentent de retourner chez eux, de retrouver le rythme d'une vie en temps de paix, un emploi, un logement, une vie de famille. Gares transformées en véritables campements de nomades, trains pris d'assaut, véhicules militaires reconvertis en camions de déménagement – les premières images de l'URSS en paix sont d'abord celles d'un immense exode, celui du retour.

Pour un certain nombre de raisons, à la fois logistiques (manque aigu de moyens de transport) et économiques (pénurie de main-d'œuvre, notamment ouvrière), les autorités sont souvent réticentes à laisser rentrer immédiatement chez eux les évacués, notamment les ouvriers travaillant dans les mines et les industries lourdes de l'Oural, de la Sibérie et du Kazakhstan. Or, maintenant que la guerre est finie, ceux-ci ne souhaitent qu'une chose : regagner leur domicile, rejoindre leur famille, retrouver des conditions de vie et de travail moins dures. Les obstacles mis au départ des travailleurs évacués, le maintien de journées de travail de dix, voire douze heures (à la place des huit heures légales) et du régime militarisé assimilant tout départ non autorisé de son entreprise à une « désertion » passible d'une peine de camp de cinq à dix ans, suscitent un très vif mécontentement qui débouche même parfois, dans les usines d'armement de Tcheliabinsk, d'Omsk, de Novossibirsk, ou dans les mines du Kouzbass, sur des arrêts de travail, voire des grèves de courte durée – premiers mouvements de cette ampleur depuis 1932. Dans ce climat de tension, le retour des évacués se fait assez lentement : à la fin de 1947, plus de trois millions de personnes n'ont toujours pas obtenu l'autorisation de regagner la ville d'où elles ont été évacuées en 1941-1942.

La démobilisation de quelque douze millions de combattants est aussi un très long processus, qui s'étale sur plus de deux ans. Sont en priorité démobilisés ceux qui ont été appelés dès l'été 1941. Leur retour à la vie civile, notamment pour les plus jeunes qui n'ont pas eu le temps d'acquérir, avant leur conscription, une expérience de travail, est difficile. Pour ceux-ci, le gouvernement soviétique lance une vaste campagne de promotion en favorisant leur accès à l'enseignement supérieur. Pour les combattants plus âgés, le principal souci des autorités est qu'ils retrouvent le plus rapidement possible un travail, facteur essentiel de resocialisation et de reconstruction identitaire. En réalité, la réintégration des démobilisés dans le monde du travail est parfois assez longue : début 1946, près d'un tiers des anciens combattants rendus à la vie civile depuis plus de six mois ne travaille toujours pas. Un grand nombre de démobilisés tentent de profiter du retour pour obtenir un travail plus attractif et surtout éviter de retourner au kolkhoze. Malgré les immenses destructions qui leur ont été infligées par l'occupant, les villes attirent toujours les jeunes démobilisés des campagnes. Parmi les problèmes les plus aigus auxquels doivent faire face les anciens combattants figure celui du logement. Fin 1945, on compte en URSS près de vingt-cinq millions de sans-

« Vive la femme soviétique héroïque ! »

Double page précédente
Berlin, juillet 1945.
Cette photographie a été prise par Natalia Bode, l'une des rares femmes reporters de guerre, qui couvrit le front Est depuis 1942.

L'un des premiers convois de démobilisés arrive à la gare de Biélorussie à Moscou, juillet 1945.
On peut lire sur la banderole sous le portrait de Staline : « Notre cause est juste. Nous avons vaincu ! »

Ci-dessous
Biélorussie, été 1945.
Convoi de démobilisés en route vers l'Est.

Page suivante
1, **2** et **4**. Le retour, fleurs pour les soldats, gare de Biélorussie, Moscou, été 1945.
Dans les semaines qui suivent la victoire, les premiers convois de soldats et officiers démobilisés arrivent, en provenance d'Allemagne, à la gare de Biélorussie à Moscou. L'arrivée de chaque convoi donne lieu à une cérémonie sobre, mais émouvante, au cours de laquelle les anciens combattants se voient offrir des fleurs. Le rythme des arrivées de convois s'accélérant, les autorités, débordées, ne peuvent maintenir ce rituel. Rapidement, les problèmes liés au retour à la vie civile vont prendre le dessus.

Le retour des vainqueurs

3. Biélorussie, août 1945.
Le major-chef Nikolaï Pimtchouk, héros de l'Union soviétique, de retour dans son kolkhoze natal. Si un certain nombre d'anciens combattants reviennent chez eux au village pour occuper des fonctions de responsabilité dans l'administration locale, nombreux sont ceux qui mettent à profit leur nouveau statut acquis au combat pour quitter définitivement la campagne et trouver du travail, mieux rémunéré, en ville.

Page de droite
Moscou, 24 juin 1945.
Après le défilé de la victoire.

abri. Jusqu'au milieu des années 1950, la plupart des citadins soviétiques vivent dans des conditions très précaires : appartements communautaires, foyers de travailleurs, baraquements de fortune, voire abris creusés dans la terre, les fameuses *zemlianki*. Un seul chiffre illustre cette réalité fondamentale des « années Staline » : au début des années 1950, le citadin soviétique dispose en moyenne de moins de cinq mètres carrés pour se loger !

Parmi les anciens combattants, une catégorie connaît un sort particulièrement tragique : les invalides de guerre. En URSS, l'acuité dramatique de ce problème tient à la fois aux énormes masses concernées – plus de trois millions de personnes –, au dénuement extrême du pays, et à la législation répressive dirigée contre toutes les formes de marginalité. Les foyers d'invalides manquent de tout ; fin 1945, l'attente moyenne pour obtenir une prothèse atteint un an. Malgré une réglementation qui fait obligation aux entreprises et aux administrations d'embaucher un quota d'invalides de la Grande Guerre patriotique, la plupart d'entre eux restent sans emploi et doivent tenter de survivre sur leur maigre pension. Réduits souvent à la mendicité sur la voie publique, les invalides, nonobstant leur handicap, tombent alors sous le coup d'une législation punissant le « parasitisme social » d'une peine d'exil ou de camp.

Retour difficile également pour les anciens prisonniers de guerre soviétiques et les civils déportés en Allemagne. Tous ces rapatriés doivent passer par des « camps de filtration et de contrôle ». Là, le personnel du NKVD et du Smerch, le service de contre-espionnage de l'Armée, est censé faire le tri entre les déserteurs, les prisonniers de guerre, les civils qui ont fui l'avance des troupes soviétiques

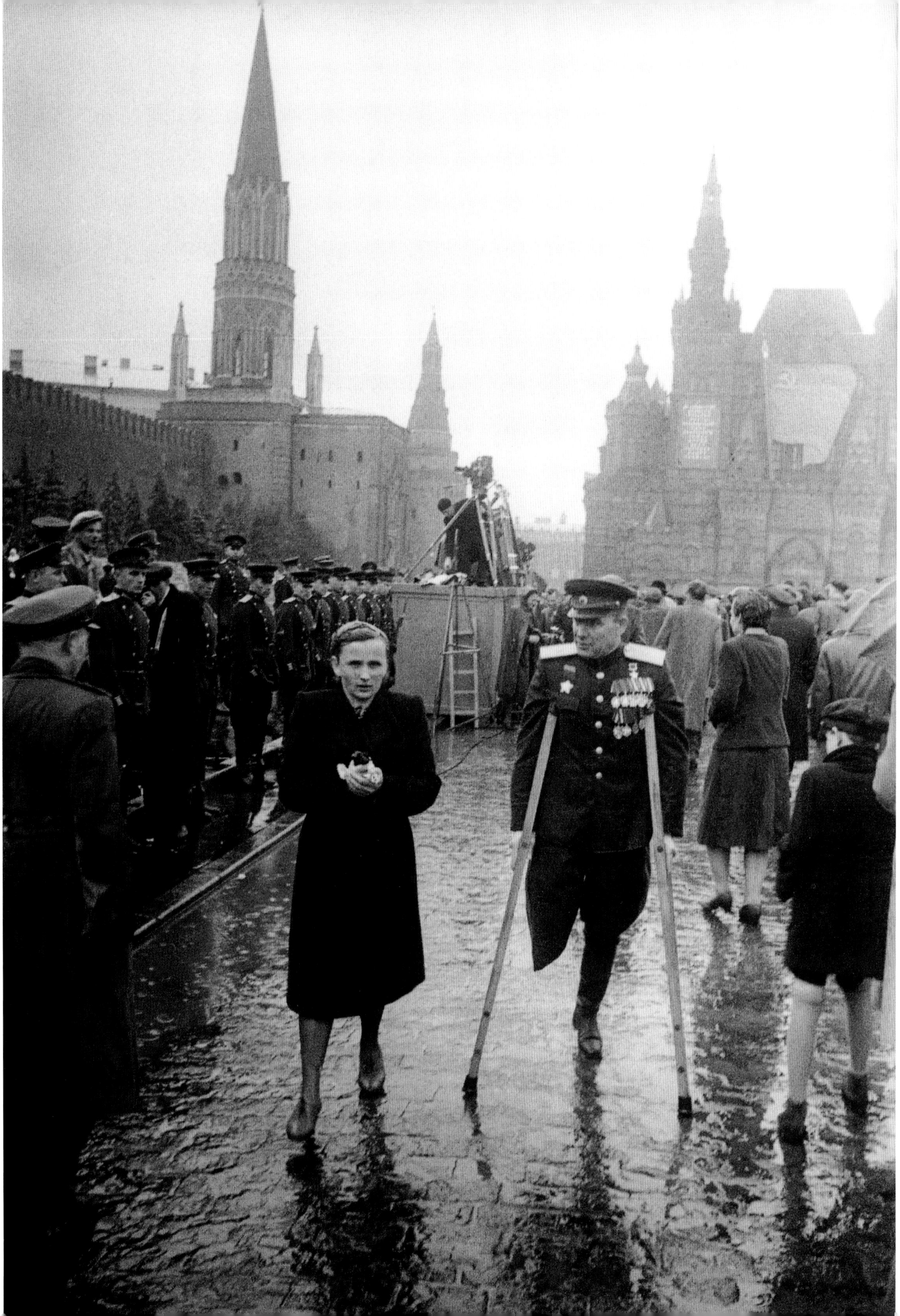

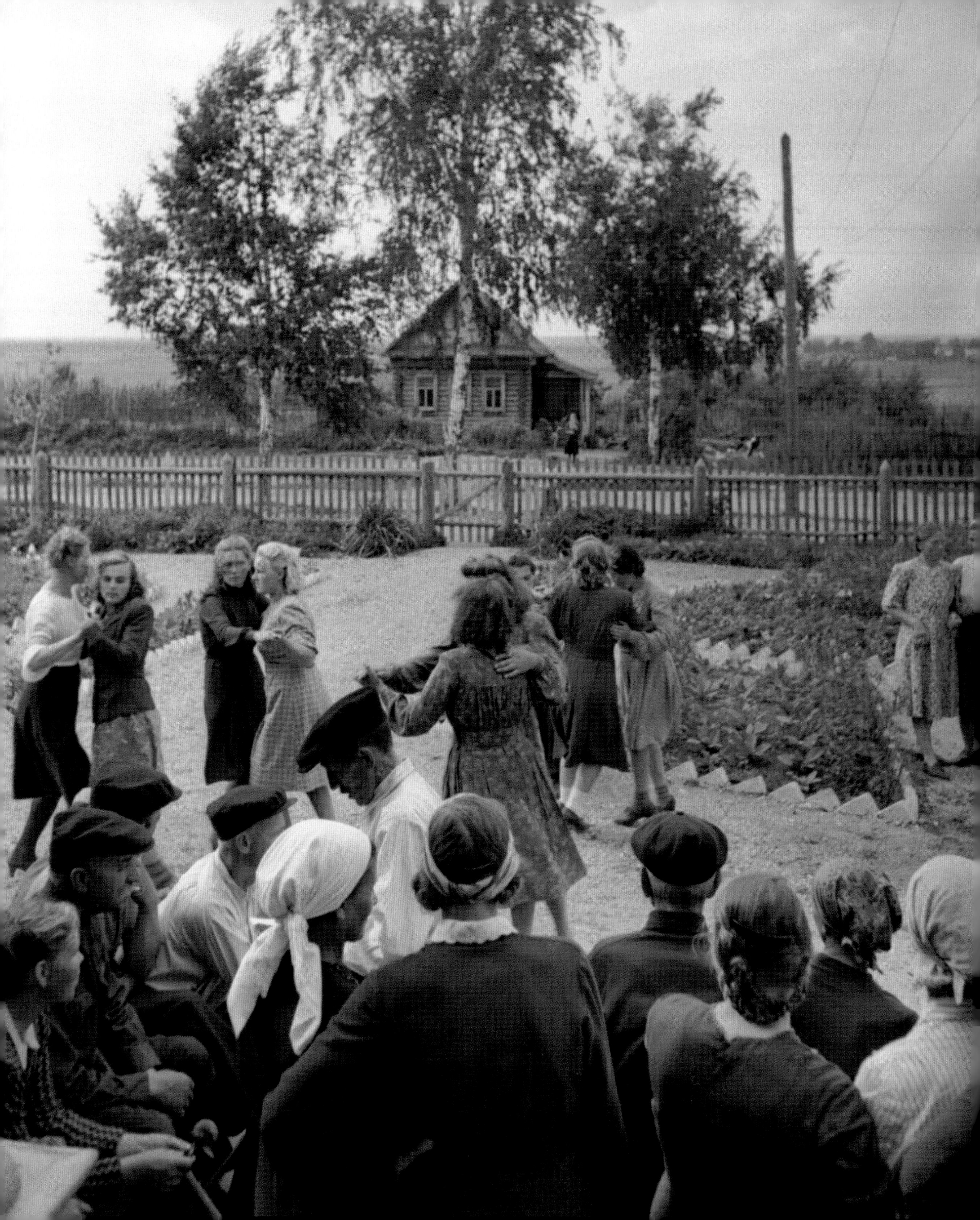

parce qu'ils ont, d'une façon ou d'une autre, « collaboré » avec l'occupant, les *Ostarbeiter* emmenés de force en Allemagne, les militaires ayant servi dans l'armée du général Vlassov... Entre avril 1945 et février 1946, plus de quatre millions deux cent mille Soviétiques, civils et militaires, passent par l'un des cent cinquante « camps de filtration et de contrôle » mis en place par le NKVD dans les zones frontalières occidentales de l'URSS. Sur ce nombre, deux millions cinq cent mille (soit 75 % des civils, mais seulement 18 % des ex-prisonniers de guerre soviétiques) sont autorisés à regagner leurs foyers. Huit cent mille (soit 43 % des prisonniers de guerre et 5 % des civils rapatriés) sont versés dans l'armée et affectés à des tâches de reconstruction pour une durée de trois ans. Six cent mille rapatriés (soit 23 % des ex-prisonniers de guerre et 10 % des civils contrôlés) sont envoyés, pour une durée de cinq ans, dans des « bataillons de reconstruction », au régime particulièrement dur qui ne se distingue guère du régime de travail forcé auquel sont soumis les détenus des camps... et les quelque deux millions de prisonniers de guerre allemands, japonais, italiens ou roumains retenus en URSS (certains jusqu'en 1948-1949) et contraints de travailler, eux aussi, à la reconstruction du pays. Enfin, trois cent soixante mille rapatriés (dont cent dix mille civils et deux cent cinquante mille ex-prisonniers de guerre) sont, à l'issue de leur « filtration », condamnés à une peine de camp ou de relégation. Ce traitement très dur de tous ceux qui ont déjà été les victimes du nazisme s'explique à la fois par une véritable phobie de la « contamination étrangère » dont ces malheureux seraient porteurs, mais aussi par des considérations d'ordre économique : dans un pays saigné à blanc, où l'on manque terriblement de main-d'œuvre, le travail encadré, militarisé, forcé apparaît plus que jamais, aux yeux des dirigeants, comme une panacée.

Premier été d'après-guerre sur la Volga. Dans ce photoreportage effectué le long de la Volga, le photographe Oustinov a tenté de saisir les premiers signes d'un « retour à la normale ».
1. Sur la Volga, près d'Astrakhan, août-septembre 1945.
La pêche traditionnelle à l'esturgeon continue.
2. Saratov, gare fluviale sur la Volga, août-septembre 1945.
« Bienvenue aux héros victorieux ! »
3. Sur la Volga, août-septembre 1945.
Premières vacances après la guerre.

Page de gauche
Bal de village, été 1945.

Le retour des vainqueurs

Sur la Volga, près d'Astrakhan,
août-septembre 1945.
Marché kolkhozien aux pastèques.

Cinéma sur l'Arbat, Moscou.
Le 28ᵉ anniversaire de la révolution d'Octobre, le premier d'après-guerre.

Le retour des vainqueurs

La victoire désenchantée

« Depuis la fin de la guerre, on note dans les lettres, les pétitions et les démarches, des revendications de plus en plus pressantes. Les plaignants considèrent que maintenant que la guerre s'est achevée victorieusement, que l'URSS a montré sa puissance, les besoins innombrables de la population peuvent et doivent être immédiatement satisfaits. » Ainsi, l'un des responsables du secrétariat du Praesidium du Soviet suprême de l'URSS, la plus haute instance de l'État soviétique, conclut-il, début 1946, son rapport annuel d'activité. Jamais les Soviétiques n'ont autant écrit aux autorités, autant revendiqué que dans cet immédiat après-guerre. En 1946, les seuls services du Praesidium du Soviet suprême recensent plus de trois cent vingt mille demandes (par lettre individuelle, pétition ou démarchage), soit cinq fois plus qu'en 1940. « N'avons-nous pas conquis au prix du sang, pour nous et nos enfants, le droit de vivre mieux ? » Cette interrogation, leitmotiv des lettres et des pétitions adressées aux plus hautes autorités de l'État et à ses dirigeants par les anciens combattants, alimente ce que l'on a appelé le « syndrome de la victoire volée » – un sentiment de frustration éprouvé, dans l'immédiat après-guerre, par une large fraction de la société soviétique, persuadée que la victoire, *sa* victoire, apporterait des changements, et rapidement déçue dans son attente par le régime. Un régime soucieux de gérer *sa* victoire, de remettre la société au travail de reconstruction du pays, de revenir au modèle de développement économique d'avant-guerre, centré sur l'expansion à tout prix du secteur militaro-industriel aux dépens des besoins de consommation des citoyens soviétiques et de mettre fin à un certain nombre de « dérives libérales » – ou tout simplement décentralisatrices – tolérées durant la guerre.

Les années de la guerre, nous l'avons vu, ont été marquées, surtout dans l'armée combattante, par une remarquable liberté de propos. À l'issue de la guerre, les anciens combattants veulent croire en des « lendemains qui chantent ». Les *frontoviki* (combattants du front) issus des milieux ouvriers espèrent que les « lois scélérates » de 1940-1941 criminalisant les relations de travail seront abolies, les anciens combattants venus de l'intelligentsia que les « espaces de respiration » acquis durant la guerre seront sauvegardés ; quant aux *frontoviki* d'origine paysanne, ils comptent bien que les kolkhozes honnis seront dissous. En témoigne l'extraordinaire vague de rumeurs relevées durant l'été 1945 dans un grand nombre de provinces (Pskov, Penza, Voronej, Koursk, Rostov-sur-le-Don), selon lesquelles les kolkhozes vont être bientôt liquidés : « Molotov a quitté la conférence de San Francisco, face à l'insistance de Truman, qui fait pression pour que Staline supprime le système kolkhozien », dit-on dans la province de Voronej, tandis qu'à Koursk et à Penza, les paysans démobilisés affirment que « Joukov a promis que, pour nous récompenser de la prise de Berlin, il obtiendrait de Staline qu'on abolisse les kolkhozes et qu'on redistribue la terre aux paysans. » Toutes ces rumeurs témoignent de la permanence du traumatisme lié à l'imposition du « second servage » (c'est ainsi, rappelons-le, que les paysans qualifient la collectivisation forcée) ; elles révèlent aussi, à travers les récits des démobilisés et les « choses entendues » à la radio, l'irruption chaotique du monde extérieur dans les campagnes les plus reculées. Quant aux autorités, elles sont promptes à mettre ces rumeurs sur le compte des « influences étrangères » qui auraient contaminé une partie des douze ou treize millions de Soviétiques qui ont, pour la première fois de leur vie, franchi les frontières de leur pays.

C'est sans doute à l'occasion des élections de février 1946 au Soviet suprême que les autorités prennent la pleine mesure du potentiel de contestation et du franc-parler inhabituel émanant des « masses » et des anciens combattants en particulier. Ces élections ne présentent évidemment aucun enjeu politique majeur. Elles font partie d'un rituel censé réaffirmer périodiquement « l'union indéfectible du Parti et du peuple ». Il permet aussi aux autorités d'évaluer, à travers les centaines de milliers de réunions pré-électorales, l'état de l'opinion publique, consigné dans des milliers de rapports. Les gens ne disent pas « tout », mais de nombreux sujets sont évoqués, et les rapports notent systématiquement les questions posées. Par rapport au dernier rituel de ce type (qui avait eu lieu au début de 1937), les langues se sont déliées. Voici quelques-unes des questions le plus souvent citées : « Pourquoi, la guerre finie, n'a-t-on toujours pas le droit de changer de travail ? » « Quand sera-t-on autorisé à rentrer chez soi ? » « Puisque les kolkhozes ne donnent rien pour le travail collectif, pourquoi ne pas augmenter la taille des lopins individuels ? ». Certaines questions sont encore plus provocatrices : « Il n'y a qu'une seule liste de candidats. De quelle liberté de choix, garantie par la Constitution, peut-on parler ? » « Le gouvernement dépense pour rien de l'argent à organiser ces élections. À quoi bon ? De toute façon, il fera élire qui il veut ! ». Des critiques particulièrement vives portent sur les « petits chefs locaux qui se sont fait du gras pendant la guerre ». Une attention toute particulière est portée par les électeurs à ce qu'ont fait les candidats proposés par les autorités durant la guerre. Ont-ils réellement combattu au front ? Dans quelle unité ? Ont-ils été évacués vers l'arrière ? Ont-ils passé la guerre « bien au chaud dans un bureau » ? Il arrive même que les participants à ces réunions pré-électorales, au cours desquelles les anciens combattants semblent avoir été particulièrement actifs à faire admettre et valoir l'expérience du feu comme nouvelle source de légitimité politique et sociale, proposent des candidatures « alternatives ». De nombreuses questions portent aussi sur la situation internationale – en particulier sur les risques d'une nouvelle guerre, mais aussi sur les systèmes politiques et les modes d'élection chez les Alliés. On n'en sait pas grand-chose, mais le simple fait de s'intéresser à ce genre de questions, le seul fait de comparer et de le dire publiquement, révèle à quel point la guerre – et surtout le fait, pour de nombreux combattants, d'avoir été « à l'étranger » – a influé sur les mentalités.

Cette étonnante liberté de propos n'implique toutefois aucune remise en question du système politique dans son ensemble, un système sorti renforcé et légitimé par l'issue victorieuse de la Grande Guerre patriotique, et encore moins une quelconque critique des figures dirigeantes, Staline et Joukov en tête, auréolés du prestige de la victoire. Les frustrations de la « victoire volée » s'expriment plutôt dans une critique acerbe des bureaucrates locaux et des « petits chefs », tenus pour responsables des difficultés et des injustices de la vie quotidienne. « Ils s'engraissent, restent confortablement assis au chaud et trompent Staline, qui ne sait rien de ce qui se passe dans le pays » – cette remarque d'un ouvrier métallurgiste de l'Oural, relevée dans un rapport de septembre 1947 « sur l'état d'esprit des travailleurs de la province de Tcheliabinsk », en dit long à la fois sur la forte polarisation entre « eux » (la nomenklatura locale) et « nous » (le petit peuple travailleur) qui, depuis les années 1930, structure le champ social, mais aussi sur un rapport très spécifique – et très traditionnel – au pouvoir. Parmi les autres signes de ce que les autorités qualifient de « trouble des esprits de l'après-guerre » figure le renouveau du sentiment religieux. Le relâchement de la pression antireligieuse durant la guerre s'est aussitôt traduite par un retour en force des rites religieux : mariages à l'église, vague de baptêmes de nouveau-nés et d'adultes, pétitions en faveur de l'ouverture d'églises. Parmi les plus actifs demandeurs figurent de nombreux invalides et veuves de guerre. « Un certain nombre de veuves, peut-on lire dans un rapport du Conseil pour les affaires de l'Église orthodoxe russe, l'organisme gouvernemental chargé des relations entre l'État et l'Église, expliquent qu'ayant perdu leur mari ou leur fils à la guerre, ne sachant même pas où celui-ci est enterré, il ne leur reste que l'église pour étancher leur peine. » La sécheresse de l'été 1946, prélude à une récolte catastrophique, voit se multiplier, dans les campagnes, des messes célébrées en plein air « pour faire venir la pluie ». Toute tentative, de la part des autorités locales, d'interdire la célébration du culte hors de l'église, se heurte à de vives protestations. Plutôt que de se mettre à dos leurs administrés, un certain nombre de fonctionnaires locaux préfèrent exploiter l'influence du pope, appelé à encourager, dans ses sermons, les kolkhoziens à remplir leurs obligations envers l'État en échange d'une large tolérance religieuse !

Face à ce « trouble des esprits », le régime réagit en ayant recours à la carotte et au bâton. D'un côté, une vaste campagne de promotion des anciens combattants est lancée : à la rentrée de 1946, on ouvre très largement l'accès de l'enseignement supérieur aux anciens combattants ; on favorise leur promotion à des postes de responsabilité, notamment dans les kolkhozes et les soviets ruraux, où l'hémorragie de cadres, décimés par la guerre, est la plus forte. Les anciens combattants bénéficient aussi de nombreux petits privilèges, à la fois symboliques et matériels : meilleur approvisionnement dans les magasins d'État, gratuité des transports urbains, coupe-files permettant d'éviter les innombrables queues aux guichets des administrations, des magasins ou des gares.

Sur le fond, le régime ne fait toutefois aucune concession aux aspirations de la société soviétique à une « vie meilleure ». Bien au contraire : les « lois du temps de guerre » criminalisant « l'abandon du poste de travail » sont maintenues jusqu'en 1948 ; le contrôle s'appesantit sur les kolkhozes : en un an, près de cinq millions d'hectares de terres que les kolkhoziens se sont illégalement appropriés durant la guerre sont restitués à la « collectivité kolkhozienne » ; le « Plan de reconstruction » adopté par le Soviet suprême en mars 1946 donne clairement la priorité au développement du complexe militaro-industriel aux dépens des secteurs produisant des biens de consommation indispensables à la population. Prenant prétexte de la dégradation très rapide de ses relations avec les Alliés d'hier, de la coupure de l'Europe en deux « blocs » antagonistes et de « l'entrée en guerre froide », le régime se lance dans une vaste campagne de remobilisation idéologique et culturelle. Cette remobilisation, centrée à nouveau autour du thème de la « menace impérialiste et militariste » que représente désormais la coalition antisoviétique réunissant les États-Unis, la Grande-Bretagne et les « revanchards de la RFA », fonctionne parfaitement dans une société profondément traumatisée par la guerre, d'une violence inouïe, qu'elle vient de subir. La hantise d'une nouvelle guerre va être, des décennies durant, fortement instrumentalisée par le régime pour faire passer, auprès des citoyens soviétiques, l'immense effort de réarmement massif du pays et toutes les mesures d'austérité qui en découlent.

МЯСО

За годы советской власти в СССР создана мощная мясная промышленность. Все ее заводы, оборудованные по последнему слову техники, вошли в государственные всесоюзные об'единения.

Широко развернулось в Советском Союзе строительство новых предприятий: в Москве, в Ленинграде, в Улан-Удэ, в Баку и во многих других городах СССР вступили в строй мощные, механизированные мясокомбинаты, птицекомбинаты, холодильники.

При мясокомбинатах созданы консервные заводы, колбасные заводы, жировые цехи и т. д.

В СССР организованы научно-исследовательские институты мясной, холодильной промышленности и птицепромышленности. Тщательно изучая качество продукции, учитывая спрос населения, институты разрабатывают новую рецептуру, новую технологию производства, создают новые машины.

Велики успехи мясной промышленности. В 1948 году заготовки мяса в стране — несмотря на огромный урон, нанесенный животноводству войной, — почти достигли довоенного уровня. Производство мясных продуктов выросло в 1948 году, по сравнению с 1947 годом на 25 процентов.

В апреле 1949 года правительство Советского Союза утвердило трехлетний план развития животноводства, по которому к концу 1951 года поголовье крупного рогатого скота только в колхозах должно быть доведено не менее, чем до 34 миллионов голов. Кроме того, значительно увеличится поголовье скота, находящегося в личной собственности колхозников, рабочих, служащих, единоличных крестьян, а также в совхозах. В том же 1951 году в стране будет заготовлено 2.700 тысяч тонн мяса.

Переработать все это огромное количество мяса и предложить его потребителю в виде разнообразной и доброкачественной продукции должна будет советская мясная промышленность.

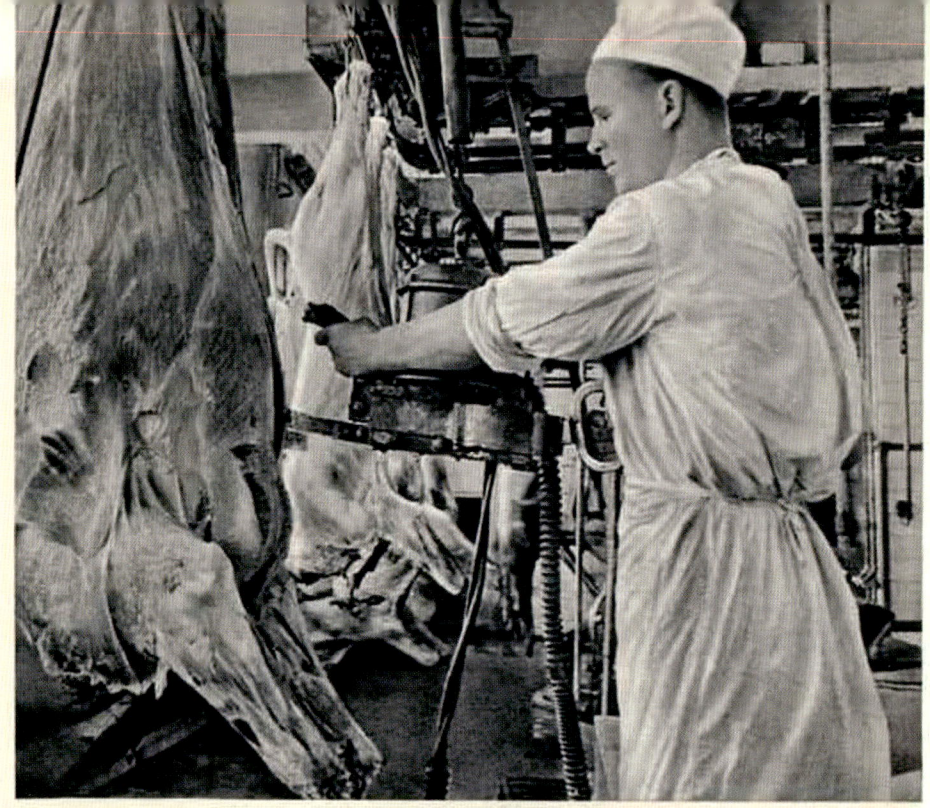

На московском мясокомбинате. Стахановец цеха первичной переработки Василий Сидоров распиливает электрической пилой туши крупного рогатого скота. Электрическая распиловка значительно облегчает труд рабочих и улучшает качество разделки туш.

В термическом цехе колбасного завода московского мясокомбината. На втором плане видны коптильные камеры, в которых обрабатываются горячим дымом излюбленные потребителями колбасы — московская, полтавская, краковская и другие.

На снимке слева — лаборантка Октябрина Соловьева производит в лаборатории исследование мяса.

Мощные мясокомбинаты построены за годы сталинских пятилеток в различных городах и промышленных центрах страны. Эти комбинаты снабжают высокосортными мясными изделиями десятки миллионов потребителей. На снимке — общий вид мясокомбината им. Берия в столице Азербайджанской республики — городе Баку. Построенный в 1933 году, бакинский мясокомбинат является первенцем мясной индустрии Советского Союза.

Один из цехов Братцевской птицефабрики, в инкубаторах которой выводятся лучшие породы кур, гусей, уток, индеек. Братцевская птицефабрика принадлежит к крупнейшим предприятиям такого рода, созданным в больших городах и промышленных центрах. Она снабжает яйцами и битой птицей многочисленные магазины Москвы.

Спрос потребителей на пельмени чрезвычайно велик. Мясокомбинаты различных городов страны имеют специальные пельменные цехи. На снимке — автомат для изготовления пельменей на Ленинградском мясокомбинате имени Кирова. Работницы, с помощью особых приспособлений, снимают с конвейера бракованные пельмени.

1946-1947, deux années terribles

Fin octobre 1945, le premier secrétaire du Parti communiste de Novossibirsk adresse au Comité central une étonnante requête : que les travailleurs de la capitale sibérienne soient exemptés de défiler lors de la parade traditionnelle du 7 Novembre, jour anniversaire de la prise du pouvoir par les bolcheviks en 1917, « parce qu'ils n'ont aucun vêtement chaud à se mettre et pas de chaussures pour défiler dans le froid ». Cet aveu en dit long sur les immenses difficultés matérielles auxquelles sont confrontés les Soviétiques au sortir de la guerre. Les industries de biens de consommation, ravagées par l'occupant ou reconverties vers la production militaire, ne peuvent assurer qu'une part infime des besoins de la population. Les « bons de rationnement » donnant théoriquement droit aux produits hautement déficitaires que sont les vêtements, les chaussures ou même le savon ne sont que très partiellement honorés. Il faut s'inscrire sur une longue « liste d'attente » avant d'obtenir la marchandise indispensable à un prix raisonnable dans un magasin d'État. Jusqu'à la fin de l'année 1947, les Soviétiques vivent avec le système de rationnement instauré juste avant le début de la guerre.

C'est toutefois sur le « front agricole » que la situation reste la plus dramatique. Dès l'été 1946, il devient évident que l'engagement pris par Staline de supprimer le rationnement des produits alimentaires avant la fin de l'année ne pourra être tenu. Une grave sécheresse, dans les provinces centrales de la Russie, la Basse et la Moyenne Volga, l'Ukraine et la Moldavie, des pluies diluviennes en Sibérie et au Kazakhstan viennent aggraver la situation déjà très dégradée de l'agriculture soviétique. Celle-ci manque à la fois de bras, à la suite de la terrible saignée de la guerre (la population agricole active a diminué d'une quinzaine de millions d'hommes !) et de machines (l'industrie, entièrement reconvertie vers l'effort de guerre a livré aux kolkhozes, en 1945-1946, dix fois moins de tracteurs et cinquante fois moins de moissonneuses-batteuses qu'en 1940). Tout laisse augurer une très mauvaise récolte, encore bien inférieure à celle de 1945, qui n'a atteint que 60 % du niveau de 1940. Malgré ces perspectives peu encourageantes, le gouvernement refuse de diminuer les réserves d'État et les livraisons obligatoires imposées aux kolkhozes. Il choisit à la fois d'augmenter les prix des produits rationnés, de réduire le nombre des ayants droit aux cartes de rationnement et de remplir à tout prix le plan de collecte, nonobstant la récolte catastrophique de l'année 1946, la plus mauvaise de toute la période soviétique (moins de 40 millions de tonnes de céréales, contre 95 millions en 1940).

Le 16 septembre 1946, les Soviétiques apprennent par la presse que les prix des produits rationnés de première nécessité (pain, pommes de terre, lait, viande, poisson) sont augmentés, du jour au lendemain, de 100 à 200 %. Le bref communiqué officiel présente cette « augmentation provisoire » comme une mesure préparatoire annonçant la fin prochaine du rationnement et des privations. Dix jours plus tard, une autre mesure, aux conséquences particulièrement dramatiques pour des dizaines de millions de Soviétiques, est annoncée dans les journaux. Le nombre des ayants droit aux cartes de rationnement passe de quatre-vingt-sept millions à soixante millions de personnes. Sur les vingt-sept millions de Soviétiques qui doivent être, dès le mois d'octobre, rayés des listes et contraints d'acheter leurs produits alimentaires aux prix dits « commerciaux », quatre à six fois plus élevés que les prix « rationnés », l'immense majorité réside dans les petites villes et les zones rurales : ouvriers agricoles et employés des sovkhozes, personnes travaillant dans des petites et moyennes entreprises considérées comme non-prioritaires, cheminots, postiers, instituteurs et autres employés du secteur coopératif et du secteur d'État. En outre, pour ceux qui conservent le droit aux cartes de rationnement, les normes de pain, de féculents, de viande et de produits laitiers sont diminuées. Fin 1946, la ration moyenne d'un travailleur adulte engagé dans un travail physique est d'à peine 600 grammes de pain de seigle par jour, 400 grammes de pommes de terre et de légumes, 70 grammes de poisson salé, 25 grammes de viande et 25 grammes de graisses. Les employés, les « travailleurs intellectuels », les étudiants et les retraités ont, quant à eux, droit à des rations encore plus modiques. Avec la hausse de 100 à 200 % du prix des produits rationnés, le frugal repas à la cantine de l'entreprise représente désormais la moitié du salaire journalier d'un ouvrier de qualification moyenne.

Comment la population réagit-elle à ces mesures ? Par un profond désarroi, à en juger d'après les nombreux rapports sur « l'état d'esprit de la population en relation avec les mesures d'économie dans les dépenses de pain » consignés dans les archives du Parti. La manière dont les mesures ont été dévoilées, par étapes et avec de nombreuses contorsions, contribue à accroître la méfiance de la population et à favoriser le développement d'innombrables rumeurs – sur des vagues de suicides d'ouvrières désespérées de ne plus être en mesure d'assurer la subsistance de leurs enfants ; sur l'imminence d'une nouvelle guerre ; sur l'existence d'une vaste conspiration visant, à l'insu de Staline, à faire « rendre gorge aux simples travailleurs ». Au désarroi s'ajoute un profond sentiment d'injustice, exprimé tout particulièrement par les anciens combattants : « À quoi bon avoir combattu ? J'ai survécu à la guerre, maintenant ils veulent me faire crever de faim, moi et ma famille. » Ces propos amers d'un ancien combattant, tenus dans le magasin n° 18 de Vologda (et dûment rapportés) reflètent assurément un sentiment largement partagé. « Pour survivre, il ne nous reste plus qu'à voler », tel est aussi l'état d'esprit de nombreux « citoyens ordinaires » saisi par les indicateurs du Parti et de la police politique dans les longues files de centaines de personnes qui, en ces jours troublés de l'automne 1946, se forment devant les magasins d'alimentation.

Au même moment, la tension monte dans les campagnes. Dans les régions touchées par la sécheresse, la réalisation des plans de livraisons obligatoires à l'État est à la traîne, malgré une pression croissante, des limogeages en série de responsables locaux, les arrestations massives de présidents de kolkhozes accusés de « saboter le plan ». Début novembre 1946, le plan de livraisons obligatoires à l'État n'est rempli qu'à 52 % alors qu'il ne reste plus que deux mois de collectes. Le gouvernement décide alors de recourir, comme il l'a fait en 1932, à l'envoi de « plénipotentiaires », dirigeants du plus haut niveau politique, dans un certain nombre de régions-clés. En quelques semaines, la pression exercée par ces « plénipotentiaires » donne des résultats spectaculaires. Le bilan définitif, dressé en janvier 1947, fait état d'une collecte totale de plus de dix-sept millions de tonnes, soit 44 % de la récolte – un pourcentage jamais atteint jusqu'alors. Une fois couverts les besoins minimaux des quelque soixante millions de Soviétiques inscrits sur les listes des ayants droit au rationnement, près de cinq millions de tonnes sont versées au fonds stratégique des réserves d'État et plus d'un million de tonnes sont exportées. Ce succès sur le « front des collectes » est chèrement payé par des dizaines de millions de paysans. Dès la fin de l'année 1946, la disette gagne un certain nombre de régions de la Russie centrale (Kalouga, Riazan, Voronej, Penza), la Basse et la Moyenne Volga, l'est et le sud de l'Ukraine et la Moldavie. Au cours des mois suivants, la disette, de plus en plus étendue (elle touche plus de la moitié de la population soviétique, soit quatre-vingt-dix à cent millions de personnes) se transforme, dans les régions les plus touchées, en une véritable famine, qui fait plus d'un million de victimes. Les zones rurales sont les plus vulnérables ; néanmoins, les villes, où le système des cartes de ravitaillement est censé assurer un minimum vital, ne sont pas épargnées : de très nombreux cas de « dystrophie alimentaire » sont rapportés, dans les documents secrets du Parti et de la police politique, dans les usines et les chantiers de Stalingrad, de Rostov-sur-le-Don, de Iaroslavl, de Novossibirsk et même de Leningrad. Naturellement, aucune information officielle ne fait état de cette dernière grande famine européenne du XXe siècle.

Double page précédente

Extraits de L'URSS en construction, 1949, n° 4.
Un numéro consacré au thème de l'« abondance alimentaire en URSS ». L'encadré sur la viande et les produits carnés annonce les succès de l'agro-alimentaire soviétique : « En 1948, la production de viande, par rapport à 1947, a augmenté de 25 %. » Rappelons que 1947, année de disette et de famine, fut l'une des pires années pour l'agriculture et l'élevage soviétiques.

La reconstruction en marche

D'excellentes conditions météorologiques durant l'été et l'automne 1947 assurent pour cette année-là une bonne récolte, supérieure de 65 % à celle de 1946. En décembre 1947, deux ans et demi après la fin de la Grande Guerre patriotique, les cartes de rationnement sont enfin supprimées. Cette mesure, longtemps attendue, marque véritablement la fin d'une époque. Elle ne signifie pas pour autant le début de l'abondance. Si quelques magasins d'alimentation des quartiers du centre de Moscou, de Leningrad ou de Kiev, véritables « vitrines du socialisme » figurant sur tous les itinéraires guidés des délégations étrangères, proposent désormais un assortiment varié de produits, les longues files d'attente pour les produits de base, pain, lait, viande, restent le quotidien de l'immense majorité des Soviétiques. Quant aux biens manufacturés de consommation courante, la production du secteur d'État demeure très insuffisante pour couvrir les besoins minimaux de la population. Ceux-ci sont partiellement assurés par une économie parallèle, qui n'a jamais été totalement éradiquée par le régime et s'est même développée durant les années de guerre, à la faveur du relâchement des contrôles économiques. Plusieurs enquêtes, diligentées en 1946-1947, révèlent l'ampleur du phénomène dans un grand nombre de régions du pays : dizaines de milliers de tisserands travaillant à domicile dans la province de Riazan, pour ne prendre que cet exemple, et écoulant leur production par le biais de « coopératives » ; milliers de cafés et de restaurants privés, masqués en « coopératives », prospérant en Asie centrale et en Géorgie, mais aussi à Moscou, Leningrad et Kiev ; important artisanat rural assurant, dans les provinces de la Russie centrale, une production variée (savons, paniers, bottes de feutre, tonneaux, vêtements) pour le marché local ; dirigeants régionaux du Parti se fournissant en costumes dans des entreprises privées clandestines, qui font travailler, en toute illégalité, à partir de tissus volés dans des usines textiles d'État, des tisserands à domicile, salariés d'une fausse coopérative ! C'est en partie pour « éponger » les liquidités générées par l'économie parallèle et le marché libre qui a prospéré durant la guerre, que le gouvernement soviétique lance en décembre 1947, au moment même où est aboli le rationnement, une importante réforme monétaire. Celle-ci prévoit l'échange de tous les billets de banque en circulation, au taux de dix anciens roubles pour un nouveau rouble. Les prix nominaux des biens et marchandises en circulation ne changent pas. Aussi, le pouvoir d'achat des nouveaux roubles est-il dix fois inférieur à ceux des anciens roubles. Seules les sommes déposées dans les caisses d'épargne bénéficient d'un taux d'échange équitable : un ancien rouble pour un nouveau rouble, mais seulement jusqu'à hauteur de trois mille roubles, l'équivalent de trois mois de salaire d'un ouvrier de qualification moyenne. Pour les sommes comprises entre trois mille et dix mille roubles, le taux d'échange est déjà moins favorable : trois anciens roubles pour deux nouveaux roubles. Ce système complexe n'affecte guère les milieux ouvriers et, en général, les citadins qui n'ont guère d'économies (ou, quand ils ont un peu d'argent de côté, le gardent à la caisse d'épargne). En revanche, la réforme monétaire pénalise fortement un certain nombre de paysans qui ont mis de côté, sans les verser à une caisse d'épargne (telle n'est pas l'habitude dans les campagnes où le réseau de caisses d'épargne est quasi inexistant) des liquidités obtenues durant la guerre et surtout en 1945-1946, au moment où les prix du marché libre, dans un contexte de fortes pénuries alimentaires, sont particulièrement avantageux. Le fait que près d'un

« Qui travaille bien, récolte bien ! » 1947.

« Félicitations pour votre emménagement ! » 1946.

Construction du nouveau bâtiment de l'université Lamonossov sur les Monts Lénine, à Moscou, 1950.

La reconstruction en marche

Chantier de construction de l'université de Moscou, 1950.

La reconstruction de Minsk, septembre 1947.
Le nouveau bâtiment du siège du gouvernement de la RSS de Biélorussie, à Minsk, vient d'être achevé. Détruite à 90 %, Minsk bénéficia d'une reconstruction prioritaire. Plusieurs centaines de milliers de prisonniers de guerre allemands fournirent une main-d'œuvre bon marché pour la reconstruction de la ville martyre.

Femme à la bétonneuse, début des années 1950.
Cette photographie rappelle une réalité majeure de la vie soviétique d'après-guerre : une forte prédominance de femmes dans la population (plus de 55 %) à la suite de la saignée en hommes due à la guerre. Dans l'industrie, y compris dans les secteurs les plus pénibles, les femmes représentent plus de 55 % de la main-d'œuvre (contre 37 % avant-guerre, un pourcentage déjà particulièrement élevé à la suite d'une politique délibérée du régime d'encourager le travail des femmes).

obligatoire » d'un quota de jeunes ruraux, âgés de quatorze à dix-sept ans, envoyés dans des écoles d'apprentissage industriel. Au terme d'une formation accélérée de six mois, ces jeunes sont affectés d'autorité dans une entreprise industrielle, en général dans une branche d'activité particulièrement dure, et dans des régions inhospitalières du pays toujours en manque de main-d'œuvre : mines du Donbass ou du Kouzbass, combinats métallurgiques de l'Oural, usines chimiques de Sibérie occidentale. Nombreux sont ceux qui, pour échapper à des conditions de travail, de logement et de vie quotidienne particulièrement difficiles, même pour des paysans pourtant rompus à toutes les privations, prennent la fuite. Ainsi, en 1947, près d'un quart de la main-d'œuvre travaillant dans les mines et l'industrie lourde des deux principaux « pays noirs » du pays, le Donbass et le Kouzbass, « déserte », nonobstant les très lourdes peines encourues ; la proportion des « fuyards » est encore plus élevée (jusqu'à 40 %) parmi les jeunes ouvriers passés directement de l'école d'apprentissage industriel à la mine. Considérant que dans les années d'après-guerre (1946-1953), environ dix millions de personnes sont recrutées dans l'industrie et la construction par le système du « recrutement organisé » et de la « conscription obligatoire », on peut estimer à plusieurs millions le nombre de « fuyards » – ce qui en dit long sur une forme singulière d'insubordination sociale et de marginalisation.

Femmes au travail, début des années 1950.

Apprentis, fin des années 1940.
Au cours des années d'après-guerre, marquées par un déficit important de main-d'œuvre industrielle, le gouvernement soviétique maintient le système de la « conscription obligatoire » d'un quota de jeunes ruraux, âgés de 14 à 17 ans, envoyés dans des écoles d'apprentissage industriel. Au terme d'une formation accélérée – et militarisée – ces jeunes ouvriers sont affectés par le ministère des Réserves de main-d'œuvre dans les secteurs industriels en manque permanent de bras (mines, métallurgie, industries chimiques) et dans des régions souvent inhospitalières (Sibérie, Oural, Extrême-Nord).

La reconstruction en marche

209

Moscou, Marché central, 1948.
À côté du système des magasins d'État, mal achalandés, existe un marché « libre », dit marché kolkhozien. Les kolkhoziens ne sont autorisés à vendre leurs surplus qu'après que le kolkhoze a effectué toutes ses livraisons obligatoires aux organismes étatiques de collecte et payé tous ses impôts. La vente, sur les marchés urbains, des produits de leur lopin représente, pour le kolkhozien, plus de 90 % de ses rentrées en argent. En effet, pour son travail dans les champs collectifs, le kolkhozien est presque exclusivement payé en nature. Pour les citadins, le marché kolkhozien permet de suppléer aux déficiences et aux pénuries chroniques des magasins d'État. Seul problème : le prix des denrées, deux à quatre fois plus élevé que les prix d'État.

Particulièrement intéressant est le fait que seule une petite partie des « déserteurs du travail » est rattrapée et sanctionnée. Les chefs d'entreprise signalent rarement à la police les départs non autorisés de leurs ouvriers, ferment les yeux sur des retards « de retour de congés » excédant parfois plusieurs mois, délivrent aux ouvriers (parfois en échange de pots-de-vin) des « certificats de licenciement pour motifs techniques ». Les procureurs, les juges et les officiers de police ne font guère de zèle dans la traque aux « fuyards ». Le régime stalinien peine à réguler de manière exclusivement répressive les flux de main-d'œuvre.

Comme dans les années 1930, face à cette nouvelle classe ouvrière indisciplinée et peu formée, où les femmes occupent une place numériquement prépondérante, le régime tente de promouvoir des « modèles » et des « héros du travail ». Le mouvement stakhanoviste est relancé. Le Stakhanov du IVe Plan est Andreï Filippov, le « poseur de briques » engagé dans la compétition socialiste pour la reconstruction des villes martyres détruites pendant la guerre.

Par ailleurs, le profond renouvellement de la classe ouvrière, par l'afflux de ruraux, va de pair avec un fort mouvement de promotion et d'ascension sociale des ouvriers travaillant dans la production depuis un certain temps et des jeunes citadins. De 1947 à 1953, près de quatre millions de Soviétiques achèvent une formation supérieure ou « secondaire spécialisée ». Sur ce nombre, 40 % sont des ouvriers ayant quitté l'usine pour une école professionnelle ou une faculté dispensant des cours du soir pour adultes. Pour ces ouvriers, la promotion individuelle compense largement les difficultés persistantes de la vie quotidienne. Le manque

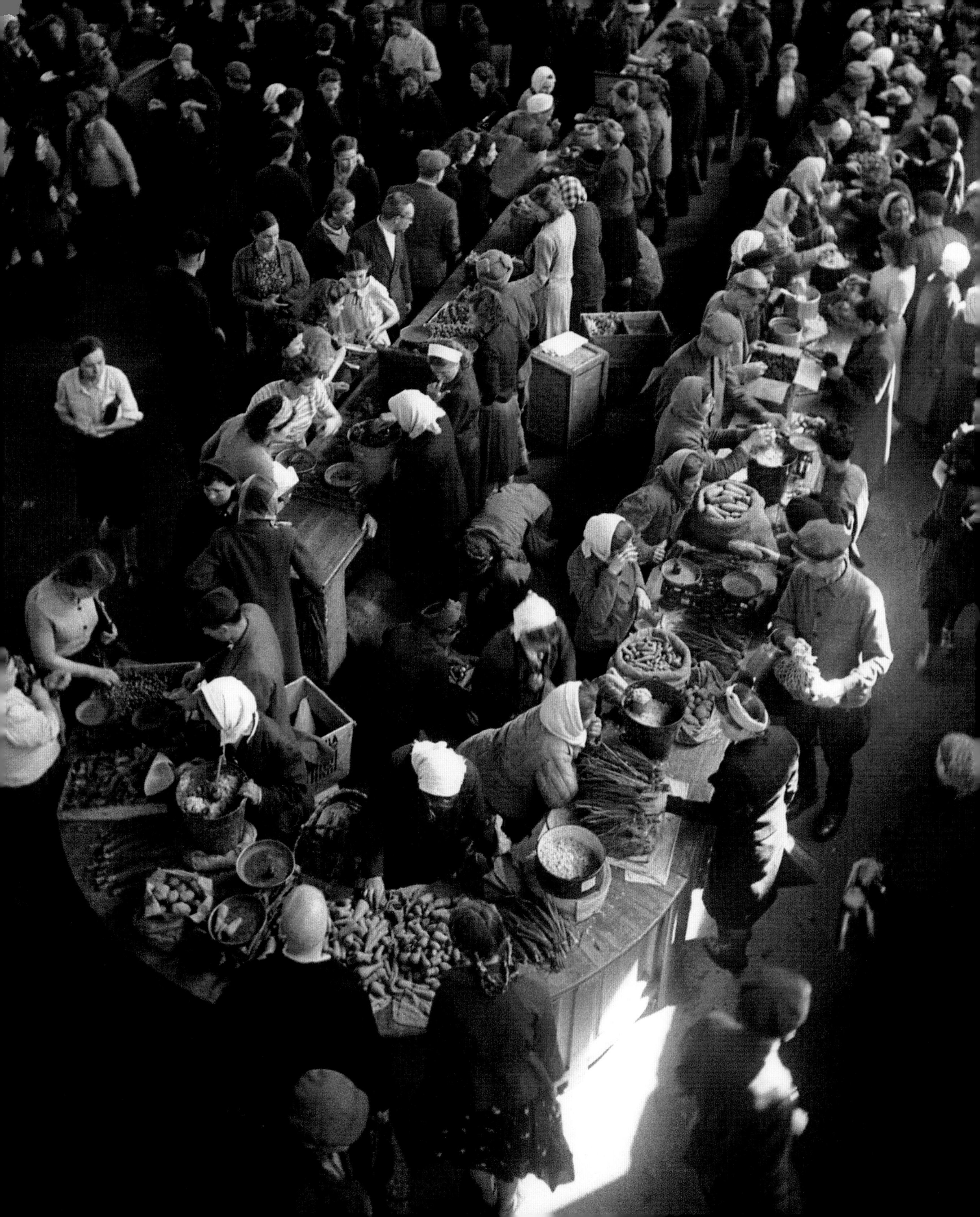

Fête de la moisson au kolkhoze « L'Amitié », Oudmourtie, 1950. L'achèvement de chaque cycle de production (labours, fenaison, moisson) donne lieu à des cérémonies ou à des fêtes. L'administration kolkhozienne tente ainsi de « récupérer » les fêtes paysannes traditionnelles et de les « orienter politiquement ». Le mot d'ordre est toujours le même : plus d'assiduité au travail collectif, plus de productivité. On peut lire sur la banderole : « Salut aux meilleurs travailleurs du kolkhoze ! »

permanent de main-d'œuvre entraîne, tout au long des années d'après-guerre, une hausse importante des salaires nominaux.

Cependant, en raison de très fortes pénuries de biens de consommation courante, la hausse du coût de la vie dépasse largement celle des salaires. L'analyse de la consommation révèle ainsi que, dans les villes, malgré une nette amélioration de la situation alimentaire par rapport aux années de l'immédiat après-guerre (1946-1947), le niveau de 1928 (à peine équivalent à celui de 1913) n'est atteint qu'en... 1954, et le niveau de 1940 (inférieur à celui de 1928) en 1951. Cette année-là, la consommation quotidienne d'un ouvrier de qualification moyenne, résidant à Moscou, s'élève à 700 grammes de pain, 300 grammes de pommes de terre ou de sarrasin, 200 grammes de légumes (le plus souvent du chou), 200 grammes de produits laitiers, 80 grammes de viande ou de poisson, 50 grammes de sucre. En biens manufacturés, ce consommateur « moyen » achète une paire de chaussures par an et par famille, une douzaine de mètres de tissu (avec lequel la maîtresse de famille confectionne les vêtements de chacun) et quelques objets d'utilité courante. La société soviétique des années d'après-guerre n'est assurément pas une société de consommation.

Dans le domaine du logement, la situation reste tout aussi difficile que dans les années 1930, malgré les avancées spectaculaires de la reconstruction des villes détruites durant la guerre. Pour cette gigantesque entreprise, sont notamment mis à contribution les quelque deux millions de prisonniers de guerre, Allemands, Japonais, Italiens et Roumains ainsi que les six cent mille travailleurs forcés des « bataillons de reconstruction », composés pour l'essentiel d'ex-prisonniers de guerre soviétiques et de rapatriés civils. En 1949, le parc immobilier urbain rattrape le niveau de 1940, au demeurant fort modeste. Au cours des trois années suivantes (1950-1952), la croissance annuelle du secteur du bâtiment atteint 20 % par an. Mais comme la population urbaine connaît aussi une très forte croissance, la surface moyenne disponible pour un citadin reste pratiquement inchangée, à moins de cinq mètres carrés !

Dans le domaine de la reconstruction industrielle, le niveau d'avant-guerre est rattrapé au début des années 1950, tant pour les sources d'énergie et les matières premières que pour les biens d'équipement et les industries lourdes en général. Plus encore que dans les années 1930, l'URSS consacre une part croissante des ressources nationales à l'effort militaire et notamment aux recherches sur le nucléaire, domaine où l'URSS accuse, à la fin de la Seconde Guerre mondiale, un retard technologique important par rapport aux États-Unis. Au début des années 1950, les dépenses militaires soviétiques représentent près du quart du produit national brut. Dans ce contexte, la mise au point de la bombe atomique, en 1949, marque une étape décisive dans la course soviétique à la parité nucléaire et au rang de « deuxième super-puissance mondiale ». Le rattrapage industriel et la croissance soutenue du complexe militaire se font, comme dans les années 1930, aux dépens des besoins de consommation des Soviétiques, et plus encore, sur le dos de la paysannerie.

Une chef de brigade explique aux jeunes kolkhoziennes les objectifs de production cotonnière pour la saison, Ouzbékistan, 1951.

Exploités et astreints à un travail s'apparentant à un travail forcé, quasiment non payé, les kolkhoziens sont toutefois appelés à « progresser culturellement ». La propagande insiste sur « l'élévation culturelle du niveau des masses kolkhoziennes », sur la progression du nombre des abonnés aux journaux dans les campagnes, sur la multiplication des bibliothèques rurales.

1. Un kolkhozien reçoit sa part de la récolte pour son travail, Oural, district de Miass, juillet 1952.
Avec l'instauration du système kolkhozien, les paysans reçoivent, en échange de leur travail dans les champs collectifs, un paiement en nature (très rarement, en argent), au prorata du nombre de jours effectivement travaillés dans l'année. Ces versements en nature sont si dérisoires (quelques quintaux de seigle par an) qu'ils ne peuvent qu'encourager le paysan à travailler sur son propre petit lopin, toléré par l'administration aux dépens du travail collectif.

2. Pause lecture dans les champs, Ukraine, 1951.

3. Remise de diplômes et de récompenses pour les meilleurs travailleurs, Ukraine, 1951.
Dans certains kolkhozes, la proportion de femmes est écrasante, non seulement à cause de la disparition massive des hommes tués à la guerre, mais aussi parce qu'un grand nombre de paysans démobilisés sont restés travailler en ville. La vie au kolkhoze est considérée *bezperspektivnaia* (« sans perspective »). Pour tenter d'encourager les paysans à travailler dans les champs collectifs, les autorités locales ont recours à la fois à des mesures coercitives (telle la fameuse loi du 4 juin 1947 renforçant considérablement les sanctions pour tout chapardage ou vol de la « propriété sociale ») et à des mesures incitatives (système de promotions et de récompenses pour les meilleurs travailleurs).

4. Bibliothèque au sovkhoze Gigant (« Le Géant »), Ukraine, 1951.

Page de droite
Bibliothèque ambulante dans les champs, Ukraine, été 1951.

Les années d'après-guerre

La reconstruction en marche

Les années d'après-guerre

Celle-ci représente encore, au début des années 1950, plus de 60 % de la population soviétique, malgré la persistance d'un fort exode rural. Entre 1946 et 1953, plus de douze millions de paysans quittent leur village pour la ville. Les kolkhozes continuent à être fortement pressurés. Les taxes et les impôts sur le produit de la vente sur le marché libre sont fortement augmentés. Toute vente sur le marché est, par ailleurs, subordonnée à l'obtention d'une autorisation spéciale, certifiant que le kolkhoze s'est entièrement acquitté de ses obligations envers l'État. Tandis que les quotas de livraisons obligatoires sont, chaque année, réévalués à la hausse, les prix payés par l'État aux kolkhozes pour les produits agricoles restent dérisoires, inférieurs en 1952 aux prix payés en 1940. Au début des années 1950, la situation économique et financière des kolkhozes s'est dégradée à un tel point que le gouvernement tâche de mettre en œuvre un certain nombre de réformes qui, en réalité, ne font qu'aggraver la situation. Nikita Khrouchtchev, membre du Politburo chargé des questions agricoles, propose notamment de réorganiser totalement le travail kolkhozien. Depuis le milieu des années 1930, les autorités ont considéré que le « maillon », petite équipe qui se confond généralement avec la cellule familiale élargie, constitue l'unité de travail la moins inefficace, à la fois sur le plan humain et sur le plan technique, dans des campagnes insuffisamment mécanisées où l'initiative individuelle reste un facteur de progrès décisif. Khrouchtchev affirme, au contraire, que le « maillon » relève d'une conception totalement erronée, qu'il a pour principal effet de maintenir « l'individualisme » et les solidarités familiales au détriment d'une « conscience collective ». L'administration kolkhozienne est donc mise en demeure de réorganiser tout le travail en « brigades », unités plus importantes de plusieurs dizaines de kolkhoziens. Cette mesure suscite une profonde hostilité des paysans et entraîne une désorganisation des activités agricoles.

Autre mesure prise, en 1950, à l'initiative de Khrouchtchev, un vaste plan de regroupement des kolkhozes, qui relève de la même préoccupation que l'introduction des « brigades ». Il s'agit de resserrer le contrôle, politique et économique, sur les kolkhozes. En deux ans, le nombre des kolkhozes diminue de 60 %, passant de deux cent cinquante mille à moins de cent mille unités. Ces mesures de regroupement s'accompagnent d'une nouvelle et forte réduction des lopins individuels laissés aux kolkhoziens.

Si la suppression des « maillons » et le regroupement des kolkhozes résolvent – en partie – le problème de l'encadrement, notamment politique, de la paysannerie, ces mesures, économiquement peu justifiées, surtout dans les zones d'habitat dispersé allant de la Biélorussie à la Volga, ne peuvent qu'accroître le mécontentement et la passivité des kolkhoziens, rendant illusoire tout progrès agricole.

Fortement encouragé par Staline, Khrouchtchev veut parachever son œuvre « réformatrice » par un changement radical – et utopique – de la vie paysanne. Le 4 mars 1951, tous les journaux soviétiques rendent public le projet « d'agrovilles » que Khrouchtchev a présenté quelques semaines plus tôt devant un cercle restreint de hauts responsables du Parti. L'agroville est une véritable « cité à la campagne » où les paysans, arrachés à leur isba, doivent mener une existence urbaine dans des immeubles collectifs, loin de leurs lopins, relégués à la périphérie des agrovilles. Gagnés au nouveau mode de vie urbain par le confort et les équipements collectifs de leur nouvelle habitation, les paysans perdront ainsi rapidement leur « conscience individualiste » si tenace, pour devenir enfin d'authentiques « travailleurs socialistes ».

Ce projet résout simultanément deux problèmes : en transformant la conscience paysanne, il supprime le paysan, le moujik, ce « casse-tête » du régime. Il supprime en même temps la différence entre travail rural et travail urbain, entre paysan et ouvrier, réalisant ainsi l'unité, tant attendue, du prolétariat, fondement d'une société communiste.

Ce projet ne dépasse toutefois guère le stade expérimental de quelques « agrovilles-modèles » et est abandonné aussitôt après la disparition de Staline. Comme d'autres grands projets utopiques de ces années, tels que les gigantesques « plans de transformation de la nature » qui prévoient notamment la dérivation de plusieurs grands fleuves sibériens pour former une mer intérieure en Sibérie, vaste entreprise qui doit ni plus ni moins modifier le climat sibérien, le projet des agrovilles témoigne de l'impasse dans laquelle s'enfonce le système stalinien dans les dernières années du dictateur, marquées par des dérives idéologiques de plus en plus prononcées.

Le cinéma ambulant, Ukraine, 1951. Le cinéma connaît un incontestable succès auprès des Soviétiques, qu'ils habitent en ville ou dans les campagnes. Au début des années 1950, des milliers de « projecteurs ambulants » permettent aux paysans de goûter au plaisir du 7ᵉ Art. À côté de films de propagande, on projette encore, malgré les rigueurs de la *Jdanovschina*, nombre de films produits à Hollywood, particulièrement populaires en URSS, acquis durant la guerre, au temps de la « Grande Alliance ».

La reconstruction en marche

Une remise au pas idéologique

Les années d'après-guerre sont marquées par une vaste campagne idéologique visant à reprendre le contrôle, quelque peu relâché durant la guerre, sur la vie intellectuelle. Avec le retour de la paix, l'intelligentsia a espéré que les tendances qui se sont fait jour durant la guerre vont se prolonger. Ses espérances seront rapidement détrompées. Dès l'été 1946, les autorités lancent une vaste offensive contre toute création de l'esprit dénotant soi-disant des « influences de l'étranger », du « décadentisme occidental », de « l'individualisme petit-bourgeois », du « formalisme » ou du « cosmopolitisme ». La direction de cette campagne est assurée avec un tel zèle par Andreï Jdanov, membre du Politburo et l'un des plus proches collaborateurs de Staline, que ses victimes la désignent du terme péjoratif de *Jdanovschina*. En réalité, cette campagne, encouragée par Staline, se poursuit bien après la disparition de Jdanov, en 1948.

Le premier signe du durcissement idéologique est l'annonce de la création, le 1er août 1946, d'une nouvelle revue, *Partiinaïa Zhijn* (La Vie du Parti) qui a pour mission de surveiller de plus près l'évolution de la vie intellectuelle, scientifique et artistique marquée, depuis la victoire, par « la mollesse idéologique, les idées nouvelles et l'influence étrangère, qui affaiblissent l'esprit communiste ».

Deux semaines plus tard, Jdanov dénonce vigoureusement, lors d'une séance du Comité central, les revues *Leningrad* et *Zvezda* pour avoir apporté à leurs lecteurs des « idéologies étrangères à l'esprit de Parti » en publiant notamment des œuvres de la poétesse Anna Akhmatova (« une femmelette hystérique, ballottée entre le boudoir et l'oratoire ») et de l'humoriste Mikhaïl Zoschenko. Ces deux écrivains sont, quelques jours plus tard, exclus de l'Union des écrivains à l'issue d'une réunion au cours de laquelle Jdanov explique longuement en quoi le principal récit incriminé de Zoschenko, *L'Histoire d'un singe*, « distillait un poison antisoviétique en faisant croire aux lecteurs que la vie était plus facile dans une cage de zoo que dans la réalité quotidienne de notre pays ».

Le 4 septembre 1946, une nouvelle résolution du Comité central condamne la production de films « dépourvus d'idées » (c'est-à-dire sans contexte idéologique). Plusieurs films sont nommément visés par ce texte, dont *La Grande Vie*, un film sur la vie (très idéalisée) des mineurs du Donbass, accusé d'avoir « complètement passé sous silence le rôle du Parti dans la reconstruction du Donbass » et de « n'avoir pas montré la nouvelle technologie moderne utilisée dans les mines » ; ainsi que la seconde partie d'*Ivan le Terrible* de Serge Eisenstein. Le célèbre réalisateur est notamment blâmé pour avoir présenté une image erronée (celle « d'un homme sans caractère », « d'une sorte de Hamlet ») d'un tsar qui figure désormais parmi les grands bâtisseurs de l'État russe, à l'instar de Pierre le Grand et de… Staline.

Un nouvel hebdomadaire, *Kultura i Zhijn* (la Culture et la Vie) est chargé de vérifier que « toutes les formes d'activité culturelle et idéologique telles la science, la littérature, l'art, le cinéma et la radio, la musique, la presse, les musées, ainsi que tous les établissements culturels et d'éducation… sont effectivement mis au service de la formation communiste des masses ». Début 1947, *Kultura i Zhijn* se lance dans une campagne contre les « tendances décadentes » dans le théâtre, exigeant la suppression de tout répertoire étranger.

Quelques mois plus tard, la *Jdanovschina* atteint un secteur jusque-là épargné, la musique. Le 10 février 1948, un décret du Comité central, « Sur les tendances décadentes dans la musique soviétique », condamne le « formalisme anti-populaire et anti-national de Prokofiev, Chostakovitch, Khatchatourian et Miaskovsky » (quatre des plus importants compositeurs soviétiques de l'époque) accusés « d'avoir oublié les grandes traditions de la musique russe, aux formes musicales belles, claires, élégantes et simples, qui en ont fait la plus belle musique au monde, pour flatter les goûts dégénérés d'une poignée d'individualistes esthétisants fascinés par l'Occident ».

Après la musique, la linguistique, la psychanalyse, les mathématiques et surtout la biologie sont soumises à une évaluation politique. Tandis que la mécanique ondulatoire, la cybernétique et la psychanalyse sont officiellement condamnées comme « sciences bourgeoises » (la relativité d'Einstein échappe de justesse à l'ostracisme, parce que les savants atomistes démontrent qu'ils en ont besoin), en biologie triomphe une pseudo-théorie scientifique sur l'hérédité formulée par un charlatan, Lyssenko, qui a publiquement promis au Comité central « et personnellement au camarade Staline » de créer, en quelques années, « une abondance de produits agricoles dans l'URSS ». La carrière de Lyssenko a débuté au milieu des années 1930 lorsque, jeune agrobiologiste, il a émis une théorie selon laquelle, en traitant les semences par un procédé qu'il appelle « vernalisation », on peut créer des hybrides dont les caractères acquis sous l'influence du milieu deviendraient héréditaires. Il doit s'ensuivre une croissance phénoménale des rendements, qui résoudrait la crise dont souffre l'agriculture soviétique depuis la collectivisation forcée des campagnes. Très rapidement, Lyssenko a été promu président de l'Académie Lénine des sciences agricoles, d'où il chasse les vrais généticiens, ses adversaires scientifiques, et obtient l'arrestation, en 1940, du célèbre généticien et botaniste Nikolaï Vavilov. La liquidation des généticiens et des biologistes, déjà engagée à la veille de la guerre, est relancée de plus belle en 1948. La session d'août 1948 de l'Académie des sciences agricoles donne le signal de la répression de tous les généticiens et biologistes mendéliens (parmi lesquels figurent de nombreux juifs), après que Lyssenko eut fait condamner ses contradicteurs au nom d'une distinction entre « science bourgeoise » et « science prolétarienne ». Plusieurs centaines de chercheurs sont chassés de l'Académie ou de leur faculté. La génétique mendélienne est interdite dans le pays, de même que toutes les branches de la science qui envisagent une forme d'indétermination, telles que la physique quantique, le calcul des probabilités, l'analyse statistique de la sociologie, etc. Forme extrême et caricaturale du contrôle et de la domination du politique sur la science, le lyssenkisme marque le triomphe d'une pseudo-science volontariste qui, dans un pays au bord de la famine, permet au Parti d'affirmer que l'agriculture soviétique est promise au plus spectaculaire et radieux avenir...

Toutes ces campagnes idéologiques prennent généralement la forme, dans les milieux de l'intelligentsia, de grandes réunions de « critique et d'autocritique ». Celles-ci débouchent souvent sur des « procès d'honneur », qui doivent mobiliser et faire participer les citoyens eux-mêmes, les membres d'un groupe (professionnel, universitaire, éducatif, scientifique, artistique) à la « chasse aux sorcières ». Les « juges » sont élus au sein du groupe professionnel, au niveau de chaque institut, institution, faculté ou administration. Ces « tribunaux d'honneur » sont habilités à prononcer une peine symbolique de « blâme social », mais dont les conséquences ne sont pas négligeables – perte de l'emploi occupé, rétrogradation dans la hiérarchie, perte des privilèges y afférant, etc. Dans les cas considérés comme « particulièrement graves », le tribunal d'honneur peut transmettre le dossier au Parquet voire à une juridiction d'exception de la police politique.

Le premier de ces « procès d'honneur », très médiatisé, est celui qui est organisé, en juin 1947, au ministère de la Santé publique à Moscou. Il met en scène deux éminents professeurs en médecine, les professeurs Roskin et Klioueva, accusés d'avoir, dans leurs récentes publications médicales, fait preuve de « soumission servile envers la culture étrangère ». Il leur est notamment reproché d'avoir, dans leurs articles scientifiques, « systématiquement négligé les productions de leurs collègues russes et soviétiques et d'avoir multiplié les références aux travaux de médecins anglo-saxons ». Ce faisant, ils ont prolongé une vieille habitude de « soumission servile », tradition de tout temps exploitée par l'Occident pour « piller l'immense potentiel scientifique russe ».

À cette occasion, une intense campagne de presse rappelle que les travaux du grand encyclopédiste russe Mikhaïl Lomonossov (qui sera porté à l'honneur l'année suivante avec l'achèvement de la construction des nouveaux bâtiments de l'université de Moscou, appelée Université Lomonossov) ont été, dans le domaine de la chimie par exemple, « pillés » par Lavoisier, l'invention de la radio par le savant russe Popov étant attribuée à l'Italien Marconi... On notera cependant qu'à la différence de ce qui s'est passé dans les années 1930, qui n'ont pourtant jamais connu un contrôle aussi tatillon de chaque domaine de l'esprit, intellectuels et artistes blâmés échappent, en général, à l'arrestation et à l'envoi en camp.

La campagne contre le « culte servile de l'Occident » se traduit aussi par des mesures législatives et juridiques telles que l'interdiction des contacts – et notamment des mariages – entre Soviétiques et étrangers. La dénonciation du « cosmopolitisme » prend cependant rapidement une coloration de plus en plus ouvertement antisémite. Les intellectuels juifs, accusés de « particularisme individualiste et sceptique », de « cosmopolitisme anti-russe » et, plus grave encore, d'« activités sionistes au service de l'impérialisme » sont particulièrement visés et persécutés de manière beaucoup plus violente que les autres intellectuels. En janvier 1948, l'animateur du célèbre théâtre yiddish, Salomon Mikhoëls, trouve la mort dans un mystérieux accident de la circulation, qui ressemble fort à un assassinat commandité. La campagne antisémite se développe au cours de l'année 1948, à la suite de l'enthousiasme manifesté par les milieux juifs de Moscou à l'arrivée, dans la capitale soviétique, du premier ambassadeur de l'État d'Israël, Golda Meir. Cette attitude est interprétée, au plus haut niveau du pouvoir, comme le signe que les juifs soviétiques, dans leur ensemble, sont des « éléments étrangers » (ou « potentiellement étrangers », ce qui, dans la logique stalinienne, revient au même) à la « communauté soviétique », puisqu'ils ont désormais un « autre modèle » – l'État d'Israël. Le Comité antifasciste juif, qui, durant la guerre, a collecté des fonds dans la communauté juive internationale, notamment aux États-Unis, pour appuyer la cause soviétique, est dissous sous prétexte qu'il est devenu une « officine de propagande antisoviétique », ses principaux animateurs arrêtés, jugés et exécutés, tandis que plusieurs milliers d'intellectuels juifs sont chassés de leur travail, et souvent exilés de Moscou et de Leningrad. Pour les juifs soviétiques, les pires journées d'angoisse sont cependant encore à venir...

Apogée et crise du Goulag

Comme en témoignent les archives du Goulag récemment exhumées, c'est au début des années 1950 que l'univers concentrationnaire stalinien connaît son apogée. Avec une administration employant près de trois cent mille personnes (dont deux cent cinquante mille gardes) et gérant plus de cinq millions de « déplacés spéciaux » et de détenus, le Goulag constitue alors un véritable État dans l'État. Depuis la fin des années 1930, le nombre des « déplacés spéciaux » a plus que doublé, passant de un million deux cent mille en 1940 à près de deux millions huit cent mille en 1953. Si, dans les années 1930, l'immense majorité des « déplacés spéciaux » est constituée de paysans déportés comme koulaks, au cours de la décennie suivante, les victimes des déportations sont presque exclusivement des minorités nationales. En 1940-1941, plusieurs centaines de milliers de Polonais et de Baltes, appartenant, pour la plupart, aux élites politiques et sociales, sont déportés au moment de l'incorporation à l'URSS d'une partie de la Pologne et des pays baltes, conformément aux dispositions secrètes du pacte germano-soviétique d'août 1939. Durant la Grande Guerre patriotique, les déportations frappent toute une série de minorités appartenant à une nationalité « suspecte » (les communautés allemandes, par exemple, installées depuis le XVIIIe siècle en Russie) ou accusées, sans le moindre fondement, de collaboration avec l'occupant nazi (Tatars de Crimée, Tchétchènes, Ingouches, Karatchaïs, Balkars, Kalmouks). Les grandes rafles-déportations des « peuples punis » du Caucase sont minutieusement préparées : ainsi, la plus importante de ces opérations, visant à déporter l'ensemble de la communauté tchétchène et ingouche vers le Kazakhstan et la Kirghizie, se déroule en six jours à peine, au terme d'une longue préparation logistique : entre les 23 et 28 février 1944, cent dix-neuf mille hommes des troupes spéciales du NKVD arrêtent et déportent, en 194 convois de 65 wagons chacun, cinq cent vingt mille Tchétchènes et Ingouches, hommes, femmes et enfants. À l'issue d'un voyage exténuant de trois à quatre semaines dans des wagons de marchandises non chauffés (on est en plein hiver !) les déportés sont dispersés et assignés à des kolkhozes, des mines, avec un statut de « déplacé spécial ». Ils doivent faire face non seulement à des conditions de vie et de travail très difficiles, mais aussi, dans le cas des enfants, à d'innombrables discriminations en matière d'éducation, dispensée uniquement en russe. Les « peuples punis » sont, en fait, condamnés à perdre leur identité culturelle et nationale. Les républiques et les régions autonomes de Tchétchénie-Ingouchie, des Tatars de Crimée, des Karatchaïs, des Balkars, des Kalmouks sont abolies, la toponymie changée, les monuments à la gloire de figures nationales de ces peuples rasés, toute mention de l'existence même de ces peuples supprimée de la Grande Encyclopédie soviétique. Dans un environnement particulièrement hostile, la mortalité des déportés reste très élevée. En octobre 1948, un rapport de l'administration des « déplacés spéciaux » estime que sur les six cent mille personnes déportées du Caucase fin 1943-début 1944, cent cinquante mille (soit un quart du total) sont décédées en quatre ans, tandis qu'on a enregistré à peine vingt-huit mille naissances. Le 26 novembre 1948, le gouvernement soviétique décrète que les « peuples punis durant la Grande Guerre patriotique » conserveront leur statut infamant « à perpétuité ». Cette décision sous-entend que chaque membre de la communauté « punie » transmet, d'une génération à l'autre, la « faute collective » commise par ses aïeux !

Dans la seconde moitié des années 1940, les déportations, sur simple mesure administrative, frappent encore plus d'un demi-million de personnes, principalement dans les pays baltes, l'Ukraine occidentale et la Moldavie soumises, depuis 1944, à un processus de soviétisation visant notamment à éliminer les anciennes élites sociales et les « éléments nationalistes ».

Mirador de la garde, Vorkouta, 1945. La principale activité de l'ensemble des camps de Vorkouta (plus de 50 000 détenus en 1945) est l'extraction du charbon. On remarquera que les baraquements, qui s'étendent sur une vaste zone de dizaines de kilomètres carrés, ne sont entourés que d'une enceinte sommaire, gardée par quelques miradors. En réalité, les plus efficaces des enceintes du Goulag sont l'immensité des espaces, le froid et l'épuisement permanent des détenus qui rendent quasiment impossible toute évasion.

Page de droite
« Le Garde ». Pastel de Mikhaïl Rudakov réalisé en 1952 après sa libération du Goulag.

Apogée et crise du Goulag

222　　　　　　　　　　　　　　　　　　　　　　　Les années d'après-guerre

Tandis que le nombre des déportés, assignés à résidence dans les « villages spéciaux » de Sibérie, du Kazakhstan, de l'Asie centrale et du Grand Nord ne cesse de croître, on observe une tendance identique dans les camps du Goulag. Entre 1945 et 1953, le nombre de détenus double, pour atteindre deux millions cinq cent mille à la veille de la mort de Staline. Ce fort accroissement s'explique par l'arrivée, dans les camps de travail du Goulag, de nombreux contingents nouveaux : prisonniers de guerre soviétiques, « collaborateurs » réels ou supposés, « éléments socialement étrangers » et « partisans nationalistes » des pays baltes et d'Ukraine occidentale. Condamnés généralement à des peines de vingt-cinq ans de camp, sans aucun espoir de libération anticipée, ces détenus qui, pour la plupart, sont de réels opposants au régime soviétique, n'ont plus rien à perdre. Aussi voit-on se multiplier refus collectifs de travail, voire émeutes. En 1948, les autorités décident d'isoler dans des camps particulièrement durs, dits « à régime spécial », tous les « détenus politiques ». Cette mesure se révèle être un fort mauvais calcul.

Désormais débarrassés des criminels de droit commun qui, avec la complicité de l'administration, ont de tout temps terrorisé les « politiques », ceux-ci transforment les « camps spéciaux » en véritables foyers d'insubordination, de résistance, voire de révolte contre le régime. Entre 1948 et 1952, une trentaine de grèves de la faim, de manifestations, de refus collectifs de travail, d'émeutes éclatent dans les camps spéciaux. Ces événements, qui préfigurent les grandes révoltes qui vont secouer l'univers concentrationnaire soviétique dans les années 1953-1954, révèlent l'efficacité redoutable des réseaux clandestins baltes et ukrainiens, constitués d'anciens partisans des mouvements de résistance nationale.

Toutefois, la croissance spectaculaire du nombre de détenus durant les années d'après-guerre se fait d'abord et avant tout à la suite de l'afflux au Goulag de « citoyens soviétiques ordinaires » victimes de lois ultra-répressives, comme la tristement célèbre loi du 4 juin 1947 réprimant d'une peine de cinq à vingt-cinq ans de camp tout vol, même le plus insignifiant, de la « propriété d'État ». En six ans, plus d'un million et demi de personnes (dont près d'un tiers de femmes et d'adolescents) sont condamnées en vertu de cette loi. Celle-ci marque la réaction brutale du régime face à des formes de lutte pour la survie de populations, notamment rurales, réduites, dans une situation d'extrême misère, de disette, voire de famine, à de menus vols de quelques kilos de seigle ou de pommes de terre sur les champs kolkhoziens. Un grand nombre d'ouvriers pris sur le fait en train de chaparder, à l'usine, quelques mètres de tissu ou quelque outil, tombent aussi sous le coup de cette « loi scélérate », particulièrement impopulaire parmi les petites gens des villes et des campagnes. À la mort de Staline, les individus condamnés pour vol en vertu de la loi du 4 juin 1947 représentent à eux seuls près de la moitié de l'ensemble des détenus du Goulag !

Confrontée à une explosion des effectifs, à des problèmes croissants d'encadrement, l'administration de cet énorme « État dans l'État » qu'est le Goulag, rencontre de plus en plus de difficultés pour assurer une rentabilité économique, toujours problématique. Jusqu'au milieu des années 1940,

« Après la tempête », aquarelle peinte par Georgui Wagner après sa libération, Magadan, 1946-1947.

Page de gauche
Train de minerai de charbon, région de Vorkouta, 1945.

Un « camp volant » abandonné dans la taïga, région de Khabarovsk (Sibérie orientale), 1944.
À côté des camps permanents, existent de nombreux camps provisoires, appelés aussi « camps volants », qui se déplacent dans la taïga en fonction des coupes de bois. L'exploitation forestière reste, par le nombre des détenus travaillant dans cette sphère, la première activité économique du Goulag. Au début des années 1950, le Goulag assure environ 20 % de la production de bois soviétique.

Ci-dessus
Le camp de Temirtau, Sibérie 1935.
Dessin à la plume réalisé au dos
d'une carte postale par le détenu
Ivan Soukhanov durant sa détention.

Ci-contre
Détenus au travail à la Kolyma.
Dessin de Tomas Sgovio, ancien détenu,
Magadan, années 1960.

Page de droite en haut
« Crépuscule à la Kolyma », par Georgui
Wagner, Magadan, 1946-1947.

Page de droite en bas à gauche
« La cour de promenade », prison
de transit de Vladimir. Dessin à la plume
réalisé sur un morceau de carton
par le détenu Tomas Sgovio, 1949.

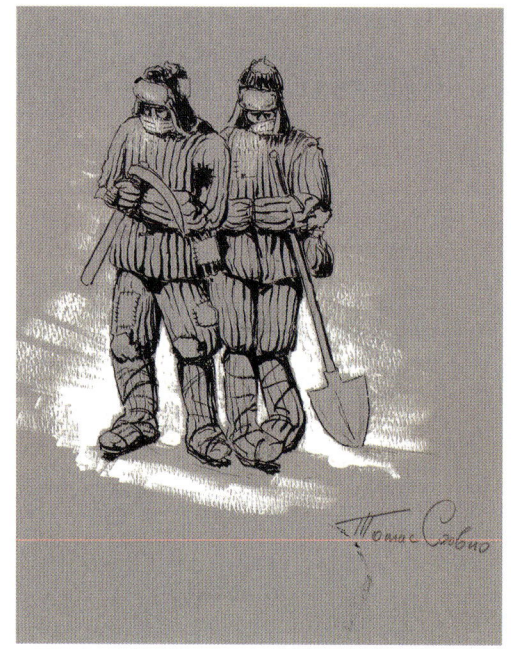

Page de droite en bas à droite
Camp de Iagry, région d'Arkhangelsk,
1944.
Situé près du port militaire fermé de
Molotovsk (aujourd'hui Severodvinsk),
le camp de Iagry compte, à la fin de
la guerre, un peu plus de 5 000 détenus,
ce qui en fait un camp de petite taille,
à l'échelle des grands ensembles
concentrationnaires du Goulag qui
comptent chacun plusieurs dizaines
de milliers de détenus. On voit ici
les baraquements typiques en bois,
qui abritent chacun une centaine
de détenus. Les « rues » du camp sont
faites de planches surélevées pour éviter
de marcher dans la boue au printemps
et en automne.

Apogée et crise du Goulag

« La distribution de soupe », camp de Temirtau, Sibérie, 1936. Cette aquarelle de petit format (29x19 cm) d'Ivan Soukhanov a sans doute été réalisée juste après la libération du détenu.

Page de droite en haut à droite
Salle d'accueil de l'infirmerie du camp, Vorkouta, 1945.
Passer quelques jours à l'infirmerie peut assurer la survie. Le plus souvent, cependant, échouent dans ce lieu les *dokhodiagi* (les « crevards ») auxquels il ne reste plus que quelques jours à vivre. Les taux de mortalité dans les camps varient considérablement, selon les lieux et les années. En 1942-1943, ils atteignent 23 % par an ; au début des années 1950, ils tombent à 2-3 % par an.

la main-d'œuvre pénale a été exploitée sans tenir le moindre compte des pertes humaines, d'où une mortalité très élevée, notamment durant les années de guerre, au cours desquelles un grand nombre de détenus meurent de faim et d'épuisement (en 1942-1943, les taux de mortalité dans les camps du Goulag sont de l'ordre de 20 à 25 % par an !). Les immenses pertes démographiques consécutives à la guerre incitent les autorités pénitentiaires à tenter d'exploiter de manière plus « économe » le travail forcé des détenus. Pour stimuler la productivité, des primes et même des petits salaires sont instaurés, et les rations alimentaires augmentées pour ceux qui parviennent à remplir les normes. La mortalité des détenus chute considérablement, pour se stabiliser, au début des années 1950, autour de 2 à 3 % par an.

Ce programme d'exploitation plus « rationnelle » de la main-d'œuvre pénale bute rapidement, toutefois, sur les réalités du monde concentrationnaire. « Tout ce que les détenus du camp, écrit Alexandre Soljenitsyne dans L'Archipel du Goulag, fabriquent pour leur cher État est du travail ouvertement et au suprême degré bousillé. Les briques qu'ils ont faites peuvent être brisées à la main, la peinture s'écaille sur les panneaux, le crépi se détache, les tables branlent, les pieds sautent, les poignées vous restent dans la main… ». Et Soljenitsyne de conclure : « Non seulement l'Archipel ne couvre pas ses frais, mais le pays en est même réduit à payer fort cher le plaisir de le posséder. » Bref, le Goulag est proprement ruineux. Les derniers grands chantiers de l'ère stalinienne – centrales hydroélectriques de Kouïbychev et de Stalingrad,

Les années d'après-guerre

canal du Turkménistan, canal Volga-Don, sans parler des réalisations inachevées et totalement inutiles, comme la ligne de chemin de fer Salekhard-Igarka, longue de plus de six cents kilomètres, jamais mise en exploitation – prennent un retard considérable. Fait plus révélateur encore de la faillite économique du Goulag : à partir du début des années 1950, les commandants des grands ensembles concentrationnaires sont encouragés à multiplier les libérations anticipées, à condition que les détenus libérés avant l'expiration de leur peine soient assignés à résidence et embauchés sur les chantiers et les sites miniers de Sibérie et du Grand Nord, en manque permanent de bras. Pour l'État, le coût d'entretien et de surveillance d'un détenu improductif est plus élevé que le salaire, dérisoire, versé à un travailleur « libre ».
En 1951, Stepan Mamulov, l'un des ministres adjoints de l'Intérieur, propose une réforme radicale du système concentrationnaire qui va dans le même sens : 75 % des détenus seront libérés, assignés à résidence avec un statut de « déplacé spécial » et embauchés dans les grands combinats d'État chargés de la mise en valeur des ressources naturelles des régions inhospitalières du pays. Cette mesure, argumente Mamulov, fera économiser à l'État plus de huit milliards de roubles en frais d'entretien et de surveillance des détenus et permettra de « mieux contrôler ceux qui sont réellement dangereux ». Après de longues discussions, le plan de Mamulov est finalement rejeté. Il faudra attendre la mort de Staline pour voir le Goulag fortement « dégraissé ». Trois semaines à peine après la mort du dictateur, une large amnistie permet à un million deux cent mille détenus de quitter le Goulag, qui fond ainsi de moitié.

En bas à gauche
Déplacés spéciaux du Caucase dans leur baraquement, Kazakhstan, région de Karaganda, 1946.
Le Kazakhstan est la principale région d'exil et d'assignation à résidence des « peuples punis » soviétiques, collectivement déportés au prétexte d'avoir collaboré avec l'occupant allemand durant la guerre. En plus des six « peuples punis » (Tchétchènes, Ingouches, Balkars, Kalmouks, Karatchaïs, Tatars de Crimée), un grand nombre de minorités résidant le long du littoral de la mer Noire (Grecs, Bulgares, Arméniens) et dans les zones frontalières du Caucase (Turcs Meskhètes, Kurdes, Khemchines, Iraniens) sont également déportés, en 1944-1945, vers le Kazakhstan et l'Asie centrale.

En bas à droite
« Baraquement du personnel technique et administratif », Temirtau, dessin à la plume d'Ivan Soukhanov, 1935-1936.

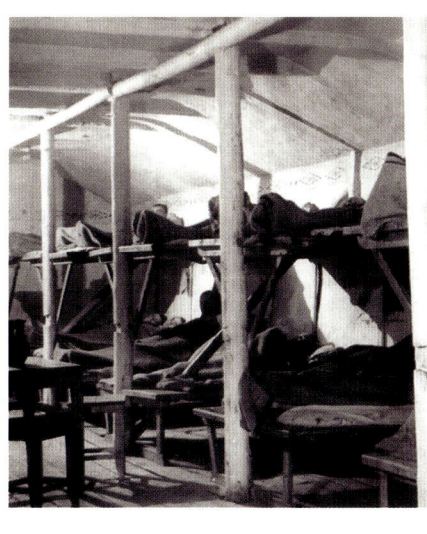

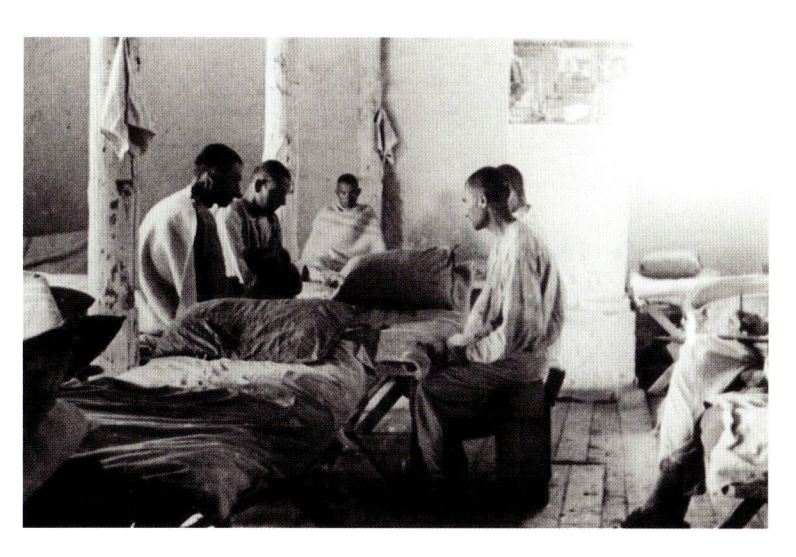

Apogée et crise du Goulag

228 Les années d'après-guerre

1. Des détenus exténués au repos, camp Privoljskii, 1944.
Les années de guerre sont terribles pour les détenus, encore plus mal nourris, soumis à des normes de rendement encore plus élevées. La mortalité dans les camps atteint des sommets en 1942-1943. À la fin de la guerre, l'administration du Goulag elle-même reconnaît qu'à peine 20 % des détenus sont aptes à un « travail physique lourd », 50 % à un « travail physique léger » ; quant aux 30 % restants, ils sont qualifiés d'« invalides ».

2. Ronde à la Maison de l'enfant du camp de Salekhard, 1952.
Au début des années 1950, on compte 30 000 enfants de moins de quatre ans gardés dans les « maisons de l'enfant » des camps de femmes. À cette date, un demi-million de femmes (soit 20 % de l'ensemble de détenus), en majorité des veuves de guerre et des mères de famille dans le besoin condamnées pour vol, sont détenues au Goulag. Les femmes condamnées à une peine de camp sont autorisées à emmener avec elles leur enfant en bas âge, et à l'allaiter. Jusqu'à l'âge de quatre ans environ, les enfants restent dans les « maisons de l'enfant » situées dans le camp ou à proximité. Ensuite, ils sont placés dans des orphelinats en dehors des camps.

3. Déjeuner à la Maison de l'enfant du camp de Iagry, région d'Arkhangelsk, 1944.

Page de gauche
Si la plupart des détenus du Goulag et des déportés peinent à des tâches exténuantes telles que les coupes et le débitage d'arbres, le travail dans les mines, la construction d'infrastructures ferroviaires ou routières, ou le creusement de canaux, une partie d'entre eux est employée aussi à des tâches moins dures dans des ateliers de cordonnerie ou de couture.

1. Atelier de couture dans une « coopérative à statut spécial », gérée par l'OGPU, région d'Arkhangelsk, 1932. Des gardes (debout) posent aux côtés des déportés, qui travaillent dans leur tenue habituelle.

2. Détenus de la colonie pénitentiaire de Taguil, Oural, 1944.
À la différence des camps de travail, où sont envoyés les condamnés à des peines de longue durée, les colonies pénitentiaires accueillent les détenus condamnés à de courtes peines (moins de trois ans). Le travail y est en général moins pénible. Durant la guerre, le Goulag intensifie sa production reconvertie, comme le reste de l'économie soviétique, entièrement vers l'effort de guerre. Au nombre des objets manufacturés réalisés par les détenus figurent notamment les uniformes et les chaussures. Ce type de production est, pour l'essentiel, assuré par les détenus des colonies de travail.

3. « Détenu », dessin anonyme sur une page de cahier, années 1940.

Apogée et crise du Goulag

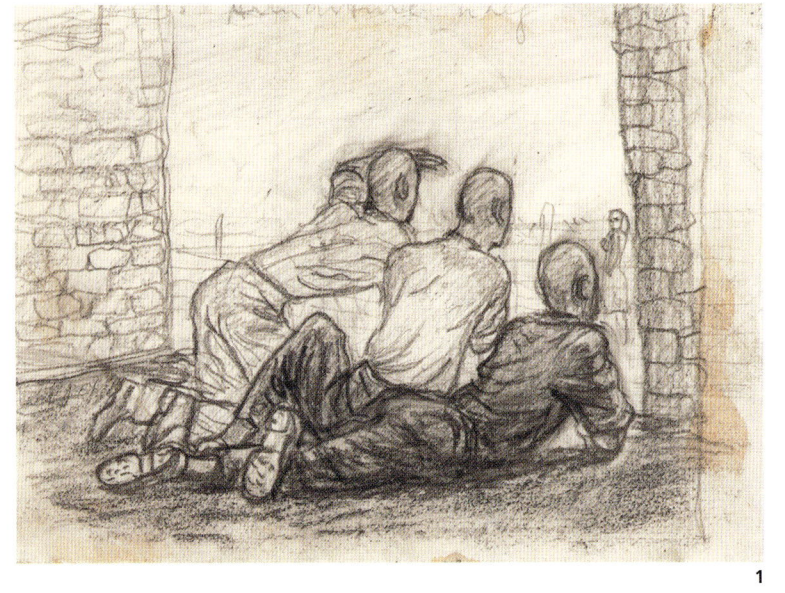

Les années d'après-guerre

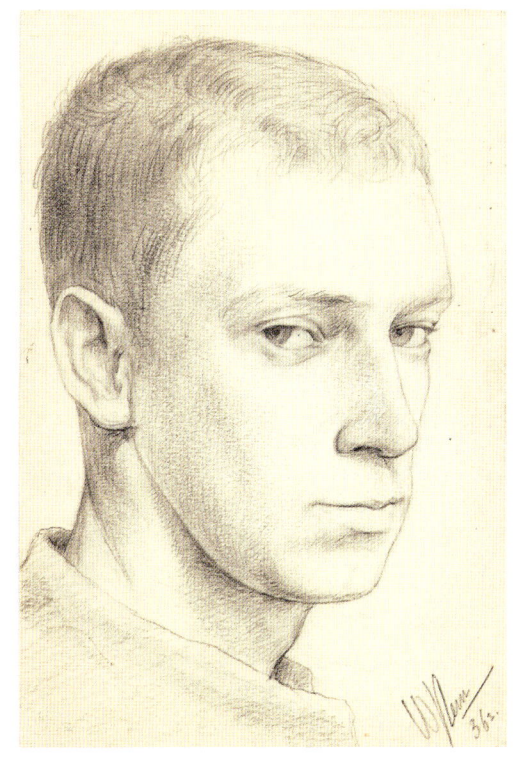

Ces trois autoportraits ont été réalisés par le détenu Iourii Rechetnikov, jeune artiste arrêté à l'âge de vingt ans, en 1934, avec plusieurs de ses condisciples de l'Institut polygraphique de Moscou, et condamné par une juridiction d'exception du NKVD à dix ans de camp pour « propagande contre-révolutionnaire ». Rechetnikov fut envoyé d'abord au Belbatlag (chantier du canal Baltique-mer Blanche), puis au camp des Îles Solovki. C'est là qu'il fut exécuté, le 3 novembre 1937, en même temps que plus de 1 800 « contre-révolutionnaires » du camp, dans le cadre de « l'opération de répression des éléments koulaks, criminels et autres contre-révolutionnaires » lancée quelques mois plus tôt, à la suite de l'Ordre opérationnel du NKVD n°00447. Les archives de l'association Memorial ont gardé ces trois autoportraits (réalisés en 1935, 1936 et 1937, peu de temps avant son exécution). Rechetnikov les avait expédiés par la poste du camp à sa condisciple Raïssa Sinelnikova, pour la remercier de lui avoir envoyé un cahier à dessin et des crayons, objets que l'administration du camp avait remis au détenu, dans le cadre du règlement, relativement souple, qui avait cours jusqu'au milieu des années 1930 (et qui, à partir de 1937-1938, fut considérablement durci).

Page de gauche

1. « Soif d'amour », crayon sur carton, Karlag, 1950, réalisé au camp par Yulo Sooster.

2. « Midi au camp », crayon sur carton, Karlag, 1952, réalisé au camp par Yulo Sooster.

3. « Vent de folie », crayon sur carton, Karlag, 1952, réalisé au camp par Yulo Sooster.

4. « Détenus allant aux coupes de bois », pastel, Kothar, 1952, réalisé sans doute après sa libération par Mikhaïl Ludakov.

5. « Enterrement d'un détenu », crayon sur carton, Ludellag, Oural, 1955, réalisé par Keniamin Mertchian.

6. « Détenus escortés », crayon sur carton, Karpinsk, Oural 1943, réalisé au camp par Mikhaïl Distergeft.

Apogée et crise du Goulag

Travaux de remblai pour la construction de la ligne de chemin de fer Saratov-Stalingrad, camp Privoljskii, début des années 1950.
La construction de voies de chemin de fer nouvelles, en Sibérie notamment, constitue l'un des principaux secteurs d'activité du Goulag. Une Direction générale des Constructions ferroviaires dirige l'ensemble des chantiers. Elle exploite environ 20 % des détenus. Parmi les nombreuses voies bâties par les détenus, le BAM ou « second Transsibérien », qui double, du lac Baïkal jusqu'au fleuve Amour, la ligne principale du Transsibérien construite au début du XXᵉ siècle ; la ligne Saratov-Stalingrad ; mais aussi la fameuse « voie morte », restée inachevée, qui doit relier, au-delà du cercle polaire, deux pôles concentrationnaires distants de 1 300 kilomètres, Salekhard, sur l'Ob, et Igarka, sur l'Ienissei. Ce chantier pharaonique (plus de 70 000 détenus y peinent) est arrêté aussitôt après la mort de Staline.

Wagonnet à bras poussé par un détenu, Kolyma, années 1940.

Page de droite
Extraction du minerai (étain et uranium), Kolyma, fin des années 1940.
Les centaines de milliers de détenus du plus grand ensemble concentrationnaire du Goulag, le Dalstroï, qui s'étend sur près de 2 000 kilomètres, de Magadan au détroit de Béring, extraient de l'or, mais aussi de l'étain, du cobalt et de l'uranium. À partir de 1948, on commence à enrichir le minerai d'uranium à la Kolyma. Ces opérations se déroulent dans le plus grand secret. Les détenus ignorent évidemment tout du métal qu'ils extraient et ne sont pas protégés des radiations. De tous les camps du Goulag, ceux de la Kolyma sont les plus durs, ceux où la mortalité est la plus élevée.

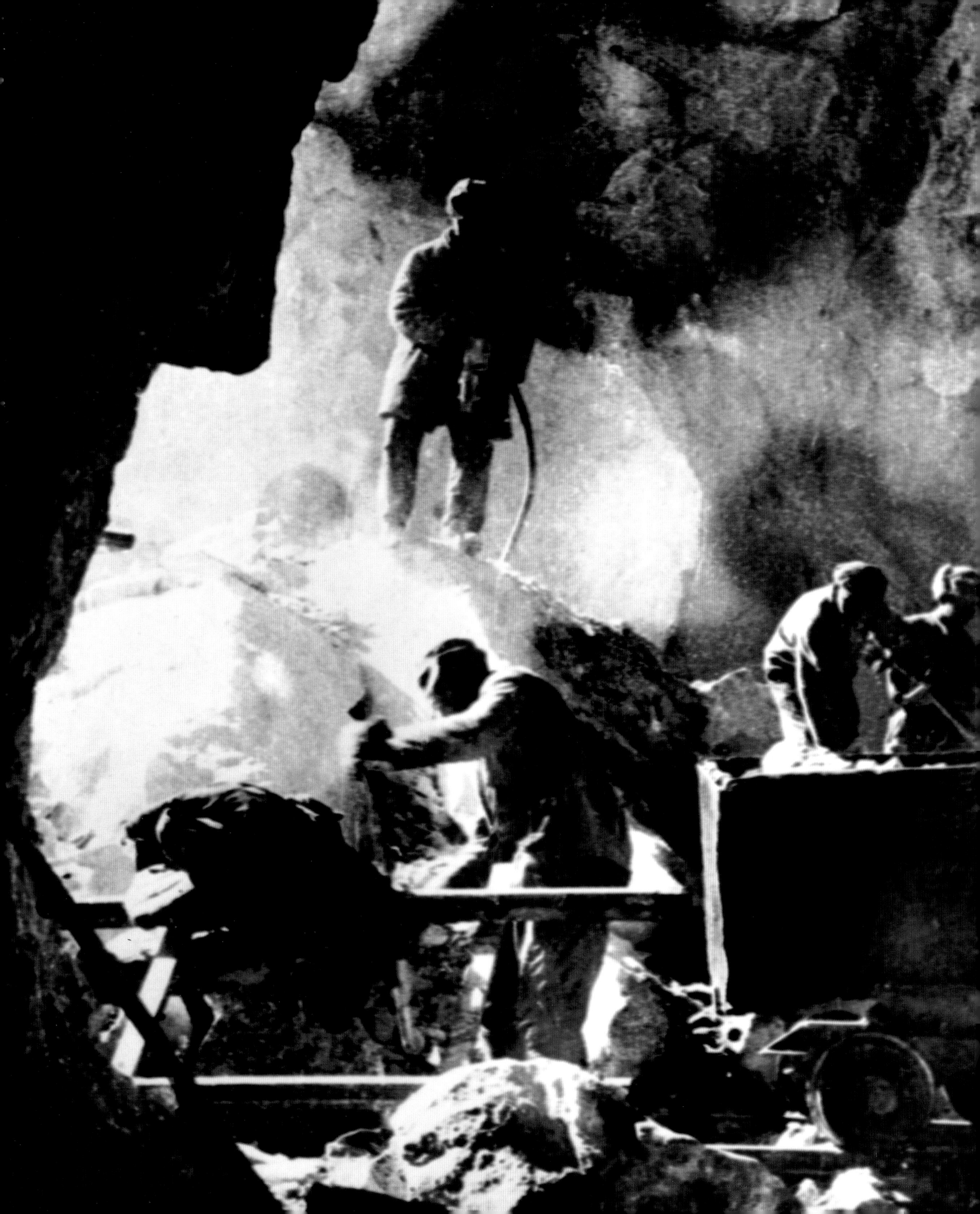

Les années d'après-guerre

« Déporté lisant », Kotlas, région d'Arkhangelsk, 1952, pastel par Mikhaïl Rudakov.

Portrait de détenu, camp d'Oussouriisk, (Extrême-Orient soviétique), 1953, huile sur toile par Igor Krivocheï.

« Coquelicots », région de Narym, 1942, aquarelle de Vesalova.
Au dos de cette petite aquarelle, réalisée sans doute par une déportée assignée à résidence, figure l'inscription suivante : « À ma fille bien-aimée de la part de sa maman, 22. 06.1942 ».

« Crevard », Kolyma, 1945, crayon sur carton réalisé par Sergueï Reikhenberg.

Apogée et crise du Goulag

Le culte d'un dictateur

La vie politique soviétique des années d'après-guerre est marquée non seulement par un durcissement idéologique et une répression accrue au quotidien, mais aussi par le culte démesuré d'un dictateur vieillissant. C'est durant ces années que le « culte de la personnalité » atteint son apogée. Chaque ville, chaque bourgade édifie sa statue à Staline. Au sommet de l'Elbrouz, une immense statue du Guide porte cette inscription hautement révélatrice : « Sur le plus haut sommet d'Europe, nous avons érigé le buste du plus grand homme de tous les temps ». En décembre 1949, le soixante-dixième anniversaire de Staline est l'occasion de la plus extraordinaire manifestation d'adoration qu'un être humain ait suscitée au XXe siècle. Le culte de Staline se déploie sans réserve : des semaines durant, les journaux soviétiques énumèrent les dizaines de milliers de cadeaux envoyés à Staline du monde entier en signe de reconnaissance. Des millions de messages débordant d'admiration et de vénération affluent vers le Grand Homme, qualifié de « bolchevik de granit », « père des peuples », « génie du peuple russe », « guide génial du prolétariat universel », « coryphée de la science », « mécanicien de la locomotive de l'histoire »... Il n'est jusqu'aux plus hautes autorités religieuses du pays qui ne l'assurent publiquement de leurs ferventes prières et de leur profonde reconnaissance devant la sagesse et l'éclat exemplaire avec lesquels il gouverne la patrie.

Ce culte démesuré va cependant bien au-delà d'un simple rituel politique bien rodé. Il s'enracine, tout du moins dans les années d'après-guerre, dans une réelle ferveur populaire. Jusqu'au tournant de la guerre, jusqu'à la victoire de Stalingrad, la popularité de Staline a davantage relevé d'un mythe patiemment construit depuis la fin des années 1920 que de la réalité. Les paysans, en particulier, n'ont pas pardonné à Staline la collectivisation des campagnes et la famine qui a accompagné l'imposition du « second servage ». Quant aux ouvriers, ils ne manquent pas de rappeler que, même si Staline a affirmé, dans une phrase devenue le plus célèbre slogan des années 1930, que « la vie est devenue meilleure, la vie est devenue plus gaie », leur niveau de vie s'est effondré. Depuis 1943-1944 toutefois, les choses ont changé : le nom de Staline a été, de plus en plus, associé à la victoire dans la Grande Guerre patriotique, à Stalingrad, à la prise de Berlin. « On ne juge pas les vainqueurs. À Staline, tout fut pardonné », note dans ses Mémoires l'écrivain Viktor Nekrassov, tandis que Vassili Grossman écrit : « Le sang sacré versé à la guerre a tout nettoyé – le sang innocent des dékoulakisés, le sang de l'année 1937. »

Dans les années d'après-guerre, la popularité de Staline se maintient, malgré les immenses difficultés de la reconstruction, l'extrême misère des campagnes collectivisées, les disettes, le poids des répressions et de la surveillance policière. En témoignent notamment les dizaines de milliers de lettres, individuelles et collectives, qui sont personnellement adressées à Staline par de simples citoyens cherchant auprès du Guide la réparation d'une injustice ou tout simplement une aide ou un conseil pour faire face à la dureté des temps. Dans ces lettres s'exprime clairement une conception archaïque de la politique que la révolution bolchevique n'a guère fait évoluer – l'appel direct du « petit peuple » au tsar ou au dirigeant suprême. « Nous vivons mal. Nous ne recevons rien pour notre travail sur les champs collectifs, nos enfants crient famine, écrit à Staline un groupe de kolkhoziens de la province de Vologda en mars 1952. Mais vous, vous ne le savez pas. Seuls vos bureaucrates se font du gras, restent assis bien au chaud et passent leur temps à vous raconter des fables, camarade Staline. Ils vous trompent, ils vous mentent ! Quittez donc un seul instant votre bureau au Kremlin et venez voir comment vivent les simples kolkhoziens. Si vous ne nous venez pas en aide, camarade Staline, qui nous aidera ? Nous n'avons personne d'autre à qui nous adresser. On lit dans les journaux que les gens

Parade sportive à l'occasion de la célébration du 8e centenaire de la ville de Moscou, été 1947.
Dans le cadre de la glorification du peuple russe, « le plus grand peuple des peuples de l'Union soviétique », selon Staline, les autorités décident de célébrer avec faste le 800e anniversaire de la fondation de Moscou. À cette occasion, le Comité central du Parti communiste appelle les historiens à « montrer l'aspect authentiquement progressiste de l'œuvre historique du peuple russe dans le développement de l'Humanité et... le rôle progressiste joué par la capitale historique du peuple russe, Moscou ». Durant une semaine, manifestations de masse, défilés, parades sportives, feux d'artifice géants font passer au second plan les difficultés et les privations quotidiennes des Moscovites, au moment même où le pays connaît sa dernière grande famine.

Parade sportive du club « Les Amies de l'aviation soviétique », Moscou, août 1945.
Le retour à la paix n'entraîne ni démobilisation idéologique ni mise en sourdine des innombrables « organisations sociales » et autres « associations d'aide à l'armée soviétique » qui, par l'intermédiaire des clubs sportifs, sont censées maintenir à un haut niveau la préparation militaire et idéologique des masses, y compris féminines. L'expérience de la Grande Guerre patriotique a montré l'importance de la militarisation de la société et la place essentielle que peuvent occuper les femmes dans un pays en guerre.

À l'occasion du 70ᵉ anniversaire de Staline, en décembre 1949, un spectacle choral sur la scène du théâtre Bolchoï à Moscou. Les costumes représentent les quinze républiques socialistes soviétiques fédérées composant l'URSS.

Ballon d'observation *La Victoire*, aérodrome de Touchino, Moscou, 1947. « Staline, meilleur disciple et continuateur de l'œuvre de Lénine », ce thème central de la propagande et de l'idéologie staliniennes est omniprésent.

vivent bien dans notre Union soviétique. On ne sait pas nous si c'est vrai ou si c'est faux. Si c'est vrai, et puisque l'on vit si mal chez nous, c'est qu'il y a sans doute, dans nos parages, des ennemis du peuple. Aidez-nous à les démasquer ! »

Il est peu vraisemblable que Staline a eu l'occasion de lire cette lettre parmi des dizaines, peut-être des centaines de milliers d'autres qui lui sont, chaque année, adressées. Lettres de sollicitation, lettres de fidélité, lettres d'admiration...

Dans ce concert d'appels et de louanges, jamais le dictateur n'a cependant été aussi solitaire. Les témoignages de ses familiers, de sa fille Svetlana, de Nikita Khrouchtchev, son successeur, sont unanimes sur ce point. Se retranchant dans un isolement soupçonneux, ne connaissant de la vie du pays que les images embellies de rapports officiels, fuyant cérémonies et réceptions, Staline vieillissant passe la majeure partie de ses journées dans sa datcha de Kountsevo, dans la banlieue ouest de Moscou, d'où il se rend pour quelques heures au Kremlin où il convoque tels ou tels de ses vieux compagnons de la direction du Parti contraints – si l'on en croit les *Mémoires* de Nikita Khrouchtchev ou d'Anastas Mikoïan – au cours de nuits intermi-

nables à boire sous divers prétextes jusqu'à épuisement. Tout en insistant sur l'importance de ces plaisirs de la table et de la boisson (mais aussi du cinéma – Staline se fait projeter très souvent des films dans sa salle de cinéma personnelle), ceux qui approchent le dictateur à cette époque soulignent à quel point le personnage sait consciemment brouiller les cartes et, fidèle à sa vieille tactique, dresser ses éventuels successeurs les uns contre les autres, les charger des dossiers les plus épineux pour prendre ensuite, au-dessus des hommes et des tensions, une position d'arbitre, tout en poursuivant avec constance et cohérence la consolidation d'un système politique fondé sur un pouvoir personnel sans limites.

Un pouvoir qui ignore systématiquement toutes les règles de fonctionnement des instances dirigeantes du Parti. Staline s'applique à concentrer le pouvoir dans des organes de sa création, qui échappent au contrôle des instances dirigeantes élues en 1939. Ainsi, le rôle de son secrétariat personnel, le « Secteur spécial », dirigé par Alexandre Poskrebychev, « l'éminence grise » de Staline, prend de plus en plus d'importance. Contrairement aux statuts du Parti, qui prévoient la convocation d'un congrès

tous les quatre ans et d'un plenum du Comité central tous les ans, aucun congrès n'est réuni durant treize ans et demi (entre mars 1939 et octobre 1952), aucun plénum du Comité central durant cinq ans et demi (entre février 1947 et octobre 1952). Le Politburo lui-même, la plus haute instance exécutive du Parti (dix titulaires et quatre suppléants) ne siège presque jamais au complet, Staline y ayant introduit des « commissions restreintes » (tout à fait illégales, selon les statuts du Parti) aux compétences d'ailleurs imprécises. En fait, Staline préfère s'entretenir avec les membres du Politburo séparément ou en petits groupes sur les questions concernant la « spécialité » de chacun (l'agriculture pour Khrouchtchev, le développement industriel pour Malenkov, les campagnes idéologiques pour Jdanov, etc.). La plupart des décisions importantes – comme l'attestent les protocoles du Politburo aujourd'hui accessibles aux chercheurs – sont prises par Staline lui-même, les autres membres du Politburo se bornant, pour la forme, à donner leur « accord ».

À mesure que le dictateur vieillissant est gagné par une espionnite aiguë, l'atmosphère devient de plus en plus lourde dans cet univers clos du « premier

Le culte d'un dictateur

Camp de pionniers à Sébastopol, Crimée, fin des années 1940.

cercle dirigeant » où, comme l'écrit Anastas Mikoïan dans ses *Mémoires*, « chacun était susceptible de se retrouver du jour au lendemain agent de tel ou tel pays impérialiste au gré de l'imagination fertile de Staline ». Ce fidèle stalinien, membre du Politburo, en a fait l'expérience au cours des derniers mois précédant la mort de Staline, tout comme Viatcheslav Molotov, fidèle d'entre les fidèles, membre du Politburo et ministre des Affaires étrangères de l'URSS jusqu'à la fin des années 1940. Ces deux hiérarques sont tombés en disgrâce à la fin de 1952. Le prétexte en est leur appréciation réservée du dernier ouvrage de Staline, *Les Problèmes économiques du socialisme en URSS*. Staline y affirme, alors que le monde rural connaît une crise sans précédent, qu'il est temps de passer aux échanges en nature entre villes et campagnes et d'accélérer le processus de « transformation étatique et socialiste » de la société rurale. Peu après la sortie de son livre, Staline a convoqué ses principaux collaborateurs et demandé à chacun son avis. Seul de tous les membres du Politburo, Mikoïan s'est tu. Quant à Molotov, écrit Mikoïan dans ses *Mémoires*, « il avait marmonné quelque chose de si indistinct et de si général que tout le monde, Staline en tête, comprit parfaitement qu'il n'avait pas été enthousiasmé par le livre ». Quelques jours plus tard, alors que se réunit à Moscou le XIXe Congrès du Parti (octobre 1952), la sanction tombe. Staline critique publiquement Molotov et Mikoïan, n'hésitant pas à les accuser publiquement de « déviationnisme droitier » et de « soumission servile à l'Amérique ». Peu de temps après, se pose, pour les deux dirigeants tombés en disgrâce, un grave dilemme : doivent-ils se rendre, comme chaque année, le 21 décembre, à Kountsevo, présenter leurs vœux à l'occasion de l'anniversaire de Staline ? Doivent-ils lui écrire, une nouvelle fois, une lettre d'allégeance, pareille à tant d'autres conservées dans le fonds d'archives

Les années d'après-guerre

personnel de Staline, aujourd'hui accessible, et qui éclairent singulièrement les relations patriarcales qui ont cours au sein du premier cercle dirigeant ? « Je ferai tout, avait écrit quelque temps auparavant Mikoïan, pour tirer toutes les leçons de vos critiques sévères mais justes, afin qu'elles m'aident à travailler sous votre sage conduite personnelle. » Quant à Molotov, dont l'épouse, juive, a été arrêtée en 1949 et condamnée à cinq ans de camp pour ses prétendus liens avec des « nationalistes juifs antisoviétiques », n'a-t-il pas promis à Staline de « mettre fin à ses penchants libéraux pourris à l'égard de certains correspondants étrangers à Moscou » et de « tout faire pour mériter à nouveau ta confiance, cette confiance, poursuit Molotov, qui est bien plus qu'une simple relation personnelle puisqu'il s'agit de la confiance que me porte, à travers toi, le Parti, et qui m'est plus chère que la vie elle-même » ?

Après bien des hésitations, Mikoïan et Molotov se rendent au dernier anniversaire de Staline. Mal leur en prend. Staline, furieux, les accuse d'être des espions travaillant pour l'Intelligence Service et leur interdit de remettre les pieds à Kountsevo. Peu de temps après, un autre hiérarque du Parti, Kliment Vorochilov, maréchal et vice-président du Conseil des ministres, tombe à son tour en disgrâce et est accusé par Staline d'être un espion américain, sans toutefois être arrêté... En ce même mois de décembre 1952, Staline renvoie son secrétaire privé, Alexandre Poskrebychev, dépositaire, depuis plus de vingt ans, des secrets les mieux gardés, sous prétexte qu'il a « égaré des documents confidentiels », et fait arrêter le chef de la garde de la Sécurité d'État (chargée de la protection rapprochée des dirigeants), accusé d'avoir « manqué de vigilance, communiqué des secrets, notamment médicaux, à certains comploteurs juifs ».

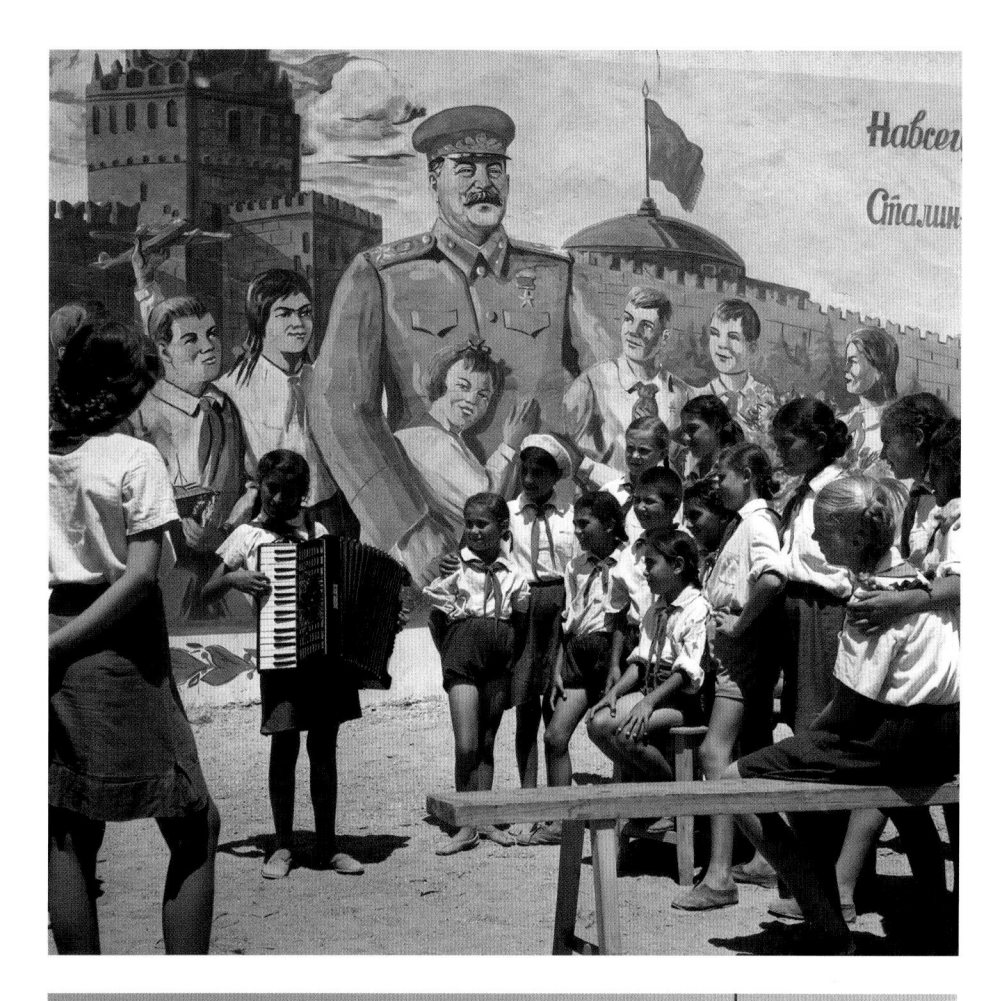

Camp de pionniers au sovkhose « Le Géant », Ukraine, été 1951.

Le culte d'un dictateur

Les années d'après-guerre

Page de gauche

1. Malenkov, Vorochilov et Staline aux funérailles de Jdanov en 1948.

2. Lavrenti Beria à la tribune de la parade aérienne de Touchino, près de Moscou, 1949.

3. Réunion politique « Pour la Paix » dans la salle des Colonnes du palais des Syndicats, à Moscou, 1950.
« Vive la paix entre les peuples ! »

En 1950, dans le cadre de la campagne initiée par *L'Appel de Stockholm*, les autorités soviétiques encouragent la tenue de milliers de réunions et de meetings pacifistes au moment même où l'URSS commence à rattraper son retard sur les États-Unis dans le domaine nucléaire et s'engage activement dans la course aux armements, dans une conjoncture internationale aggravée par la guerre de Corée.

Staline et Molotov à la journée du Sport au stade Dinamo de Moscou, juin 1946. L'une des très rares apparitions de Staline en public. Deux enfants ont traversé le stade en courant pour offrir des fleurs. Staline puis Molotov les hissent à la tribune. Muni d'un appareil à châssis, le photographe Khaldei n'a pu faire qu'une seule photo de la scène.

Le culte d'un dictateur

Le dernier complot

C'est dans ce climat de plus en plus pesant qu'éclate le « complot des blouses blanches ». Le communiqué officiel dénonçant cette affaire est publié dans la presse le 13 janvier 1953. Il affirme qu'un « groupe terroriste de médecins ayant pour but d'abréger la vie de dirigeants importants en leur administrant des traitements nocifs » a été démasqué « quelque temps auparavant ». Auraient figuré parmi les victimes Andreï Jdanov, mort en 1948 et Alexandre Chtcherbakov, décédé en 1945. Les médecins auraient aussi cherché à nuire à la santé de plusieurs officiers supérieurs, mais leur arrestation les a empêchés de mener à bien leur projet criminel. Les médecins – dans leur grande majorité juifs – sont tous stipendiés par une organisation d'assistance juive américaine, l'American Joint Distribution Committee.

Le communiqué critique vivement les organes de la Sécurité d'État qui n'ont pas su démasquer à temps la « bande de criminels » et appelle les simples citoyens soviétiques à se mobiliser et à faire preuve d'une extrême vigilance. Tandis que la « dénonciatrice héroïque », la doctoresse Lydia Timachouk et indicatrice de la Sécurité d'État qui a revu les électrocardiogrammes d'Andreï Jdanov, repéré l'erreur fatale de diagnostic et démasqué les « assassins en blouse blanche » est décorée de l'ordre de Lénine, les inculpés, dûment interrogés, passent aux aveux. Comme au moment de la Grande Terreur de 1936-1938, des milliers de réunions publiques sont organisées pour exiger le châtiment des coupables, la multiplication des enquêtes et le retour à une véritable « vigilance bolchevique ». Dans les semaines qui suivent la découverte du « complot », la presse réactualise les thèmes des années 1936-1938, appelant à « en finir avec l'insouciance criminelle dans les rangs du Parti, à démasquer les hommes à double face et liquider une fois pour toutes le sabotage ». Comme le confirment les documents aujourd'hui accessibles sur cette affaire, le « complot des blouses blanches » marque à la fois le couronnement de la campagne « anticosmopolite » – c'est-à-dire antisémite – déclenchée cinq ans plus tôt, et la probable ébauche d'une nouvelle purge générale que seule la mort de Staline va faire avorter. À ces deux dimensions s'en ajoute une troisième : la lutte entre les différentes factions des ministères de l'Intérieur et de la Sécurité d'État, séparés depuis 1946 et soumis à des remaniements constants par Staline, qui a toujours considéré ce secteur stratégique comme son « domaine réservé ».

L'enquête sur le « complot des blouses blanches », menée par Semion Ignatiev, le ministre récemment promu de la Sécurité d'État, démontre la responsabilité de l'ancien chef de la Sécurité, Viktor Abakoumov, démis de ses fonctions en juillet 1951, mis au secret et accusé d'être le « cerveau » d'un vaste complot juif international, dont l'affaire des médecins n'est que le dernier épisode.

En juillet 1952, après une longue instruction de près de trois ans, se déroule, à huis clos et dans le plus grand secret, le procès des membres du Comité juif antifasciste. Au total, le « dossier » du Comité donne lieu, en comptant les prétendues « ramifications » de l'affaire, à cent vingt-cinq condamnations, dont vingt-cinq à la peine capitale. L'instruction interminable de ce procès permet aux services de la Sécurité d'État de construire le scénario d'un grand complot juif international. Le 22 novembre 1952, s'ouvre à Prague le procès de Rudolf Slansky, ancien secrétaire du Parti communiste tchécoslovaque, et de treize autres hauts dirigeants communistes. Onze d'entre eux sont condamnés à mort et pendus. L'une des particularités de cette parodie judiciaire, entièrement montée par les conseillers soviétiques de la police politique tchèque, est son caractère ouvertement antisémite. Onze des quatorze accusés sont juifs, et les faits qui leur sont reprochés portent sur la constitution d'un prétendu « groupe terroriste trotsko-tito-sioniste ». Le procès de Prague est, à n'en point douter, la répétition du futur procès des médecins juifs à Moscou. Une partie des témoignages réunis pour le procès Slansky seront réutilisés dans le procès des « assassins en blouse blanche », dont l'ouverture est prévue pour la mi-mars 1953.

Comme le montrent ses corrections manuscrites sur les différents projets de communiqués annonçant l'affaire, ainsi que ses annotations détaillées des

Paris Match n° 208, 7-14 mars 1953.

Le corps de Staline exposé dans la salle des Colonnes du palais des Syndicats.

Page de gauche

1. Meeting à Lvov, Ukraine.

2. Réunion au dépôt Staline de la gare de Iaroslavl.

3. Dans les rues de Moscou, les cinq minutes de silence lors de l'enterrement de Staline, le 9 mars 1953.

4. Minute de silence aux ateliers de l'usine Krasnoïe Sormovo.

Le dernier complot

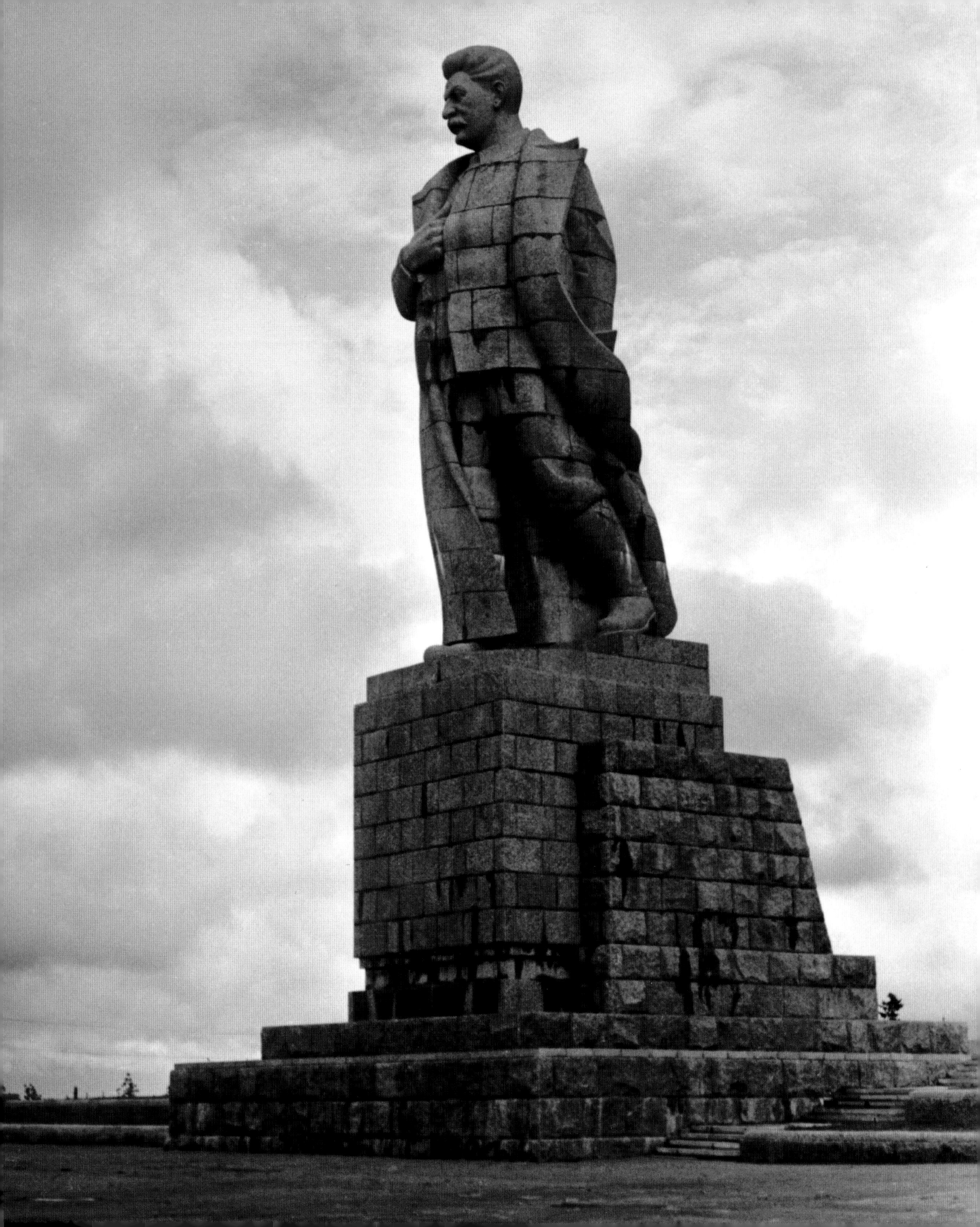

Nouveau monument à Staline, Réservoir central de Moscou, août 1945. Après la victoire, le culte de Staline ne connaît plus de bornes. On édifie, en quelques mois, des centaines de monuments au Guide, certains modestes, d'autres colossaux, y compris dans les endroits les plus insolites comme ici, au bord du Réservoir central de Moscou, un lieu stratégique, mais totalement désert.

Les « héritiers de Staline », Malenkov, Beria, Vorochilov, Khrouchtchev et Mikoïan portent le cercueil de Staline, place Rouge, Moscou, 9 mars 1953.

Le dernier complot

Vivre sans Staline

À l'annonce de la mort de Staline par Radio-Moscou, un sentiment de stupeur s'empara de nombreux Soviétiques : la disparition du « Guide du Parti communiste et de l'Union soviétique, le camarade Iossif Vissarionovitch Staline » marquait la fin d'une époque. Comme l'écrit François Furet dans *Le Passé d'une illusion*, la mort du Guide fit ressortir le paradoxe d'un système « prétendument inscrit dans les lois du développement social, et dans lequel tout dépend d'un seul homme et que, cet homme disparu, le système a perdu quelque chose qui lui était essentiel ». Dans les semaines qui suivirent la mort de Staline, un immense changement s'amorça, que l'écrivain Ilya Ehrenbourg, dans un écrit célèbre, compara à un dégel.

En attendant le dégel, c'était le désarroi qui dominait, face à l'incertitude de l'avenir. Un désarroi souvent marqué, dans le climat d'hystérie antisémite qui avait suivi l'annonce du complot des « assassins en blouse blanche », par la remontée de rumeurs, de fantasmes et de craintes diffuses caractéristiques des interrègnes. Staline avait délibérément agi comme s'il était immortel et que la question de sa succession ne se poserait jamais. « Que feriez-vous sans moi, vous qui êtes plus impuissants que des chatons aveugles tout juste venus au monde ? », avait-il l'habitude de dire, les derniers temps, à ses « héritiers », Beria, Khrouchtchev, Malenkov, Boulganine et Kaganovitch, ceux-là mêmes qui, deux par deux, allaient assurer la veille autour du dictateur mourant.

Une source exceptionnelle, les rapports de la Sécurité d'État sur les « réactions de la population à la disparition du camarade Staline », aujourd'hui partiellement déclassifiés, permet de mieux saisir le climat trouble de ces journées de mars 1953. Staline disparu, « il n'y aura plus personne à qui se plaindre. Jusqu'à présent, quand le petit peuple était opprimé, quand on n'en pouvait plus, on disait : on va se plaindre au camarade Staline. Et maintenant, à qui adresserons-nous nos doléances ? »

« Il était le seul à maintenir l'ordre. Maintenant, on entre dans un temps de troubles, bien pire qu'après la mort de Lénine... » Staline mort, « n'importe quel imposteur peut monter sur le trône, et puis on découvrira que c'était un ennemi du peuple ». L'intégrité du pays était menacée : « Staline mort, la pauvre Russie sera écartelée ». Le prestige de l'URSS anéanti : « Prenez les démocraties populaires, maintenant que Staline est mort, tous ces pays vont vouloir se libérer de notre tutelle. Quant à la Chine, qui a toujours été très indépendante, elle va tomber sous l'influence des États-Unis, trop contents de saisir l'occasion ! » Enfin, Staline mort, la perspective, si redoutée, d'une nouvelle guerre devenait plus présente encore : « Seul Staline, le vainqueur de la Grande Guerre patriotique, était craint de nos ennemis. Et maintenant, de qui auront-ils peur ? » Assurément, ces rapports confidentiels de la police politique posent à l'historien de nombreux problèmes d'interprétation. Quelle est par exemple la représentativité des propos relevés ? Qu'osait-on dire, que taisait-on ? Il n'en reste pas moins que ces quelques traces, hélas bien éparses, constituent, à côté des rares témoignages d'intellectuels ayant eux aussi — mais différemment — décrit leur désarroi d'orphelins face à la disparition du Père, les seuls contrepoids à l'immense littérature hagiographique produite au lendemain de la mort de Staline.

Dans la semaine qui suivit la disparition de Staline, pas moins de 188 760 réunions et meetings consacrés à la mémoire et à la glorification du disparu se tinrent en effet dans les entreprises, kolkhozes, sovkhozes, administrations et bâtiments officiels du pays. Officiellement, seule s'y exprimait l'affliction profonde non seulement de tout un peuple uni, mais aussi de « l'Humanité progressiste » tout entière. En réalité, le désarroi et la crainte devant l'avenir étaient aussi largement partagés, on l'a vu, sinon davantage, que l'affliction. Depuis un quart de siècle, Staline avait été aux commandes de l'Union soviétique. Son nom était associé à la victoire dans la Grande Guerre patriotique. Une majorité de Soviétiques n'avait jamais connu leur pays sans Staline à sa tête.

Le 9 mars, un million de personnes, peut-être davantage encore, affluèrent vers le centre de Moscou où devaient se dérouler, devant des centaines de délégations venues du monde entier, les funérailles solennelles de Staline. Le cercueil fut porté par les plus hauts dirigeants du Parti, de la salle des Colonnes du palais des Syndicats jusqu'au mausolée de Lénine, sur la place Rouge, où le « continuateur génial de l'œuvre de Lénine » devait reposer. Pendant ce temps, de terribles bousculades se produisirent dans l'immense foule massée autour de la place Rouge. « Les barrages de la police, écrit dans ses *Mémoires* récemment parues Chepilov, alors rédacteur en chef de la *Pravda*, furent écrasés et culbutés sur la pente raide allant de la Sretenka à la place Troubnaïa. Une quantité énorme de gens perdit pied. Les cages thoraciques craquaient. Déformées par l'horreur, les bouches de centaines de personnes étaient déchirées par des hurlements [...]. Toute la nuit, les ambulances, la police et les troupes transportèrent des corps estropiés vers les hôpitaux et les morgues. »

L'information sur cette tragédie, qui rappelait étrangement un autre épisode, semblable, survenu lors des fêtes du couronnement du dernier tsar, Nicolas II, en 1894, fut évidemment tenue secrète, de peur d'ajouter encore au trouble des esprits.

La mort de Staline survenait en effet à un moment de grandes difficultés économiques et sociales dues au blocage du système mis en place dans les années 1930. Les principaux collaborateurs du dictateur, devenus ses héritiers, devaient à la fois assurer la continuité du système, se répartir les responsabilités en faisant la part des ambitions de chacun et des rapports de force, et introduire enfin un certain changement, sur la nécessité duquel se dégageait un indéniable consensus parmi l'équipe dirigeante. Depuis au moins deux ans, plusieurs projets de réforme avaient été engagés – désengorger un Goulag hypertrophié ; dépénaliser un certain nombre d'infractions mineures (telles que le retard au travail, l'absentéisme ou le changement non autorisé de lieu de travail) ; améliorer la condition paysanne (en augmentant les prix d'achat, par l'État, des productions agricoles, qui n'avaient pas été revalorisées depuis... 1930 !). Aucun de ces projets n'avaient abouti, les collaborateurs de Staline n'osant prendre une décision qui aurait pu susciter l'ire du dictateur vieillissant. Tant que Staline était en vie, aucune réforme n'était possible. Le dictateur disparu, les réformes devenaient un enjeu politique capital dans la lutte pour la succession.

C'est, paradoxalement, Lavrenti Beria, le ministre de l'Intérieur et de la Sécurité d'État, qui prit les initiatives les plus audacieuses. La brusque mutation du chef de la police politique en réformateur laisse perplexe. Que cherchait donc Beria ? Certainement pas à se concilier « l'opinion publique », dont les dirigeants n'avaient cure. L'homme le mieux informé de la situation dans laquelle se trouvait le pays était sans doute aussi le plus conscient de la nécessité de briser les blocages qui s'étaient accumulés depuis des années d'immobilisme. Se mettre à la tête des réformes indispensables pour débloquer la machine, sortir de son rôle sinistre de « tchékiste en chef » en se taillant une stature d'homme d'État réformateur, prendre ainsi l'ascendant sur ses rivaux – telles étaient sans doute les motivations de Beria.

Trois semaines à peine après la disparition de Staline, Beria proposa une très large amnistie, qui permit de réduire de moitié la population du Goulag. Cette mesure ne profita cependant qu'aux détenus de droit commun, les « politiques » étant exclus des mesures de clémence.

Une semaine plus tard, le 4 avril 1953, tous les journaux soviétiques publièrent un communiqué du ministère de l'Intérieur annonçant que les personnes inculpées dans le « complot des médecins » avaient été victimes d'une provocation organisée par les collaborateurs de « l'ex-ministère de la Sécurité d'État ». Leurs aveux avaient été extorqués par des « méthodes illégales d'instruction ». Tous avaient été libérés, et les responsables de cette provocation déférés devant la justice.

La teneur extraordinaire de ce communiqué ajouta au trouble des esprits. Celui-ci fut encore amplifié quelques jours plus tard par une résolution du Comité Central, « Sur la violation de la légalité par les organes de la Sécurité d'État ». Il en ressortait clairement que le « complot des médecins » n'avait pas été un accident isolé et que la Sécurité d'État s'était, des années durant, arrogé des pouvoirs exorbitants, entretenant l'illégalité la plus totale. La publication de ces révélations, aussi succinctes fussent-elles, suscita immédiatement de nombreuses réactions : les parquets furent submergés par des centaines de milliers de lettres et de demandes de réhabilitation ; de véritables révoltes éclatèrent dans un certain nombre de camps particulièrement durs, où étaient détenus les prisonniers politiques exclus de l'amnistie. Le désarroi de la population s'accrut encore quand il apparut que c'était le chef de la Sécurité d'État qui semblait prendre la tête du changement. Quelques semaines plus tard, l'unité du « bloc socialiste » était, pour la première fois depuis la création des « démocraties populaires », secouée par d'importantes émeutes ouvrières à Berlin-Est, rapidement écrasées par les troupes soviétiques d'occupation.

Ces événements eurent des répercussions immédiates à Moscou. Face à la montée de Beria, qui ne cessait d'élargir ses influences et ses clientèles bien au-delà de l'immense appareil de la police politique, Khrouchtchev parvint à convaincre ses collègues et les responsables militaires, le maréchal Joukov en tête, sorti de sa disgrâce après la mort de Staline, du danger que représentait Beria non seulement pour leur propre sécurité, mais aussi pour l'avenir de l'URSS et du bloc socialiste. Le 26 juin 1953, Beria fut arrêté. La chute de Beria laissait la voie libre à celui qui avait pris la tête de la conspiration, Nikita Khrouchtchev.

Ainsi prit fin, par une « révolution de palais », la première phase de la succession de Staline. Le 10 juillet, la *Pravda* annonça l'arrestation de Beria, accusé « d'activités criminelles dirigées contre le Parti et contre l'État ».

Les conditions de l'arrestation de Beria, la dissimulation de son exécution sommaire, quelques mois plus tard, derrière une fausse instruction et un faux procès, les chefs d'accusation fantaisistes (espionnage au profit de puissances étrangères, tentative de « restaurer le capitalisme en URSS ») retenus contre lui témoignaient des difficultés de sortir du stalinisme. La toute-puissance de la Sécurité d'État ne laissait aux adversaires de Beria d'autre issue que celle du complot, de la mise au secret et de l'exécution du chef de la police politique, afin de couper court à toute tentative de ses partisans d'organiser un contre-complot.

Mais, parce que la base du pouvoir de Beria s'était élargie, que son prestige était réel, parce que le système se réclamait désormais de la légalité, ses adversaires ne pouvaient avouer qu'ils avaient liquidé sommairement le redoutable ministre de l'Intérieur qui avait pris l'habit d'un homme politique respectable ouvert aux réformes. En dissimulant les circonstances de toute cette affaire, en perpétuant la tradition de la *konspiratsia* (secret) bolchevique, en se retranchant derrière une trompeuse légalité, les « héritiers de Staline » protégeaient leur propre sécurité, tout en affirmant leur légitimité et leur pouvoir.

Le système mis en place, un quart de siècle durant, par Staline, ne se laissait pas défaire si facilement. L'héritage était lourd et difficile à gérer. Staline mort, il fallait encore procéder à une « déstalinisation » en profondeur.

Durant cette mémorable année 1953, le nom de Staline fut de plus en plus rarement cité par la presse, jusqu'à disparaître totalement. En 1954 et 1955, un grand nombre de mesures, inimaginables durant la vie du dictateur, firent prendre conscience aux Soviétiques que les années Staline étaient bien finies : des centaines de milliers de détenus du Goulag revinrent chez eux ; des dizaines de millions de kolkhoziens virent leur condition s'améliorer ; on commença enfin à construire massivement des logements pour les citadins. Il faudra cependant attendre le XXe Congrès du Parti communiste en février 1956 et la lecture, faite dans les cellules du Parti et des Jeunesses communistes, à une quinzaine de millions de Soviétiques, du fameux « Rapport secret » de Nikita Khrouchtchev dénonçant le « culte de la personnalité » et les crimes de Staline, pour que la société soviétique tout entière ait enfin le sentiment de tourner définitivement la page d'une époque.

Nikita Khrouchtchev, premier secrétaire de l'organisation du Parti communiste de Moscou et secrétaire du Comité central, à la tribune d'une réunion politique, 1952.

Vivre sans Staline

Les photographes

Nikolaï Bobrov / 1926-
Né à Kingisepp, près de Leningrad, il commence à travailler comme reporter en 1948 pour le compte de journaux et de magazines, notamment *Za rulem* (« Au Volant »). De 1960 à 1992, il collabore au magazine *Sovetskii Soyuz* (« L'Union soviétique »).

Natalia Bode / 1914-1996
Née à Kiev, en Ukraine, en 1934 elle entre comme photographe au journal *Kommunist*. Entre 1938 et 1941, elle travaille pour Photokhronika Tass en Ukraine. Pendant la Deuxième Guerre mondiale, elle part au front pour le journal *Krasnaïa Armia* (« l'Armée rouge »). Ses photographies ont été publiées dans les journaux *Krasnaïa Zvesda* (l'Étoile rouge), et dans le magazine *Ogoniok*. En 1945, elle travaille à Moscou pour le journal ukrainien *Radianska Kultura*.

Maxime Petrovitch Dmitriev / 1858-1948
Il est un grand portraitiste et le premier photographe social russe. Issu d'un milieu pauvre, sa famille s'installe à Moscou peu après 1870 et, à l'âge de 15 ans, il devient l'assistant d'un photographe portraitiste. Il se met sérieusement à la photographie en 1874. En 1886, il décide de s'installer à Nijni-Novgorod. Il y ouvre un atelier-studio. Très bon portraitiste, il développe le marché des cartes postales et ses affaires sont florissantes. Mais il n'oublie pas pour autant ses origines modestes. Et il profite de son temps libre et de l'argent qu'il gagne pour photographier le monde des pauvres. Il photographie la misère et le travail ; les ouvriers, les fabricants de cuillères en bois, les haleurs de la Volga. Ses œuvres majeures portent sur la famine et les épidémies de typhus et choléra qui s'ensuivirent en 1892, et sur les religieux et leur vie quotidienne, en particulier les « Vieux Croyants » issus du grand schisme de l'Église russe au XVIIe siècle.
Il rencontre très vite un grand succès, et à partir de 1889, les expositions se succèdent, à Moscou, Saint-Pétersbourg, etc. Mais la Révolution, en laquelle il croit, emporte tout : son atelier est nationalisé et beaucoup de ses plaques et de ses négatifs sont brisés ou perdus. Il mourra, oublié de tous, à l'âge de 90 ans.

Emmanuel Evzerikhin / 1911-1984
De 1932 à 1972, il travaille pour l'agence Fotokhronika Tass. Il photographie l'Arctique, l'Asie soviétique, la construction de Dnieprogues (la centrale électrique du Dniepr), celle du Turksib (le chemin de fer Turkestan-Sibérie), etc. Quand l'Allemagne envahit l'Union soviétique, il est envoyé sur le front par l'agence Tass.

Alexei Gostev / 1912-2002
Natif du village de Golovino dans la zone Mojaisk, il commence à travailler en 1929 comme assistant de photographe. En 1934, il débute une carrière de photographe professionnel pour le magazine « L'URSS en construction ». Quand l'URSS entre en guerre, il part au front comme expert en équipement photographique. Après la guerre, il entre comme photographe au magazine *Ogoniok*.

Alexandre Danielevitch Grinberg / 1885-1979
Fait prisonnier durant la Première Guerre mondiale, il s'engage dans l'Armée rouge durant la guerre civile, connaît les camps du Goulag dans les années 1930. Pictorialiste à ses débuts, et dans les années 1920, il est, l'un des photographes les plus connus. Mais les débats d'idées qui ont suivi la révolution lui coûtent cher. Le conflit entre les pictorialistes et les constructivistes est violent et la situation empire dans les années 1930.
En 1935, il présente un travail sur des études de nus. Il est vivement critiqué et arrêté en janvier 1936. Condamné à cinq années de camp, il en sort miraculeusement au bout de trois ans. Il passe la guerre à Moscou en survivant de son métier de portraitiste ce qu'il continuera à faire jusqu'à sa mort en 1979. Ce n'est qu'en 1996 que Moscou l'exposera de nouveau, soixante-neuf ans après sa dernière exposition.

Boris Ignatovitch / 1899-1976
Il est, avec Rodchenko, le plus important des photographes constructivistes. Il est le correspondant de nombreux magazines et ses sujets montrent les réalisations et la grandeur de la technologie soviétique à l'époque des plans quinquennaux.
La photographie d'Ignatovitch se caractérise par de fortes diagonales, des premiers plans accentués et peu de profondeur de champ. Il rejoint le groupe Octobre créé par Rodchenko en 1930.

Ilya Ilf / 1897-1937
Natif d'Odessa, il s'installe à Moscou en 1923. Quand il commence à photographier dans les années 1929-1930, il est déjà célèbre comme l'un des deux auteurs du roman satirique populaire « Douze Chaises » paru en 1928. Ilf n'est pas un photographe professionnel : la photographie est pour lui un passe-temps. Envoyés avec son ami et co-auteur Evgueni Petrov pour couvrir l'inauguration du Turksib, le chemin de fer reliant le Turkestan à la Sibérie, il en rapportera de nombreuses images, ainsi que d'un voyage aux États-Unis qu'il effectue en 1935.

Evgueni Ananievitch Khaldei / 1917-1997
Né en Ukraine à Iouzovka, il est blessé à l'âge d'un an dans un pogrom : la balle qui tue sa mère lui traverse le poumon. Il commence la photo au milieu des années 1930, au lendemain des grands débats idéologiques. En 1939, il est engagé par l'agence Tass. Ses photos de guerre marquent le sommet de son travail : c'est le 2 mai 1945 qu'il réalise une photographie qui fera le tour du monde et qui deviendra une icône : « Le drapeau soviétique sur les toits du Reichstag ». En 1943, son père et ses trois sœurs, restés en Ukraine, sont jetés dans un puits de mine par les nazis. En 1949, l'antisémitisme du régime lui fait perdre son emploi à l'agence Tass. Après la guerre et pendant près de vingt ans, il fait surtout des photographies des différentes activités de la jeunesse. Il meurt à Moscou à 80 ans en laissant l'un des témoignages photographiques les plus complets sur les années soviétiques. Il est reconnu en Russie comme l'un des plus grands photojournalistes.

Gueorgui Abramovitch Lipskerov / 1896-1977
Dès la fin de ses études secondaires, Lipskerov fait des reportages sportifs, sans doute parce qu'il est lui-même un grand sportif. Dans les années 1930, il fait des reportages sur les régions lointaines du Kamtchatka pour l'agence Soyuzfoto. Engagé volontaire dès les premiers jours de la guerre, il participe aux combats et devient en 1942 correspondant des journaux de la 52e armée et du 2e front d'Ukraine. À partir de 1943, il rejoint le groupe des documentalistes dirigé par le cinéaste Roman Karmen, et photographie les combats autour de Moscou et la bataille de Stalingrad. Il est le plus âgé des correspondants de guerre (le seul de la génération pré-révolutionnaire). Lipskerov est l'un des plus anciens photojournalistes de la Seconde Guerre mondiale. Il a presque cinquante ans quand il entre dans l'équipe d'un journal de l'armée, et il passe toute la guerre au front. Sa pratique du sport l'aura sans doute mieux préparé qu'un autre aux contraintes de la vie au combat.

Mark Borissovitch Markov-Grinberg / 1907-2006
Né à Rostov-sur-le-Don, il est sans doute – et injustement – le moins connu des photographes russes, peut-être parce qu'il ne faisait partie d'aucun mouvement intellectuel. Il se contentait de faire très bien son travail de photojournaliste pour divers magazines et agences (*Ogoniok*, Tass). Son parcours ressemble à celui de nombreux photographes. Les belles années 1920 et 1930 pour les photographes de presse sont suivies par les années de guerre où il s'illustre comme reporter. Après la guerre, le fait qu'il soit juif le prive peu à peu de commandes intéressantes. Comme beaucoup d'autres, il trouve refuge dans une photographie alimentaire en couvrant les foires agricoles ou divers événements de ce genre.

Alexandre Vassilievitch Oustinov / 1909-1995
Rien ne pouvait laisser présager qu'Alexandre Oustinov deviendrait un grand photographe de guerre. Issu d'un milieu modeste, il entre dans la vie professionnelle en 1926 comme soudeur dans une fabrique de lits métalliques faits à partir de matériaux de récupération. Son adhésion à la cellule locale des Komsomols (organisation des jeunesses communistes) change le cours de sa vie. En 1928, à la fermeture de l'entreprise qui l'emploie, il est engagé comme éclairagiste dans un studio de cinéma et commence à s'intéresser à la photographie. Il achète un appareil Fotocor et suit les cours du soir de la Rabfak (faculté ouvrière) rattachée au département de cinéma. Passant outre l'interdiction des médecins qui jugent sa santé trop fragile pour un engagement dans l'armée, il part en Ukraine dès le mois de juin 1941. En août 1941, il devient correspondant de guerre de la *Pravda* sur le front de Volkhov. Il est à Leningrad, puis à Stalingrad et sur les fronts ukrainiens. Parmi ses photographies de guerre, on remarque ses reportages sur le quotidien des soldats et sur les actions des groupes résistants. Pendant les deux dernières années de la guerre, Alexandre Oustinov est sur le premier front ukrainien où, à l'automne 1944, il photographie les combats du premier corps d'armée tchécoslovaque et la libération de la Tchécoslovaquie par l'Armée rouge. En comptant les années de guerre, Alexandre Oustinov aura passé la moitié de sa vie au service de la *Pravda*.

Gueorgui Grigorievitch Petroussov / 1903-1971
Il débute sa carrière de photographe en 1924 pour les journaux professionnels *Metallist* (« L'Ouvrier métallurgiste »), et Rabocii Khimik (« Le Chimiste »), avant d'entrer à la *Pravda*. Ses reportages sur la construction du grand complexe métallurgique de Magnitogorsk (ville industrielle de l'Oural, dans la région de Tcheliabinsk fondée par les Soviétiques en 1929) sont publiés dans le journal *SSSR na Stroike* (« L'URSS en construction ») où il travaille entre 1930 et 1941, aux

côtés des plus grands photographes soviétiques. Pendant la guerre, il est envoyé en mission par le journal *Izvestia*.

Mikhaïl Prekhner / 1911-1941

Né à Varsovie en Pologne, sa famille part à Moscou en 1914. À la fin de sa scolarité en 1928, il collabore comme photographe à plusieurs journaux et magazines. En 1930, il entre à *SoyuzFoto*. À partir de 1931, il travaille pour la maison d'édition d'État Izogiz, et publie des photographies pour *SSSR na stroike* « L'URSS en construction ». Il a participé à de nombreuses publications, dont « Marine rouge », « Buryat-Mongolie », « Vieillesse heureuse » (*Schastlivaya starost*), « L'Extrême-Orient » (*Dalniy Vostok*), « Petites Villes » (*Malenkie goroda*), « Acier » (*Stal*).

Mark Stepanovitch Redkine / 1908-1987

La carrière photographique de Redkine débute en 1934 à son entrée comme correspondant à *Krasnaïa Zvezda* (« L'Étoile rouge »), journal de la division militaire de Leningrad et de la flotte de la Baltique. Pendant la guerre, il est envoyé sur différents fronts par l'agence Tass et travaille également pour le journal *Frontovaia Illustracia* (« Le Front illustré »). Il fait plusieurs reportages sur la chute de l'Allemagne nazie, avant de couvrir la brève guerre soviéto-japonaise de l'été 1945.

Iakov Ilitch Rioumkine / 1913-1986

Après des études à la faculté ouvrière de Kharkov en Ukraine, il entame une carrière de photographe au début des années 1930. Il est d'abord employé par le journal local *Vecernee Radio* (« Radio Soir »), puis par le journal *Kommunist*. Il commence à publier des photographies en 1926. Il collabore à la *Pravda* et *Ognoniok* puis au magazine « Les Nouvelles Agricoles ». Pendant la guerre, il est correspondant de la *Pravda*. Il prend part à l'avancée de l'Armée rouge à partir de Stalingrad. Il photographie les libérations successives de l'Ukraine, de la Moldavie, de la Roumanie, de la Hongrie et de la Pologne, et enfin l'entrée en Allemagne et la prise de Berlin.

Mikhaïl Ivanovitch Savin / 1915-2006

En même temps qu'il effectue une formation dans l'armée, Mikhaïl Savin suit des cours par correspondance de reportage photographique. À partir de 1939, il travaille pour l'agence Tass qui fait de lui son envoyé spécial en Biélorussie. En mars 1941, il entre au journal *Krasnoarmeiskaïa Pravda* (La Pravda de l'Armée rouge) qui couvre les événements du front ouest. Il photographie la défense de Smolensk. À partir de 1945, il entre au département photo du magazine *Ogoniok*.

Ivan Shagin / 1904-1982

Issu d'une famille de paysans russes, orphelin de père à l'âge de 11 ans, il est envoyé par sa mère à Moscou pour travailler dans un petit magasin. En 1919, il commence à photographier en amateur et en 1930 il travaille comme photographe de presse pour deux quotidiens. De 1933 à 1950, il travaille pour un journal destiné aux jeunes. Ses sujets portent sur l'industrie, l'agriculture, les sports, l'Armée rouge, la marine et l'aviation militaire soviétiques. Après 1950, il travaille pour la *Pravda* et l'agence Novosti et publie plusieurs livres.

Arkadi Samouilovitch Shaikhet / 1898-1959

Il naît à Nikolaev dans une famille juive très pauvre. En 1922, après avoir servi dans l'Armée rouge, il s'installe à Moscou et se met à la photographie. Son succès est immédiat et, de 1924 au milieu des années 1930, il collabore avec tous les grands magazines (dont *Ogoniok*, « L'URSS en construction », « Soviet photo »). Il prend part à la Grande Guerre patriotique comme correspondant de *Frontovaya Illioustratsiya*. Photojournaliste, Shaikhet s'est opposé aux constructivistes. Il fait partie du SRPP (Société révolutionnaire des photographes prolétaires) qui s'est fortement élevé contre le groupe Octobre. Il estime qu'une photographie doit être explicite, documentaire, au contraire des constructivistes qu'il considère inintelligibles.
Son œuvre est considérable. Il a été surnommé le « stakhanoviste » de la photo. Certaines de ses photos restent : une série sur l'électrification des campagnes, la construction du central télégraphique, ainsi qu'une photographie du train express et celle d'un jeune komsomol au travail. Après guerre, il continue à travailler pour l'agence Tass et d'autres organes de presse. Il arrête de photographier en 1951.

Sergei Shimansky / 1898-1972

Shimansky naît à Galitsia, d'un père prêtre. De 1914 à 1920, sa famille vit à Vladimir où il termine ses études. Il s'installe ensuite à Kharkov. Après sa démobilisation de l'Armée rouge en 1922, il retourne à Kharkov étudier à l'Institut d'État de l'économie nationale. Entre 1924 et 1925, il travaille comme photographe pour la Société photographique ukrainienne. En 1935, à Kiev, il travaille comme photographe pour la maison d'édition d'État Iskusstvo. Il collabore également à « L'URSS en construction » et à d'autres magazines. En 1940, il s'installe à Moscou et travaille pour l'agence Tass et pour l'Exposition agricole. Quand l'URSS entre en guerre, il part pour le front comme photographe. Après la guerre, il continue à photographier et travaille pour la Société russe de sauvegarde de l'héritage culturel.

Arkadi Shishkin / 1899-1985

Shiskin vient d'un village de la région de Viatka. Il débute en tant que photographe dans un studio de portraits. À partir de 1922, il devient le correspondant de plusieurs magazines et journaux de sa ville natale ainsi que d'un journal de Moscou. En 1925, il s'installe à Moscou. Son sujet principal est la vie quotidienne des paysans lors de la collectivisation. Quand la Seconde Guerre mondiale éclate, il part au front d'abord comme soldat puis comme photographe. Il continue à photographier après la guerre.

Vsevolod Tarasevitch / 1919-1995

Pendant ses études, il travaille comme photographe pour les journaux *Smena* et *Leningradskaya Pravda*. En 1940, il entre comme photojournaliste à l'agence Photokhronika Tass. Pendant la Seconde Guerre mondiale, il est envoyé au front comme photographe. Après la guerre, il reprend son travail dans la presse et s'installe à Moscou. En 1961, il entre à l'agence Novosti.

Mikhaïl Anatolievitch Trakhman / 1918-1976

Passionné depuis l'enfance par la photographie, il commence à publier ses travaux dans les journaux moscovites à la fin des années 1930. Lorsque la guerre éclate, Trakhman est envoyé spécial de l'agence Tass. Il réalise des photographies non seulement sur les divers fronts, mais aussi derrière les lignes ennemies. Pendant la guerre, il travaille pour le Sovinformburo, organisme qui centralise l'information. Il fait des reportages sur le blocus de Leningrad, la Biélorussie et les résistants. Il suit également la libération de la Pologne et de la Hongrie. Pendant les quinze dernières années de sa vie, il est l'envoyé spécial de la *Literaturnaïa Gazeta*, mais son intérêt premier est de rédiger des livres illustrés sur la Seconde Guerre mondiale.

Evgueni Umnov / 1919-1975

Evgueni Umnov est né en 1911 à Moscou dans la famille d'un ingénieur. En 1938, il étudie à l'institut d'ingénierie de Moscou et au département d'architecture. En 1941, sa mère et lui sont évacués à Novossibirsk où il commence à travailler comme photographe pour le journal local « La Sibérie soviétique ». En 1947, il est photographe pour VOKS (société de contacts culturels avec les pays étrangers). De 1950 à 1975, il collabore au magazine *Ogoniok*. Ses photographies sont publiées dans différents magazines dont *Sovetskii Soyuz* (« L'Union soviétique »), « Le Théâtre », « Le Ballet », « La Photo soviétique » et *Krestianka* (« La Paysanne »).

Index des photographes

Nikolaï Bobrov : p. 245
Natalia Bode : pp. 188-189, 191, 192 hg
Maxime Dmitriev : p. 75
Emmanuel Evzerikhin : pp. 74 hg, 91, 101 h
Alexei Gostev : pp. 79, 206 h, 242 hg
Alexandre Grinberg : pp. 92 h, 104
Boris Ignatovitch : pp. 32, 34, 37, 40, 60 h et b, 88 b, 89, 105 bd, 170 h et b, 175
Ilya Ilf : pp. 35, 75 h
Evgueni Ananievitch Khaldei : pp. 51, 64 h et b, 65, 66-67, 96 h, 98, 125, 128, 137, 149, 158, 166 h, 177 h et b, 180 h et b, 182 hd, 185 h, 186, 187 b, 193, 209 b, 213, 214 hd, 214 bg et bd, 215, 216, 236, 238, 240, 241, 242 b, 243
Gueorgui Abramovitch Lipskerov : pp. 150, 151
Mark Markov-Grinberg : pp. 42, 80, 81, 82, 93, 97, 99, 102-103, 127, 144, 166 b, 179
Alexandre Vassilevitch Oustinov : pp. 41, 78 hg, 86 h, 96 b, 126, 131 h, 132 h, 136, 154, 182 bd, 184, 195, 196, 197, 206 b, 207 g, 207 hd, 209 h, 209 c, 210, 211, 237 b, 239, 248
Gueorgui Grigorievitch Petroussov : pp. 19, 43, 44, 46-47, 74 bd, 192 bd et la photo de couverture
Mikhaïl Prekhner : pp. 18, 20-21, 92 b, 100
Mark Redkine : pp. 183 d, 187 h
Iakov Ilitch Rioumkine : p. 183 hg
Mikhaïl Ivanovitch Savin : pp. 143, 147, 148, 152, 159 b, 162, 167, 175 h, 178, 183 bg, 192 bg, 212
Ivan Shagin : pp. 132 b, 208
Arkadi Shaikhet : pp. 12-13, 14, 15, 23, 24, 25, 25 h et b, 27, 28, 29, 30, 31, 33, 36, 49, 50, 52 g et d, 51, 62, 63, 68 h et b, 69, 74 hd, 74 bg, 83, 84, 86 b, 90, 94 b, 101 b, 105 h, 105 bg, 108, 109 g et d, 130, 131 b, 133, 134-135, 146, 153, 156-157, 159 h, 163 h, 174, 176 b, 180 d, 181 h et b, 182 g, 175 b, 192 hd, 237 h
Sergei Shimansky : p. 45
Arkadi Shishkin : pp. 10, 22, 94 h
Vsevolod Tarasevitch : pp. 140, 142
Mikhaïl Anatolievitch Trakhman : pp. 129, 141, 145, 155, 163 b, 168, 169, 171 h et b, 176 h
Evgueni Umnov : p. 205

Sélection bibliographique

Les très nombreux ouvrages en russe, ainsi que les articles, ont été omis dans cette sélection. On trouvera des bibliographies plus complètes notamment dans les ouvrages généraux cités ci-dessous.

Ouvrages généraux
Moshe Lewin, *Le Siècle soviétique*, Paris, Fayard, 2003
Moshe Lewin, *La Formation du système soviétique*, Paris, Gallimard, 1987
Silvio Pons, Andrea Romano (dir.), *Russia in the Age of Wars*, 1914-1945, Milano, Feltrinelli, 2000
Nicolas Werth, *Histoire de l'Union soviétique. De l'empire russe à la communauté des États indépendants, 1900-1991*, Paris, PUF, 2001 (5e édition)
Nicolas Werth, *La Terreur et le désarroi. Staline et son système*, Paris, Perrin, 2007

Les années 1930 (de nombreux ouvrages cités dans cette partie couvrent l'ensemble de la période stalinienne)
STALINE, LE SYSTÈME POLITIQUE
Oleg Khlevniouk, *Le Cercle du Kremlin. Staline et le Bureau politique dans les années 1930 : les jeux du pouvoir*, Paris, Le Seuil, 1996
Moshe Lewin, *La Formation du système soviétique*, Paris, Gallimard, 1987
Roy Medvedev, *Le Stalinisme. Origines, histoire, conséquences*, Paris, Le Seuil, 1979
Simon Sebag Montefiore, *Staline. La cour du Tsar rouge*, Paris, Ed. des Syrtes, 2005
LE MONDE RURAL, LA COLLECTIVISATION DES CAMPAGNES
Robert Conquest, *Sanglantes Moissons*, Paris, Laffont, 1995
Sheila Fitzpatrick, *Stalin's Peasants. Resistance and Survival in the Russian Village after Collectivization*, Oxford, Oxford University Press, 1994
Basile Kerblay, *Du mir aux agrovilles*, Paris, Institut des Études slaves, 1985
Lynne Viola, *Peasant Rebels under Stalin : Collectivization and the Culture of Peasant Resistance*, Oxford, Oxford University Press, 1996.
Nicolas Werth, *La Vie quotidienne des paysans russes de la révolution à la collectivisation (1917-1939)*, Paris, Hachette, 1984.
LE MONDE OUVRIER, L'INDUSTRIALISATION, L'URBANISATION
Jean-Paul Depretto, *Les Ouvriers en URSS, 1928-1941*, Paris, Institut d'Études slaves, 1997
David Hoffman, *Peasant Metropolis : Social Identities in Moscow, 1929-1941*, London-Ithaca, Cornell University Press, 1994.
Stephen Kotkin, *Magnetic Mountain, Stalinism as a Civilization*, Berkeley, University of California Press, 1995
Lewis Siegelbaum, Ron Suny, *Making Soviet Workers. Power, Class and Identity*, London-Ithaca, Cornell University Press, 1994.
VIE QUOTIDIENNE, CULTURE ET VIE POLITIQUE
Sarah Davies, *Popular Opinion in Stalin's Russia : Terror, Propaganda and Dissent*, 1934-1941, Cambridge University Press, 1997
Sheila Fitzpatrick, *Le Stalinisme au quotidien*, Paris, Flammarion, 2003
François-Xavier Nérard, *5 % de vérité. La dénonciation dans l'URSS de Staline*, Paris, Taillandier, 2005
Nicolas Werth, *être communiste en URSS sous Staline*, Paris, Gallimard, 1981
RÉPRESSION, TERREUR, GOULAG
Anne Applebaum, *Le Goulag, une histoire*, Paris, Grasset, 2005
Stéphane Courtois, Nicolas Werth & al., *Le Livre noir du communisme*, Paris, Laffont, 1997
Jacques Rossi, *Le Manuel du Goulag*, Paris, Le Cherche-Midi, 2000.

L'URSS dans la Seconde Guerre mondiale
Omer Bartov, *The Eastern Front 1941-1945. German Troops and the Barbarization of Warfare*, Oxford-New-York, MacMillan-St Anthony's, 1985.
Omer Bartov, *L'Armée d'Hitler : la Wehrmacht, les nazis et la guerre*, Paris, Hachette, 1999.
Bernd Bonwetsch, Robert Thurston (eds), *The People's War*, Kansas University Press, 2001
Alexander Dallin, *German Rule in Russia, 1941-1945*, London, MacMillan,, 1981
Amnon Sella, *The Value of Human Life in Soviet Warfare*, London-New-York, Routledge, 1992.
Amir Weiner, *Making Sense of War*, Princeton University Press, 2000.
Alexander Werth, *La Russie en guerre*, 2 vol, Paris, Stock, 1967.

Les années d'après-guerre
Yoram Gorlizki, Oleg Khlevniuk, *Cold Peace. Stalin and the Soviet Ruling Circle*, Oxford University Press, 2004
Elena Zubkova, *Russia After the War*, Armonk-London, Sharpe,1998
Donald Filtzer, *Soviet Workers and Late Stalinism*, Cambridge University Press, 2002
Guennadi Kostyrtchenko, *Prisonniers du Pharaon rouge*, Solin, Actes Sud,1998
Laurent Rucker, Staline, *Israël et les Juifs*, Paris, PUF, 2001
Amy Knight, *Beria*, Paris, Aubier,1994

Crédits photographiques

h : haut, b : bas, c : centre, d : droit, g : gauche

Couverture : Gueorgui Grigorievitch Petroussov/Mark Grosset Photographies/Fotosoyuz ; p. 10 : Arkadi Shishkin/Mark Grosset Photographies/Fotosoyuz ; p. 12-13 : Arkadi Shaikhet/Mark Grosset Photographies/Fotosoyuz ; p. 14 : Arkadi Shaikhet/Mark Grosset Photographies/Fotosoyuz ; p. 15 : Arkadi Shaikhet/Mark Grosset Photographies/Fotosoyuz ; p. 16 : Photographe anonyme/ RGASPI ; p. 17 h et b : Photographe anonyme/ RGASPI ; p. 18 : Mikhaïl Prekhner/Mark Grosset Photographies/Fotosoyuz ; p. 19 : Gueorgui Grigorievitch Petroussov/Mark Grosset Photographies/Fotosoyuz ; p. 20-21 : Mikhaïl Prekhner/Mark Grosset Photographies/Fotosoyuz ; p. 22 : Arkadi Shishkin/Mark Grosset Photographies/Fotosoyuz ; p. 23 : Arkadi Shaikhet/Mark Grosset Photographies/Fotosoyuz ; p. 24 : Arkadi Shaikhet/Mark Grosset Photographies/Fotosoyuz ; p. 25 : Arkadi Shaikhet/Mark Grosset Photographies/Fotosoyuz ; p. 25 h et b : Arkadi Shaikhet/Mark Grosset Photographies/Fotosoyuz ; p. 27 : Arkadi Shaikhet/Mark Grosset Photographies/Fotosoyuz ; p. 28 : Arkadi Shaikhet/Mark Grosset Photographies/Fotosoyuz ; p. 29 : Arkadi Shaikhet/Mark Grosset Photographies/Fotosoyuz ; p. 30 : Arkadi Shaikhet/Mark Grosset Photographies/Fotosoyuz ; p. 31 : Arkadi Shaikhet/Mark Grosset Photographies/Fotosoyuz ; p. 32 : Boris Ignatovitch/Mark Grosset Photographies/Fotosoyuz ; p. 33 : Arkadi Shaikhet/Mark Grosset Photographies/Fotosoyuz ; p. 34 : Boris Ignatovitch/Mark Grosset Photographies/Fotosoyuz ; p. 35 : Ilya Ilf/Mark Grosset Photographies/Fotosoyuz ; p. 36 : Arkadi Shaikhet/Mark Grosset Photographies/Fotosoyuz ; p. 37 : Boris Ignatovitch/Mark Grosset Photographies/Fotosoyuz ; p. 38 hg et d : Photographe anonyme/Musée d'État d'histoire contemporaine de la Russie ; p. 38 b : Photographe anonyme/Association Kamennyi Poyas ; p. 39 : Photographe anonyme/Association Kamennyi Poyas ; p. 40 : Boris Ignatovitch/Mark Grosset Photographies/Fotosoyuz ; p. 41 : Alexandre Vassilevitch Oustinov/Mark Grosset Photographies/Fotosoyuz ; p. 42 : Mark Markov-Grinberg/Mark Grosset Photographies/Fotosoyuz ; p. 43 : Gueorgui Grigorievitch Petroussov/Mark Grosset Photographies/Fotosoyuz ; p. 44 : Gueorgui Grigorievitch Petroussov/Mark Grosset Photographies/Fotosoyuz ; p. 45 : Sergei Shimansky/Mark Grosset Photographies/Fotosoyuz ; p. 46-47 : Gueorgui Grigorievitch Petroussov/Mark Grosset Photographies/Fotosoyuz ; p. 49 : Arkadi Shaikhet/Mark Grosset Photographies/Fotosoyuz ; p. 50 : Arkadi Shaikhet/Mark Grosset Photographies/Fotosoyuz ; p. 51 : Evgueni Ananevitch Khaldei/Mark Grosset Photographies/Fotosoyuz ; p. 52 g et d : Arkadi Shaikhet/Mark Grosset Photographies/Fotosoyuz ; p. 53 : Photographe anonyme/Association Kamennyi Poyas ; p. 54 h et b : Photographe anonyme/Association Kamennyi Poyas ; p. 55 Photographe anonyme/Association Kamennyi Poyas ; p. 60 h et b : Boris Ignatovitch/Mark Grosset Photographies/Fotosoyuz ; p. 61 : Arkadi Shaikhet/Mark Grosset Photographies/Fotosoyuz ; p. 62 : Arkadi Shaikhet/Mark Grosset Photographies/Fotosoyuz ; p. 63 : Arkadi Shaikhet/Mark Grosset Photographies/Fotosoyuz ; p. 64 h et b : Evgueni Ananevitch Khaldei/Mark Grosset Photographies/Fotosoyuz ; p. 65 : Evgueni Ananevitch Khaldei/Mark Grosset Photographies/Fotosoyuz ; p. 66-67 : Evgueni Ananevitch Khaldei/Mark Grosset Photographies/Fotosoyuz ; p. 68 h et b : Arkadi Shaikhet/Mark Grosset Photographies/Fotosoyuz ; p. 69 : Arkadi Shaikhet/Mark Grosset Photographies/Fotosoyuz ; p. 72 : Photographe anonyme/Association Kamennyi Poyas ; p. 73 : Photographe anonyme/Association Kamennyi Poyas ; p. 74 hg : Emmanuel Evzerikhin/Mark Grosset Photographies/Fotosoyuz ; p. 74 hd : Arkadi Shaikhet/Mark Grosset Photographies/Fotosoyuz ; p. 74 bg : Arkadi Shaikhet/Mark Grosset Photographies/Fotosoyuz ; p. 74 bd : Gueorgui Grigorievitch Petroussov/Mark Grosset Photographies/Fotosoyuz ; p. 75 h : Ilya Ilf/Mark Grosset Photographies/Fotosoyuz ; p. 75 b : Maxime Dmitriev/Mark Grosset Photographies/Fotosoyuz ; p. 76 : Photographe anonyme/Archives d'État du film et images documentaires de Krasnagorsk ; p. 77 : Photographe anonyme/Archives d'État du film et images documentaires de Krasnagorsk ; p. 78 hg : Alexandre Vassilevitch Oustinov/Mark Grosset Photographies/Fotosoyuz ; p. 78 hd et bg et bd : Photographe anonyme/Archives d'État du film et images documentaires de Krasnagorsk ; p. 79 : Alexei Gostev/Mark Grosset Photographies/Fotosoyuz ; p. 80 : Mark Markov-Grinberg/Mark Grosset Photographies/Fotosoyuz ; p. 81 : Mark Markov-Grinberg/Mark Grosset Photographies/Fotosoyuz ; p. 82 : Mark

Markov-Grinberg/Mark Grosset Photographies/Fotosoyuz ; p. 83 : Arkadi Shaikhet/Mark Grosset Photographies/Fotosoyuz ; p. 84 : Arkadi Shaikhet/Mark Grosset Photographies/Fotosoyuz ; p. 85 : Photographe anonyme/Association Kamennyi Poyas ; p. 86 h : Alexandre Vassilevitch Oustinov/Mark Grosset Photographies/Fotosoyuz yuz ; p. 86 b : Arkadi Shaikhet/Mark Grosset Photographies/Fotosoyuz ; p. 87 : Photographe anonyme/Association Kamennyi Poyas ; p. 88 h : Photographe anonyme/Association Kamennyi Poyas ; p. 88 b : Boris Ignatovitch/Mark Grosset Photographies/Fotosoyuz ; p. 89 : Boris Ignatovitch/Mark Grosset Photographies/Fotosoyuz ; p. 90 : Arkadi Shaikhet/Mark Grosset Photographies/Fotosoyuz ; p. 91 : Emmanuel Evzerikhin/Mark Grosset Photographies/Fotoso ; p. 92 h : Alexandre Grinberg/Mark Grosset Photographies/Fotosoyuz ; p. 92 b : Mikhail Prekhner/Mark Grosset Photographies/Fotosoyuz ; p. 93 : Mark Markov-Grinberg/Mark Grosset Photographies/Fotosoyuz ; p. 94 h : Arkadi Shishkin/Mark Grosset Photographies/Fotosoyuz ; p. 94 b : Arkadi Shaikhet/Mark Grosset Photographies/Fotosoyuz ; p. 95 : Photographe anonyme/Association Kamennyi Poyas ; p. 96 h : Evgueni Ananevitch Khaldei/Mark Grosset Photographies/Fotosoyuz ; p. 96 b : Alexandre Vassilevitch Oustinov/Mark Grosset Photographies/Fotosoyuz ; p. 97 : Mark Markov-Grinberg/Mark Grosset Photographies/Fotosoyuz ; p. 98 : Evgueni Ananevitch Khaldei/Mark Grosset Photographies/Fotosoyuz ; p. 99 : Mark Markov-Grinberg/Mark Grosset Photographies/Fotosoyuz ; p. 100 : Mikhaïl Prekhner/Mark Grosset Photographies/Fotosoyuz ; p. 101 h : Emmanuel Evzerikhin/Mark Grosset Photographies/Fotosoyuz ; p. 101 b : Arkadi Shaikhet/Mark Grosset Photographies/Fotosoyuz ; p. 102-103 : Mark Markov-Grinberg/Mark Grosset Photographies/Fotosoyuz ; p. 104 : Alexandre Grinberg/Mark Grosset Photographies/Fotosoyuz ; p. 105 h : Arkadi Shaikhet/Mark Grosset Photographies/Fotosoyuz ; p. 105 bg : Arkadi Shaikhet/Mark Grosset Photographies/Fotosoyuz ; p. 105 bd : Boris Ignatovitch/Mark Grosset Photographies/Fotosoyuz ; p. 108 : Arkadi Shaikhet/Mark Grosset Photographies/Fotosoyuz ; p. 109 g et d : Arkadi Shaikhet/Mark Grosset Photographies/Fotosoyuz ; p. 110 g et d : Photographe anonyme/Memorial ; p. 111 : Photographe anonyme/Memorial ; p. 112 h : Photographe anonyme/RGASPI ; p. 112 b : Photographe anonyme/NMRK ; p. 113 hg et hd : Photographe anonyme/Archives d'État de la Fédération de Russie ; p. 113 b : Photographe anonyme/Memorial ; p. 114 hg : Photographe anonyme/Memorial ; p. 114 hd : Photographe anonyme/NMRK ; p. 114 bg et bd : Photographe anonyme/NMRK ; p. 115 : Photographe anonyme/NMRK ; p. 116 : Photographe anonyme/NMRK ; p. 117 : Photographe anonyme/NMRK ; p. 118 : Photographe anonyme/NMRK ; p. 119 : Photographe anonyme/NMRK ; p. 120-121 : Evgueni Ananevitch Khaldei/Mark Grosset Photographies/Fotosoyuz ; p. 124 : Photographe anonyme/Association Kamennyi Poyas ; p. 125 : Evgueni Ananevitch Khaldei/Mark Grosset Photographies/Fotosoyuz ; p. 126 : Alexandre Vassilevitch Oustinov/Mark Grosset Photographies/Fotosoyuz ; p. 127 : Mark Markov-Grinberg/Mark Grosset Photographies/Fotosoyuz ; p. 128 : Evgueni Ananevitch Khaldei/Mark Grosset Photographies/Fotosoyuz ; p. 129 : Mikhail Anatolevitch Trakhman/Mark Grosset Photographies/Fotosoyuz ; p. 130 : Arkadi Shaikhet/Mark Grosset Photographies/Fotosoyuz ; p. 131 h : Alexandre Vassilevitch Oustinov/Mark Grosset Photographies/Fotosoyuz ; p. 131 b : Arkadi Shaikhet/Mark Grosset Photographies/Fotosoyuz ; p. 132 h : Alexandre Vassilevitch Oustinov/Mark Grosset Photographies/Fotosoyuz ; p. 132 b : Ivan Shagin/Mark Grosset Photographies/Fotosoyuz ; p. 133 : Arkadi Shaikhet/Mark Grosset Photographies/Fotosoyuz ; p. 134-135 : Arkadi Shaikhet/Mark Grosset Photographies/ Fotosoyuz ; p. 136 : Alexandre Vassilevitch Oustinov/Mark Grosset Photographies/Fotosoyuz ; p. 137 : Evgueni Ananevitch Khaldei/Mark Grosset Photographies/Fotosoyuz ; p. 138 : Photographe anonyme/Association Kamennyi Poyas ; p. 140 : Vsevolod Tarasevitch/Mark Grosset Photographies/Fotosoyuz ; p. 141 : Mikhail Anatolevitch Trakhman/Mark Grosset Photographies/Fotosoyuz ; p. 142 : Vsevolod Tarasevitch/Mark Grosset Photographies/Fotosoyuz ; p. 143 : Mikhaïl Ivanovitch Savin/Mark Grosset Photographies/Fotosoyuz ; p. 144 : Mark Markov-Grinberg/Mark Grosset Photographies/Fotosoyuz ; p. 145 : Mikhail Anatolevitch Trakhman/Mark Grosset Photographies/Fotosoyuz ; p. 146 : Arkadi Shaikhet/Mark Grosset Photographies/Fotosoyuz ; p. 147 : Mikhaïl Ivanovitch Savin/Mark Grosset Photographies/Fotosoyuz ; p. 148 : Mikhaïl Ivanovitch Savin/Mark Grosset Photographies/Fotosoyuz ; p. 149 : Evgueni Ananevitch Khaldei/Mark Grosset Photographies/Fotosoyuz ; p. 150 : Gueorgui Abramovitch Lipskerov/Mark Grosset Photographies/Fotosoyuz ; p. 151 : Gueorgui Abramovitch Lipskerov/Mark Grosset Photographies/Fotosoyuz ; p. 152 : Mikhaïl Ivanovitch Savin/Mark Grosset Photographies/Fotosoyuz ; p. 153 : Arkadi Shaikhet/Mark Grosset Photographies/Fotosoyuz ; p. 154 : Alexandre Vassilevitch Oustinov/Mark Grosset Photographies/Fotosoyuz ; p. 155 : Mikhail Anatolevitch Trakhman/Mark Grosset Photographies/Fotosoyuz ; p. 156-157 : Arkadi Shaikhet/Mark Grosset Photographies/Fotosoyuz ; p. 158 : Evgueni Ananevitch Khaldei/Mark Grosset Photographies/Fotosoyuz ; p. 159 h : Arkadi Shaikhet/Mark Grosset Photographies/Fotosoyuz ; p. 159 b : Mikhaïl Ivanovitch Savin/Mark Grosset Photographies/Fotosoyuz ; p. 161 : Photographe anonyme/Association Kamennyi Poyas ; p. 162 : Mikhaïl Ivanovitch Savin/Mark Grosset Photographies/Fotosoyuz ; p. 163 h : Arkadi Shaikhet/Mark Grosset Photographies/Fotosoyuz ; p. 163 b : Mikhail Anatolevitch Trakhman/Mark Grosset Photographies/Fotosoyuz ; p. 165 : Photographe anonyme/Association Kamennyi Poyas ; p. 166 h : Evgueni Ananevitch Khaldei/Mark Grosset Photographies/Fotosoyuz ; p. 166 b : Mark Markov-Grinberg/Mark Grosset Photographies/Fotosoyuz ; p. 167 : Mikhaïl Ivanovitch Savin/Mark Grosset Photographies/Fotosoyuz ; p. 168 : Mikhail Anatolevitch Trakhman/Mark Grosset Photographies/Fotosoyuz ; p. 169 : Mikhail Anatolevitch Trakhman/Mark Grosset Photographies/Fotosoyuz ; p. 170 h et b : Boris Ignatovitch/Mark Grosset Photographies/Fotosoyuz ; p. 171 h et b : Mikhail Anatolevitch Trakhman/Mark Grosset Photographies/Fotosoyuz ; p. 172 : Photographe anonyme/Association Kamennyi Poyas ; p. 173 : Photographe anonyme/Association Kamennyi Poyas ; p. 174 : Arkadi Shaikhet/Mark Grosset Photographies/Fotosoyuz ; p. 175 h : Mikhaïl Ivanovitch Savin/Mark Grosset Photographies/Fotosoyuz ; p. 175 b : Boris Ignatovitch/Mark Grosset Photographies/Fotosoyuz ; p. 176 h : Mikhail Anatolevitch Trakhman/Mark Grosset Photographies/Fotosoyuz ; p. 176 b : Arkadi Shaikhet/Mark Grosset Photographies/Fotosoyuz ; p. 177 h et b : Evgueni Ananevitch Khaldei/Mark Grosset Photographies/Fotosoyuz ; p. 178 : Mikhaïl Ivanovitch Savin/Mark Grosset Photographies/Fotosoyuz ; p. 179 : Mark Markov-Grinberg/Mark Grosset Photographies/Fotosoyuz ; p. 180 h et b : Evgueni Ananevitch Khaldei/Mark Grosset Photographies/Fotosoyuz ; p. 180 d : Arkadi Shaikhet/Mark Grosset Photographies/Fotosoyuz ; p. 181 h et b : Arkadi Shaikhet/Mark Grosset Photographies/Fotosoyuz ; p. 182 g : Arkadi Shaikhet/Mark Grosset Photographies/Fotosoyuz ; p. 182 hd : Evgueni Ananevitch Khaldei/Mark Grosset Photographies/Fotosoyuz ; p. 182 bd : Alexandre Vassilevitch Oustinov/Mark Grosset Photographies/Fotosoyuz ; p. 183 hg : Iakov ilitch Rioumkine/Mark Grosset Photographies/Fotosoyuz ; p. 183 bg : Mikhaïl Ivanovitch Savin/Mark Grosset Photographies/Fotosoyuz ; p. 183 d : Mark Redkine/Mark Grosset Photographies/Fotosoyuz ; p. 184 : Alexandre Vassilevitch Oustinov/Mark Grosset Photographies/Fotosoyuz ; p. 185 h : Evgueni Ananevitch Khaldei/Mark Grosset Photographies/Fotosoyuz ; p. 185 b : Arkadi Shaikhet/Mark Grosset Photographies/Fotosoyuz ; p. 186 : Evgueni Ananevitch Khaldei/Mark Grosset Photographies/Fotosoyuz ; p. 187 h : Mark Redkine/Mark Grosset Photographies/Fotosoyuz ; p. 187 b : Evgueni Ananevitch Khaldei/Mark Grosset Photographies/Fotosoyuz ; p. 188-189 : Natalia Bode/Mark Grosset Photographies/Fotosoyuz ; p. 191 : Natalia Bode/Mark Grosset Photographies/Fotosoyuz ; p. 192 hg : Natalia Bode/Mark Grosset Photographies/Fotosoyuz ; p. 192 hd : Arkadi Shaikhet/Mark Grosset Photographies/Fotosoyuz ; p. 192 bg : Mikhaïl Ivanovitch Savin/Mark Grosset Photographies/Fotosoyuz ; p. 192 bd : Gueorgui Grigorievitch Petroussov/Mark Grosset Photographies/Fotosoyuz ; p. 193 : Evgueni Ananevitch Khaldei/Mark Grosset Photographies/Fotosoyuz ; p. 194 : Alexandre Vassilevitch Oustinov/Mark Grosset Photographies/Fotosoyuz ; p. 195 : Alexandre Vassilevitch Oustinov/Mark Grosset Photographies/Fotosoyuz ; p. 196 : Alexandre Vassilevitch Oustinov/Mark Grosset Photographies/ Fotosoyuz ; p. 197 : Alexandre Vassilevitch Oustinov/Mark Grosset Photographies/Fotosoyuz ; p. 205 : Evgueni Umnov/Mark Grosset Photographies/Fotosoyuz ; p. 206 h : Alexei Gostev/Mark Grosset Photographies/Fotosoyuz ; p. 206 b : Alexandre Vassilevitch Oustinov/Mark Grosset Photographies/Fotosoyuz ; p. 207 g : Alexandre Vassilevitch Oustinov/Mark Grosset Photographies/Fotosoyuz ; p. 207 d h : Alexandre Vassilevitch Oustinov/Mark Grosset Photographies/Fotosoyuz ; p. 207 d b : Photographe anonyme/Association Kamennyi Poyas ; p. 208 : Ivan Shagin/Mark Grosset Photographies/Fotosoyuz ; p. 209 h : Alexandre Vassilevitch Oustinov/Mark Grosset Photographies/Fotosoyuz ; p. 209 c : Alexandre Vassilevitch Oustinov/Mark Grosset Photographies/Fotosoyuz ; p. 209 b : Evgueni Ananevitch Khaldei/Mark Grosset Photographies/Fotosoyuz ; p. 210 : Alexandre Vassilevitch Oustinov/Mark Grosset Photographies/Fotosoyuz ; p. 211 : Alexandre Vassilevitch Oustinov/Mark Grosset Photographies/Fotosoyuz ; p. 212 : Mikhaïl Ivanovitch Savin/Mark Grosset Photographies/Fotosoyuz ; p. 213 : Evgueni Ananevitch Khaldei/Mark Grosset Photographies/Fotosoyuz ; p. 214 hg : Photographe anonyme/Association Kamennyi Poyas ; p. 214 hd : Evgueni Ananevitch Khaldei/Mark Grosset Photographies/Fotosoyuz ; p. 214 bg et bd : Evgueni Ananevitch Khaldei/Mark Grosset Photographies/Fotosoyuz ; p. 215 : Evgueni Ananevitch Khaldei/Mark Grosset Photographies/Fotosoyuz ; p. 216 : Evgueni Ananevitch Khaldei/Mark Grosset Photographies/Fotosoyuz ; p. 220 : Photographe anonyme/Archives d'État de la Fédération de Russie ; p. 222 h : Photographe anonyme/Memorial ; p. 222 bd et bg : Photographe anonyme/Archives d'État de la Fédération de Russie ; p. 225 : Photographe anonyme/Archives d'État de la Fédération de Russie ; p. 227 : Photographe anonyme/Archives d'État de la Fédération de Russie ; p. 228 h : Photographe anonyme/NMRK ; p. 228 b : Photographe anonyme/Archives d'État de la Fédération de Russie ; p. 229 : Photographe anonyme/Archives d'État de la Fédération de Russie ; p. 232 h : Photographe anonyme/Archives d'État de la Fédération de Russie ; p. 232 b : Photographe anonyme/Memorial ; p. 233 : Photographe anonyme/Memorial ; p. 236 : Evgueni Ananevitch Khaldei/Mark Grosset Photographies/Fotosoyuz ; p. 237 h : Arkadi Shaikhet/Mark Grosset Photographies/Fotosoyuz ; p. 237 b : Alexandre Vassilevitch Oustinov/Mark Grosset Photographies/Fotosoyuz ; p. 238 : Evgueni Ananevitch Khaldei/Mark Grosset Photographies/Fotosoyuz ; p. 239 : Alexandre Vassilevitch Oustinov/Mark Grosset Photographies/Fotosoyuz ; p. 240 : Evgueni Ananevitch Khaldei/Mark Grosset Photographies/Fotosoyuz ; p. 241 : Evgueni Ananevitch Khaldei/Mark Grosset Photographies/Fotosoyuz ; p. 242 hg : Alexei Gostev/Mark Grosset Photographies/Fotosoyuz ; p. 242 hd : Photographe anonyme/Memorial ; p. 242 b : Evgueni Ananevitch Khaldei/Mark Grosset Photographies/Fotosoyuz ; p. 243 : Evgueni Ananevitch Khaldei/Mark Grosset Photographies/ Fotosoyuz ; p. 245 : Nikolai Bobrov/Mark Grosset Photographies/Fotosoyuz ; p. 246 hg et hd : Photographe anonyme/Archives d'État du film et images documentaries de Krasnogorsk ; p. 246 bg : Photographe anonyme/Memorial ; p. 246 bd : Photographe anonyme/Archives d'État du film et images documentaires de Krasnogorsk ; p. 247 : Photographe anonyme/Archives d'État du film et images documentaries de Krasnogorsk ; p. 248 : Alexandre Vassilevitch Oustinov/Mark Grosset Photographies/Fotosoyuz ; p. 249 : Photographe anonyme/Archives d'État du film et images documentaires de Krasnogorsk ; p. 250 : Photographe anonyme/Archives d'État du film et images documentaires de Krasnogorsk

NMRK : Musée populaire de la République de Carélie
RGASPI : Archives d'État de Russie en histoire sociale et politique

Remerciements

Nous exprimons notre reconnaissance à Andreï Baskakov, président de l'Union russe des photographes d'art, dont la connaissance du milieu et de l'histoire de la photogaphie russes ont été une aide précieuse.
Nous remercions aussi Sergei Gitman, proche ami de Mark Grosset, pour son soutien sans faille.
Merci aussi à André Goutchkoff, Michel Bouvier, Michel Puech, Elena Bagdasarova, Émilie Le Troadec.
Nous tenons à remercier tout particulièrement Aline Manoukian de Mark Grosset Photographies pour son efficace et constante aide, pour les recherches à la cinémathèque-photothèque de Krasnogorsk, comme pour la retouche minutieuse d'images qu'une guerre et plusieurs décennies avaient détériorées.

Édition : Blandine Houdart
Conception graphique et réalisation : Marc Walter/Chine
Lecture-correction : Christelle Chevalier
Fabrication : Rémy Chauvière

Photogravure : Planète Graphique
Imprimé par Lloyd Editoriale, à Trieste (Italie)

ISBN : 978-2-84277-547-6
Dépôt légal : 84390, mars 2007
34/1709/4 - 01